技工院校汽车维修专业模块化教材
（中级技能层级）

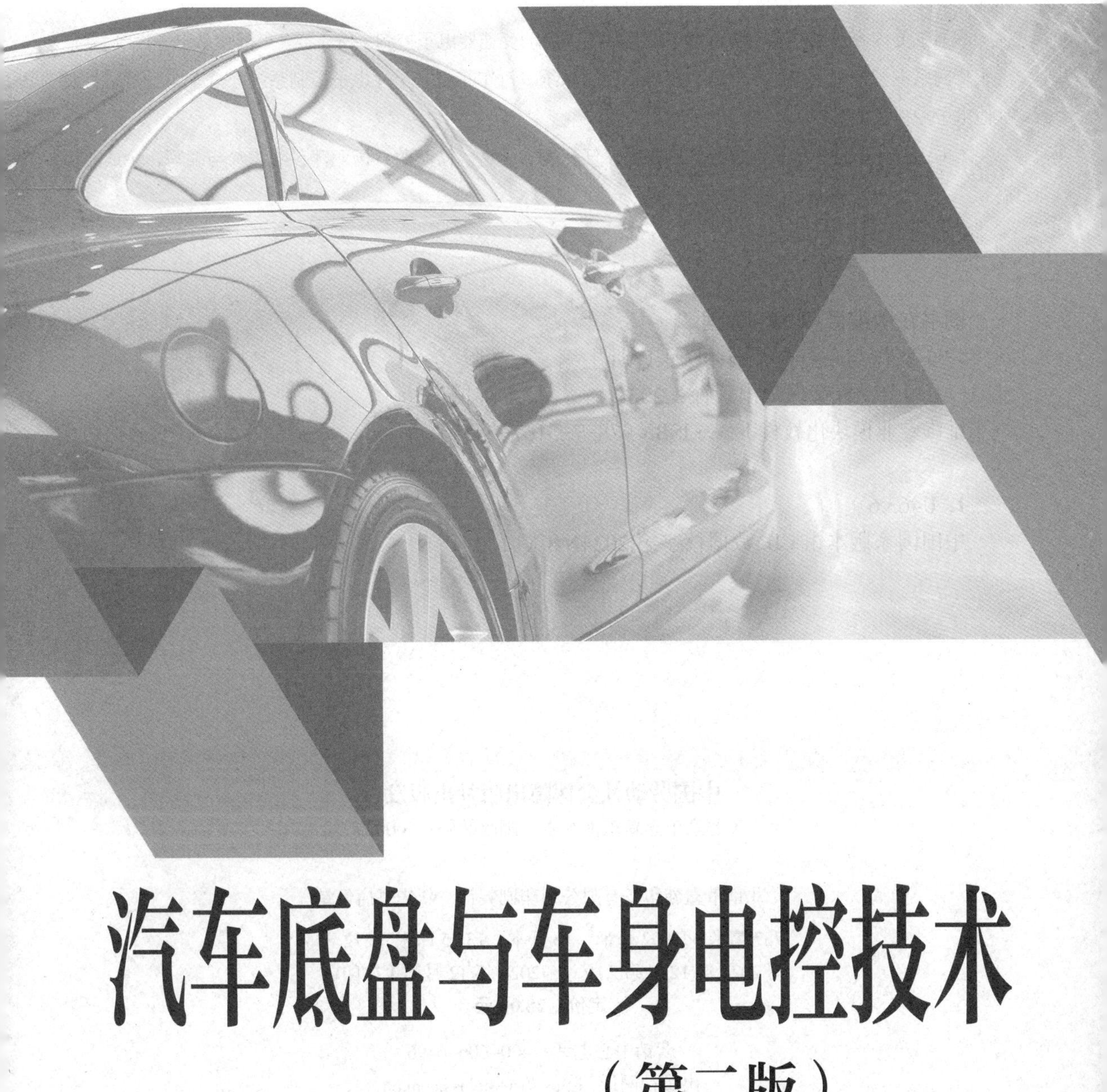

汽车底盘与车身电控技术

（第二版）

张广昕◎主编

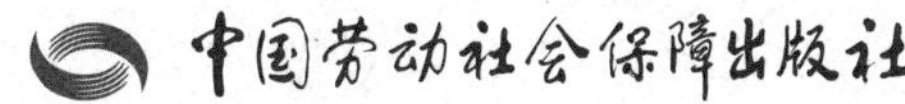

简介

本书主要内容包括汽车传动系电子控制系统（自动变速器电子控制系统）、汽车行驶系电子控制系统、汽车转向系电子控制系统、汽车制动系电子控制系统、汽车车身安全性电子控制系统、汽车车身舒适性及其他电子控制系统等。

本书由张广昕任主编，潘婷婷任副主编，任保宽、郭达、修萌萌、杨亚萍、陈涛参与编写，余成路审稿。

图书在版编目（CIP）数据

汽车底盘与车身电控技术 / 张广昕主编．--2 版．北京：中国劳动社会保障出版社，2024．--（技工院校汽车维修专业模块化教材）．-- ISBN 978-7-5167-5455-9

Ⅰ．U463.6

中国国家版本馆 CIP 数据核字第 2024N40X12 号

中国劳动社会保障出版社出版发行

（北京市惠新东街 1 号　邮政编码：100029）

*

北京市鑫霸印务有限公司印刷装订　新华书店经销

787 毫米 ×1092 毫米　16 开本　13.75 印张　272 千字

2024 年 12 月第 2 版　　2024 年 12 月第 1 次印刷

定价：28.00 元

营销中心电话：400-606-6496

出版社网址：https://www.class.com.cn

https://jg.class.com.cn

前　言

为了适应汽车行业的发展现状，更好地满足全国技工院校汽车维修专业的教学需求，全面提升教学质量，我们组织全国有关学校的一线教师和行业、企业专家，在充分调研企业用人需求和学校教学情况、吸收借鉴各地技工院校教学改革的成功经验的基础上，根据人力资源社会保障部颁布的《全国技工院校专业目录》及相关教学文件，对技工院校汽车维修专业教材进行了修订和新编。

本次修订（新编）工作的重点主要有以下几个方面。

科学规划教学模块

本套教材采用“模块化”体系构建，划分为基础模块、发动机模块、底盘模块、电气模块、维护与诊断模块、选修模块等六大模块，教学操作性好，可满足技工院校汽车维修专业的教学需求。

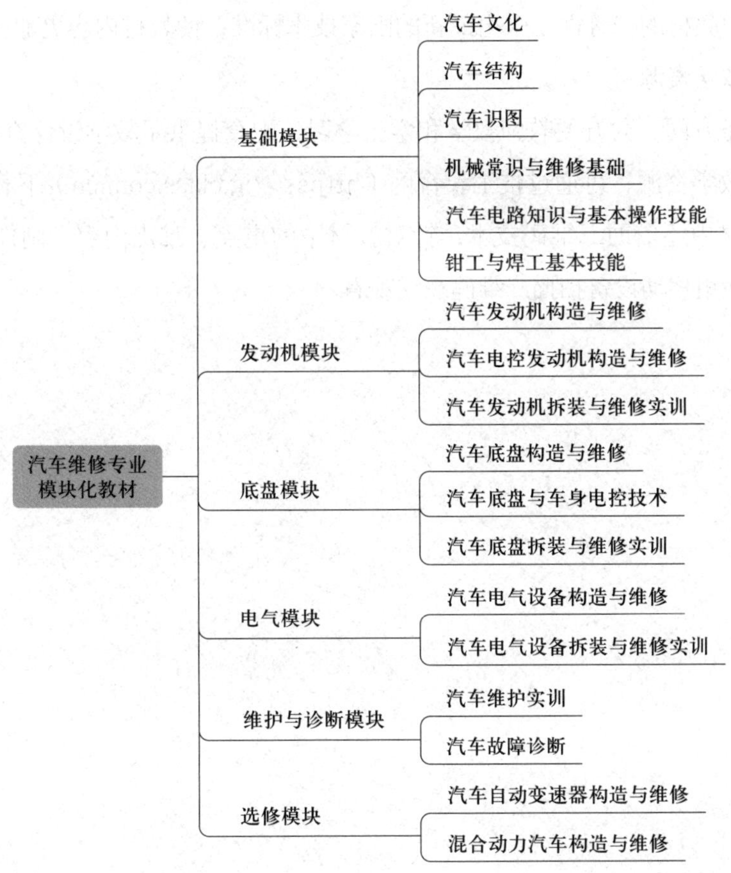

突出职业教育特色

坚持以能力为本位，突出职业教育特色。通过行业、企业调研，掌握企业对汽车维修专业人才的岗位需求和技能要求，确定人才培养目标，构建科学合理的课程体系。根据课程教学目标，合理确定学生应具备的知识与能力结构；充分考虑企业生产实际，选择当前市面上广泛使用的汽车车型进行教学。

根据汽车维修专业毕业生就业岗位的实际需要和行业发展趋势，合理确定学生应具备的能力和知识结构，对教材内容及其深度、广度、难度进行了调整。同时，进一步突出实际应用能力的培养，以满足社会对技能型人才的需求。

创新教材内容形式

在编写模式上，根据技工院校学生认知规律，以完成具体工作任务为主线组织教材内容，将理论知识的讲解与工作任务载体有机结合，激发学生的学习兴趣，提高学生的实践能力。

在教材内容的表现形式上，较多地利用实物照片和表格等形式将知识点生动地展示出来，力求让学生更直观地理解和掌握所学内容。部分教材采用四色印刷，图文并茂，增强了教材内容的表现效果，提高了教材的可读性，更符合学生的阅读习惯。

根据相关专业领域的最新发展，在教材中充实新知识、新技术、新设备、新材料等方面的内容，体现教材的先进性。采用最新的国家技术标准，使教材内容更加科学和规范。

提供丰富教学资源

在教学服务方面，为方便教师教学和学生学习，配套提供了教学设计方案、电子课件、习题册答案等教学资源，可通过技工教育网（https://jg.class.com.cn）下载使用。除此之外，在部分教材中还借助二维码技术，针对教材中的重点、难点内容，制作了微视频等多媒体资源，可使用移动设备扫描二维码在线观看。

编者

2024 年 6 月

目　录

模块一
汽车传动系电子控制系统
（自动变速器电子控制系统）

学习目标

1. 熟悉电控液力自动变速器的基本组成和原理。
2. 了解无级自动变速器的分类和基本组成。
3. 了解双离合自动变速器的分类、特点和基本组成。
4. 掌握电控液力自动变速器的使用与检修方法。

一、电控液力自动变速器的基本组成和原理

目前自动变速器在汽车上的使用已成为主流，从自动变速器的变速杆（见图 1–1–1）就可以看出，自动变速器与手动变速器有许多不同。

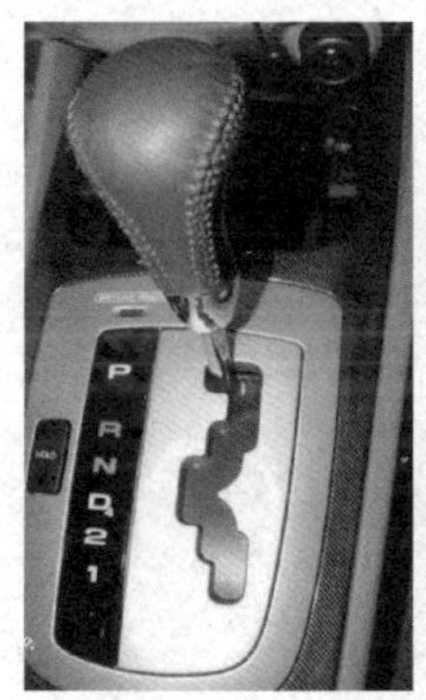

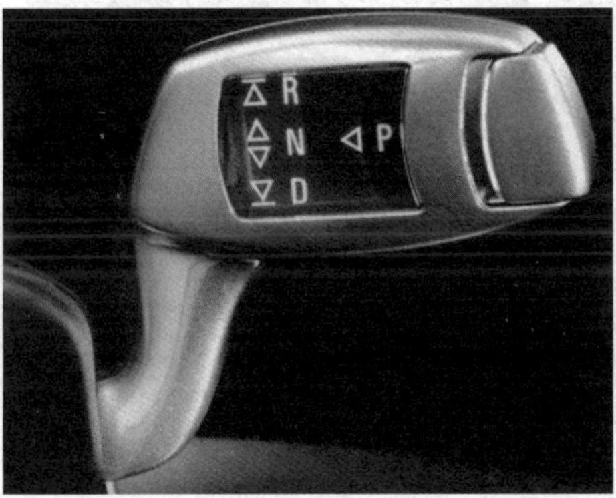

图 1–1–1　自动变速器的变速杆

1. 液力自动变速器的分类

变速器是一种满足汽车在不同工况下需要不同转速和转矩等要求的装置。液力自动变速器能够根据各种行驶条件自动变换合适的挡位，从而减轻驾驶员的操作强度，达到舒适安全行驶的效果。

按照控制方式的不同，液力自动变速器可分为液压控制的液力自动变速器和电子控制的液力自动变速器（简称电控液力自动变速器）。按照汽车驱动方式的不同，液力自动变速器可分为后驱液力自动变速器（见图 1–1–2）和前驱液力自动变速器（见图 1–1–3）。

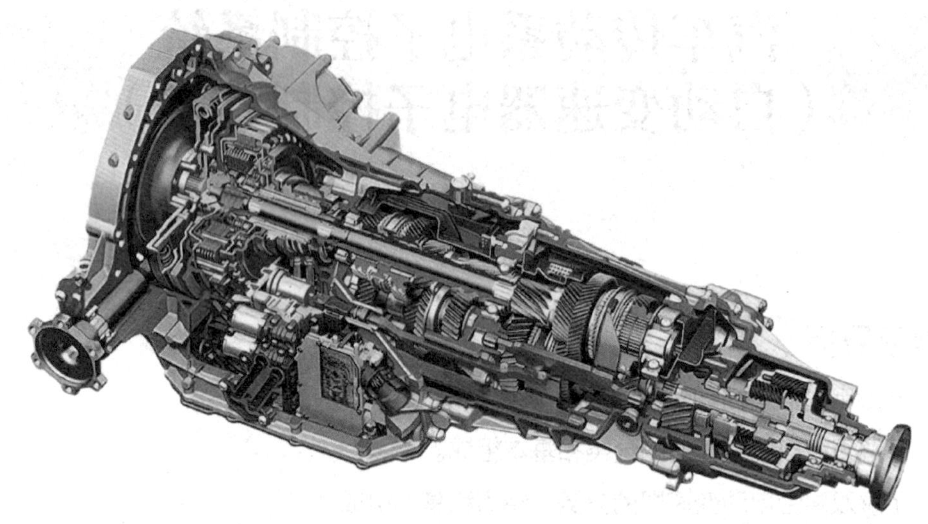

图 1–1–2　后驱液力自动变速器

图 1–1–3　前驱液力自动变速器

2. 电控液力自动变速器的基本组成

图 1–1–4 所示为液力自动变速器的组成。不同类型的电控液力自动变速器的结构稍有差异，但大体相同，主要由液力变矩器、机械变速器、液压控制系统和电子控制系统等组成。

（1）液力变矩器

液力变矩器（见图 1–1–5）是液力自动变速器的重要部件，直接影响液力自动变速器的传输功率、传动效率、平顺性、噪声和振动等。液力变矩器安装在液力自动变速器的前端，并通过驱动端盖用螺栓固定在发动机的后端，如图 1–1–6 所示。

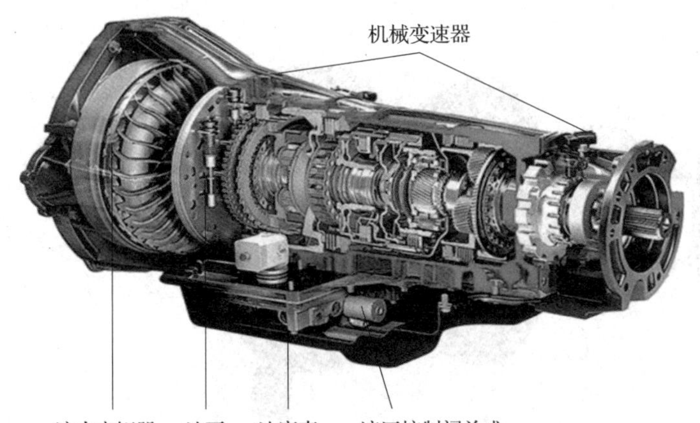

图 1-1-4 液力自动变速器的组成

图 1-1-5 液力变矩器

图 1-1-6 液力变矩器的安装位置

液力变矩器主要由泵轮、导轮和涡轮三元件组成，如图 1-1-7 所示，其特点是结构简单、工作可靠、性能良好，但传动效率低。

为了克服传动效率低的缺点，液力变矩器在上述三元件基础上增加了锁止离合器。当达到某些行驶工况时，锁止离合器接合，从而获得传动效率接近 100% 的直接机械传动。锁止离合器的工作状态由电子控制系统控制，即电子控制系统根据发动机转速传感器和车速传感器发送过来的信号，控制锁止电磁阀，锁止电磁阀则通过控制通向液力变矩器油道中液压油的流向，使锁止离合器接合或分离。

液力变矩器的作用如下：

1）增大发动机产生的转矩。

2）起自动离合器作用，传递（或不传递）发动机的动力到变速器。

图 1–1–7　液力变矩器的组成
1—泵轮　2—导轮　3—涡轮

3）缓冲发动机和变速器的振动。

4）起飞轮作用，使发动机转动平稳。

（2）机械变速器

由于液力变矩器的变矩范围窄，难以完全满足汽车的使用要求，因此在汽车上广泛采用机械变速器，以扩大变矩范围。发动机动力经液力变矩器传递给机械变速器，再输出至传动轴。

机械变速器主要由齿轮变速机构和换挡执行机构组成。

齿轮变速机构的作用是改变传动比和传动方向，即构成不同的挡位。液力自动变速器的齿轮变速机构主要包括行星齿轮变速机构和平行轴式（定轴式）齿轮变速机构两种类型，如图 1–1–8 和图 1–1–9 所示。

图 1–1–8　行星齿轮变速机构

图 1–1–9　平行轴式（定轴式）齿轮变速机构

换挡执行机构的作用是实现挡位的变换。换挡执行机构主要由离合器、制动器和单向离合器三部分组成。离合器通常为多片湿式离合器，如图 1–1–10 所示，由液压油控制其接合与分离，由若干交错排列的主、从动离合器片组成。制动器主要包括带式和片式两种类型，带式制动器如图 1–1–11 所示，其作用是将齿轮变速机构中的某一元件固定，使之不能转动，构成新的动力传递路线，换上新的挡位，得到新的传动比。单向离合器如图 1–1–12 所示，其作用是确保平顺地无冲击换挡。

图 1–1–10　多片湿式离合器

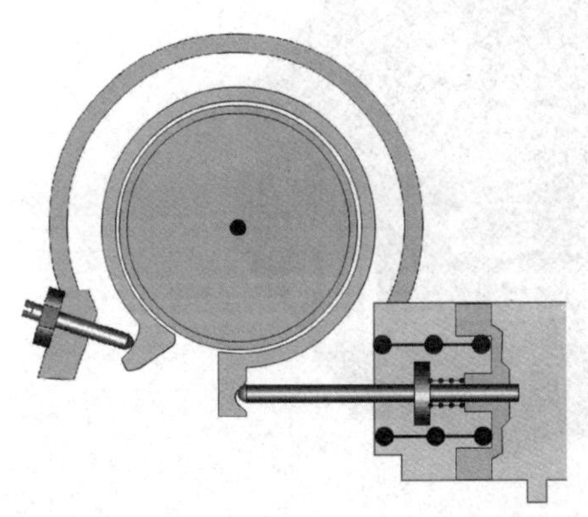
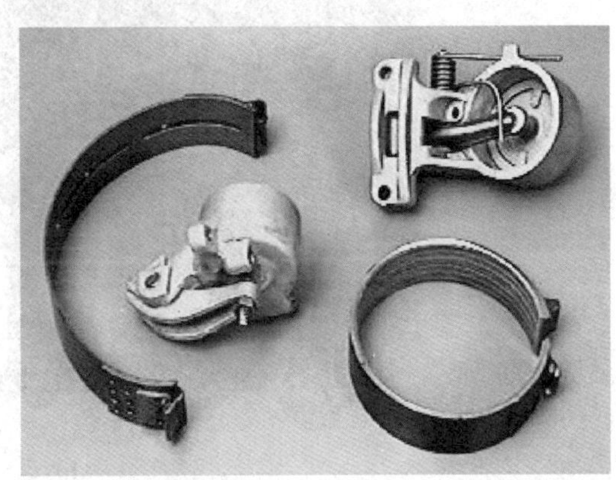

图 1–1–11　带式制动器

图 1–1–12　单向离合器

（3）液压控制系统

液压控制系统（见图 1–1–13）主要由油泵、液压控制阀总成（包含阀体和若干控制阀）等组成。发动机驱动油泵运转，油泵将液压油（自动变速器油）以一定的压力输送到控制阀体。在控制阀体内有若干控制阀，控制阀起油路的“开关”作用，控制阀的移动将连通或切断某些油路，使液压缸内活塞动作，控制离合器接合或分离，制动器制动或释放，达到换挡变速的目的。

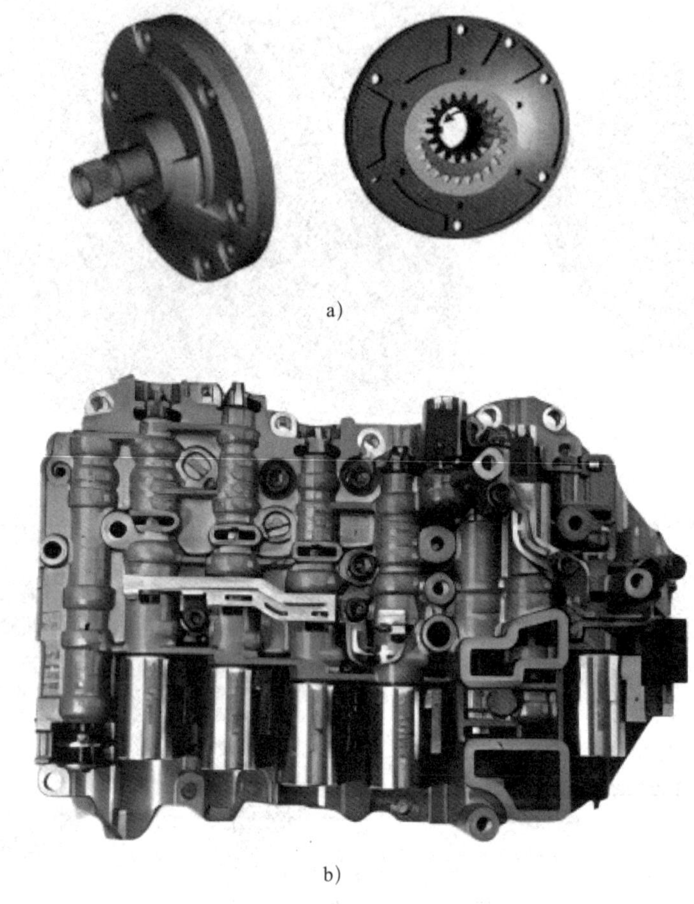

a)

b)

图 1–1–13　液压控制系统
a）油泵　b）液压控制阀总成

（4）电子控制系统

电控液力自动变速器中的电子控制系统与液压控制系统配合使用，通常把它们称为电液控制系统。电子控制系统主要由电子控制单元（ECU）、各种传感器和执行器组成。传感器主要用于采集发动机转速、节气门开度、冷却液温度和车速等信号，并发送给电子控制单元。电子控制单元根据传感器信号结合相应的控制程序，发送控制指令给执行器，执行器和液压控制系统按照一定的规律控制换挡执行机构工作，实现自动换挡。

3. 电控液力自动变速器的基本控制原理

电控液力自动变速器的基本控制原理如图 1-1-14 所示，换挡流程如图 1-1-15 所示。电控液力自动变速器的传感器检测发动机工况和汽车行驶状况并转化为电信号发送给 ECU。ECU 根据各传感器的信号确定换挡和锁止离合器锁定的时刻及其他控制参数，发出指令控制电磁阀动作。电磁阀的动作可以改变作用在控制阀上的油压，使控制阀实现各种控制。

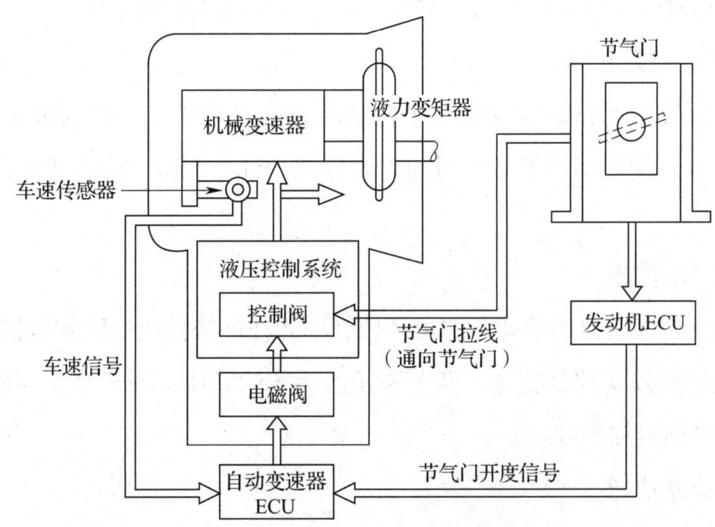

图 1-1-14　电控液力自动变速器的基本控制原理

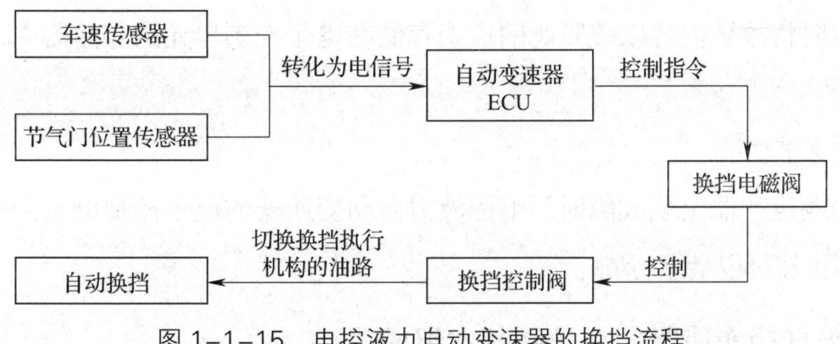

图 1-1-15　电控液力自动变速器的换挡流程

4. 电控液力自动变速器的控制功能

（1）换挡时刻控制

车辆行驶时，电控液力自动变速器根据变速杆和模式选择开关的位置自动设定换挡模式，电子控制单元根据选定的换挡模式、车速信号和节气门开度信号，向换挡电磁阀发送控制指令，实现按最佳换挡时刻进行换挡。

（2）液力变矩器锁止离合器控制

车辆行驶时，电控液力自动变速器的电子控制单元根据选定的换挡模式、车速信号和节气门开度信号，向锁止电磁阀发送控制指令，使锁止离合器接合或分离。在换挡时，锁止离合器暂时分离，以减小换挡冲击，使换挡更加平顺，换挡完成后又自动接合。此外，通过锁止电磁阀可以锁定锁止离合器的液压油压力，使锁止离合器接合与分离更加柔和、平顺。

（3）油压控制

电控液力自动变速器的电子控制单元根据选定的换挡模式、车速信号和节气门开度信号等，控制油压电磁阀脉冲电信号的占空比，从而控制系统油路油压。

（4）发动机输出转矩控制

在换挡时，电控液力自动变速器电子控制单元向发动机电子控制单元发送控制信号，发动机电子控制单元使发动机的点火时间暂时延迟少许，以减小发动机输出转矩，使换挡更加平顺。

（5）蓄压器背压控制

在换挡时，电控液力自动变速器的电子控制单元在向换挡电磁阀发送控制指令的同时，向蓄压器背压电磁阀发送控制指令，调节蓄压器活塞的背压，使离合器与制动器的接合更加柔和，从而使换挡更加平顺。

（6）故障自诊断功能

电控液力自动变速器的电子控制单元在车辆行驶过程中不断地检测各传感器、执行器和电子控制单元本身。当检测到故障时，电子控制单元自动作出判断，点亮仪表板的故障指示灯，同时将故障内容以故障码的形式存储在电子控制单元的存储器中，以便检修时读取。

（7）失效保护功能

在传感器或执行器出现故障时，电控液力自动变速器的电子控制单元会采取失效保护措施，使车辆仍然可以继续行驶。

二、无级自动变速器的分类和基本组成

液力自动变速器能根据实际行驶条件自动选择合适的挡位，提高了发动机和传动系的使用寿命，但液力自动变速器的齿轮变速机构仍属于有级变速机构。为了进一步提高汽车燃油经济性、动力性，改善行驶性能，实现变速器传动比的连续改变、无跳跃换挡，人们研制出了无级自动变速器（无级自动变速器由传动带或传动链进行传动，可以实现无级变速；液力自动变速器由齿轮进行传动，属于有级变速）。可以说，无级自动变速器是液力自动变速器的升级版。

1. 无级自动变速器的分类

无级自动变速器的分类见表 1–1–1。

表 1-1-1　无级自动变速器的分类

分类方式	类型	说明
按变速机构的类型分类	带式无级自动变速器	动力传递采用推力钢带或皮带的无级自动变速器
	链式无级自动变速器	动力传递采用传动链的无级自动变速器
按是否带有副变速机构分类	单级无级自动变速器	不带有副变速机构的无级自动变速器
	双级无级自动变速器	带有副变速机构的无级自动变速器

2. 无级自动变速器的基本组成

无级自动变速器主要由无级自动变速器主体、油泵和油液控制系统、无级自动变速器控制系统、连杆机构等组成。需要注意的是，不同类型的无级自动变速器具体组成部分会有所不同。

（1）无级自动变速器主体

无级自动变速器主体包括输入轴、输出轴、行星齿轮组、连续变速装置等，是实现连续变速的关键部分。

1）行星齿轮组。行星齿轮组是无级自动变速器主体的重要组成部分，通常由太阳轮、行星齿轮、齿圈以及支承这些齿轮的轴承等构成。太阳轮和行星齿轮分别与输入轴和输出轴相连，齿圈与太阳轮和行星齿轮相啮合，通过不同齿轮的组合和配合，行星齿轮组可以实现输入轴和输出轴之间的连续变速。

2）连续变速装置。连续变速装置也是无级自动变速器主体的重要组成部分，通常由两个带轮和一条钢带组成，钢带套在两个带轮上，如图 1-1-16 所示。工作时通过主动带轮与

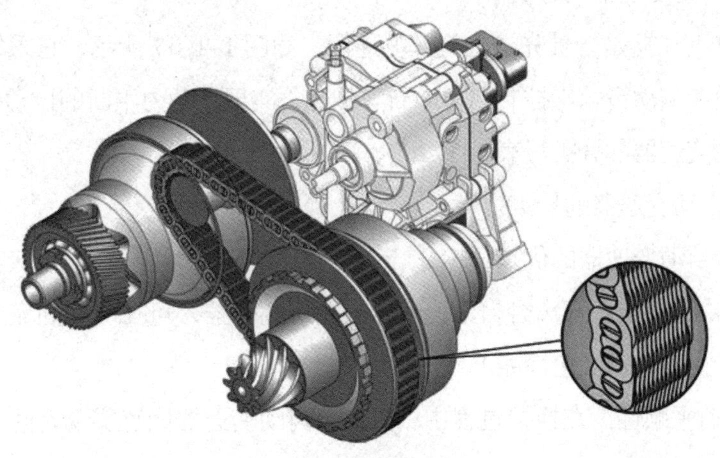

图 1-1-16　连续变速装置

从动带轮的可动盘做轴向移动来改变主动带轮、从动带轮与钢带的工作半径，从而达到改变传动比的目的。由于主动带轮和从动带轮的工作半径可以连续调节，因此，连续变速装置可以实现传动比的连续改变。

（2）油泵和油液控制系统

油泵和油液控制系统是无级自动变速器的重要组成部分，其作用是提供油压，控制无级自动变速器中液压元件的工作状态，实现传动比的连续调节和控制。

1）油泵。油泵通常由泵体、转子、叶轮等组成。泵体和转子之间的空隙不断变化，形成液压效应，驱动叶轮旋转，并将油压传递到无级自动变速器主体中的行星齿轮组和连续变速装置等部分。

2）油液控制系统。油液控制系统通常包括油管、液压控制阀、储油罐、滤清器等，其主要作用是控制油液的流动方向和流量大小，实现传动比的调节和控制。例如，在低速行驶时，需要增大传动比，油液控制系统将调节油泵的油液流量，提高油压，驱动无级自动变速器主体中的行星齿轮组和连续变速装置等部分，以获得更大的传动比；在高速行驶时，需要减小传动比，油液控制系统将调节油泵的油液流量，降低油压，以获得更小的传动比。

（3）无级自动变速器控制系统

无级自动变速器的控制通过控制系统实现，无级自动变速器控制系统包括传感器、电子控制单元、电磁阀等部分。

（4）连杆机构

无级自动变速器通过连杆机构实现输出动力的传递。

三、双离合自动变速器的分类、特点和基本组成

1. 双离合自动变速器的分类

双离合自动变速器是一种先进的汽车变速器，如图 1–1–17 所示，它采用两组离合器分别驱动主动齿轮和从动齿轮来控制动力中断与传递，实现无动力中断的自动换挡。

双离合自动变速器的分类见表 1–1–2。

2. 双离合自动变速器的特点

（1）双离合自动变速器的优点

1）可实现快速换挡。双离合自动变速器有两组离合器，可在一瞬间完成换挡，使换挡时间大大缩短，提高车辆加速性能。

2）提高换挡平顺性。在换挡过程中，双离合自动变速器能够实现无间断传动，不会出现传统自动变速器的振动和动力中断问题，使换挡更加平顺。

图 1–1–17　双离合自动变速器

表 1–1–2　双离合自动变速器的分类

分类方式	类型	说明
按离合器冷却方式分类	干式双离合器自动变速器	双离合器系统不需要额外油液强制冷却的双离合器自动变速器
	湿式双离合器自动变速器	双离合器系统需要额外油液强制冷却的双离合器自动变速器
按离合器驱动执行方式分类	液压式双离合器自动变速器	双离合器驱动执行系统以机械泵建立的液压力实现离合器分离与接合，从而实现动力中断与传递的双离合器自动变速器
	电液式双离合器自动变速器	双离合器驱动执行系统以电机驱动建立的液压力实现离合器分离与接合，从而实现动力中断与传递的双离合器自动变速器
	电机式双离合器自动变速器	双离合器驱动执行系统以电机驱动机械结构来实现离合器分离与接合，从而实现动力中断与传递的双离合器自动变速器
按换挡机构执行方式分类	液压驱动换挡式双离合器自动变速器	采用液压驱动控制变速器换挡执行机构，进行挡位切换的双离合器自动变速器
	电机驱动换挡式双离合器自动变速器	采用电机驱动变速器机械执行机构，进行挡位切换的双离合器自动变速器

3）提高燃油经济性。双离合自动变速器采用先进的控制技术，能够根据行驶条件和路况实时调整换挡策略，降低油耗，提高燃油经济性。

4）有利于轻量化。相对于传统的自动变速器，双离合自动变速器的结构较为紧凑，质量较小，有利于减小整车质量。

（2）双离合自动变速器的缺点

1）成本较高。双离合自动变速器的控制系统和制造工艺复杂，相对于传统的手动变速器和自动变速器，成本较高。

2）维护困难。双离合自动变速器的维护和修理需要专业的技术和设备，一旦发生故障，维修成本较高。

3. 双离合自动变速器的基本组成

双离合自动变速器的基本组成包括主动齿轮和从动齿轮、两组离合器、电子控制单元以及液压系统（湿式）等。

（1）主动齿轮和从动齿轮

双离合自动变速器包括多个主动齿轮和从动齿轮，通过它们实现不同挡位的传动比。

（2）离合器

双离合自动变速器包括两组离合器，一组用于连接主动齿轮，另一组用于连接从动齿轮。通过控制这两组离合器的接合与分离，实现换挡操作。两组离合器如图 1–1–18 所示。

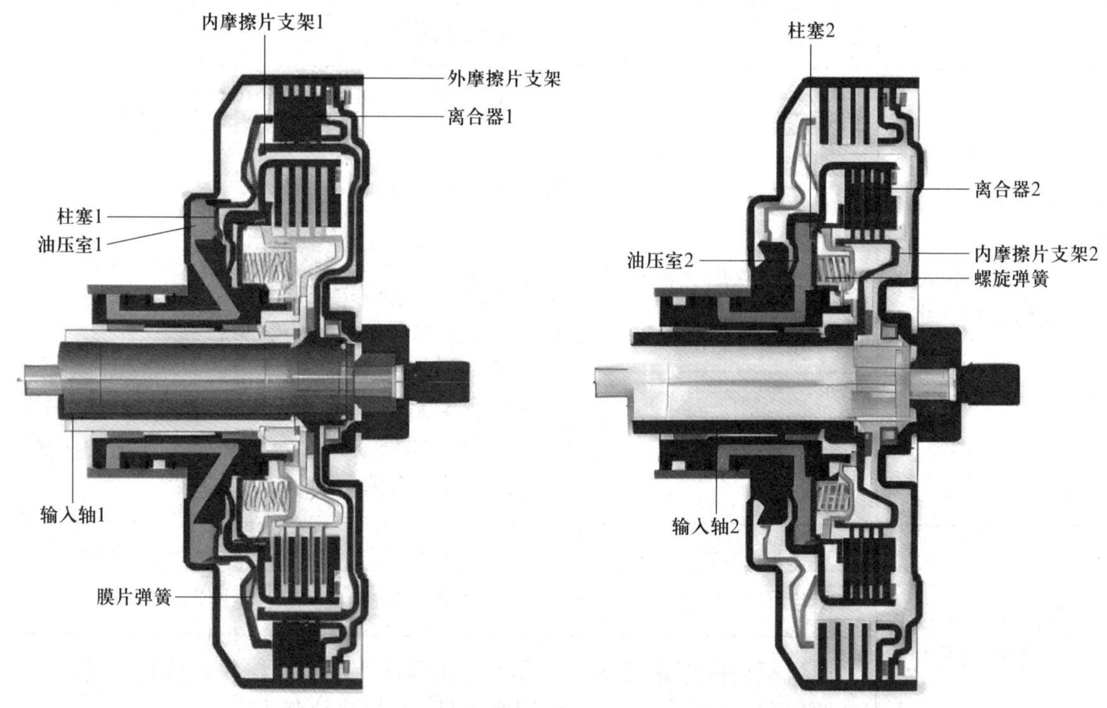

图 1–1–18　两组离合器

（3）电子控制单元

双离合自动变速器的换挡过程由电子控制单元实现，电子控制单元根据车速、发动机转速、加速踏板位置等信号，决定何时换挡，并控制离合器接合与分离。

（4）液压系统（湿式）

湿式双离合自动变速器需要润滑油来冷却离合器和润滑齿轮，液压系统用于实现润滑油的供给和控制。

四、电控液力自动变速器的使用与检修

1. 电控液力自动变速器的使用

（1）车辆起动

装备电控液力自动变速器的汽车起动时，应将变速杆置于 P 挡或 N 挡，起动发动机。发动机起动后，按常规预热、升温，待发动机冷却液温度和自动变速器油温度达到正常值后再起步。

（2）电控液力自动变速器挡位的使用

电控液力自动变速器的挡位如图 1–1–19 所示。

图 1–1–19 电控液力自动变速器的挡位

1）P 挡，驻车挡。变速杆处于该位置时，自动变速器的输出轴被机械锁止，驱动轮不能转动，防止汽车移动。此时，所有换挡执行机构均不工作。

2）R 挡，倒挡。变速杆处于该位置时可倒车。

3）N 挡，空挡。变速杆处于该位置时，所有换挡执行机构均不工作，自动变速器向外没有动力输出。

4）D 挡，前进挡。变速杆处于该位置时，自动变速器会根据发动机转速、车速、节气门开度等条件的变化，在前进挡的 1 挡与最高挡之间自动变换。

5）S 挡和 L 挡，前进低挡。变速杆处于 S 挡（有些汽车标注为 3 挡）时，自动变速器只能在 1、2、3 挡之间变换；变速杆处于 L 挡（有些汽车标注为 2 挡或 1—2 挡）时，自动变速器只能在 1、2 挡之间变换。有些自动变速器还有 1 挡，变速杆处于 1 挡时，自动变速器固定在 1 挡。前进低挡主要用于不良路面或坡道行驶。

（3）电控液力自动变速器功能开关的使用

多数电控液力自动变速器都设有模式选择开关（见图 1–1–20），可供选择不同的驾驶模式。日常驾驶时默认选择标准模式，以优化操作性和舒适性之间的平衡；在爬坡或超车时选择动力模式，可以获得较高的动力性能；在良好路面行驶时选择经济模式，可以获得较高的经济性能；在冰雪路面行驶时选择雪地模式，可以避免起步时驱动轮打滑。

图 1–1–20　模式选择开关

2. 电控液力自动变速器的使用注意事项

（1）当需要将变速杆从 P 挡换至其他任何挡位、从其他任何挡位换至 P 挡、从其他任何挡位换至 R 挡或按“D 挡—S 挡—L 挡”顺序换挡时，必须按下变速杆操作手柄端部的换挡开关，才能移动变速杆。

（2）禁止在汽车行驶中将变速杆换入 N 挡或在下坡时 N 挡滑行。否则，由于发动机怠速运转，自动变速器油泵的泵油量减小，会造成自动变速器组件润滑不良而损坏。

（3）当汽车没有完全停稳时，不允许将变速杆从 D 挡换至 R 挡或从 R 挡换至 D 挡，也不允许将变速杆换至 P 挡。

（4）汽车行驶过程中，应根据路况和行驶条件选择合适的挡位，充分发挥电控液力自动变速器的性能，而不是在任何情况下都采用 D 挡行驶。

（5）装备电控液力自动变速器的汽车因故障熄火而不能行驶时，严禁使用其他车辆牵引，否则会因油泵不工作而造成零部件烧蚀。

3. 电控液力自动变速器的基本检查与调整

（1）检查和更换自动变速器油

1）检查自动变速器油液位。步骤如下：

①将车辆停止平稳，拉起驻车制动操纵杆，起动发动机。

②使发动机和自动变速器达到正常工作温度（70～80 ℃）。

③使发动机怠速运转，将变速杆依次推入各挡位，并在各挡位停留片刻，最后推至P挡。

④从自动变速器中拉出油尺，擦拭干净，插入原位。

⑤再次拉出油尺检查液位（HOT表示热态，COLD表示冷态）。

2）检查自动变速器油品质。判断自动变速器油的品质可以从颜色、气味和是否含有杂质等方面入手。

合格的自动变速器油的颜色应为鲜红色，某些自动变速器油在使用初期颜色会较暗，这是正常现象。如果自动变速器油呈棕色或黑色，说明自动变速器油中含有烧蚀的摩擦材料等大量杂质。如果自动变速器油呈暗红色或白色，说明自动变速器油散热器出现冷却液泄漏故障。

合格的自动变速器油应有类似新机油的气味。如果自动变速器油有烧焦的味道，说明执行机构打滑或自动变速器过热。如果自动变速器油有清漆味，说明自动变速器油氧化或变质。如果自动变速器油带有泡沫，可能是油泵进油道渗入空气造成的。一旦自动变速器油出现上述任意一种现象，应立即更换。

3）更换自动变速器油。自动变速器油主要存在油底壳、液力变矩器、执行机构油缸和油道中。在常规维护时，通常只更换油底壳的自动变速器油。

（2）检查和调整节气门连杆机构

节气门连杆机构位于节气门与节气门阀之间，用于传递节气门开度信号，控制节气门阀的输出油压。如果节气门连杆机构不能提供正确反映发动机负荷的信号，会引发换挡点不符合自动换挡规律的故障，换挡品质也将受到影响。节气门阀包括机械式和真空式两种类型。机械式节气门阀主要调整节气门拉线，真空式节气门阀还要检查真空调节器。

（3）调整制动间隙

制动间隙的调整包括内部调整和外部调整两种方式，调整原理基本相同。

调整时，先将制动带支承座上的调整螺钉旋入，完全消除制动间隙，再旋出若干圈（一般内部调整旋出2.5圈，外部调整旋出3.5圈），使制动间隙调整到规定范围。

（4）检查发动机怠速

不同型号发动机的怠速各不相同。怠速过高会造成换挡冲击，当自动变速器从其他挡位换至 D 挡时，车辆将会出现蠕动现象。如果怠速过低，当自动变速器从 N 挡或 P 挡换至其他挡位时，车辆将会抖动甚至熄火。因此，必须检查发动机怠速。

模块小结

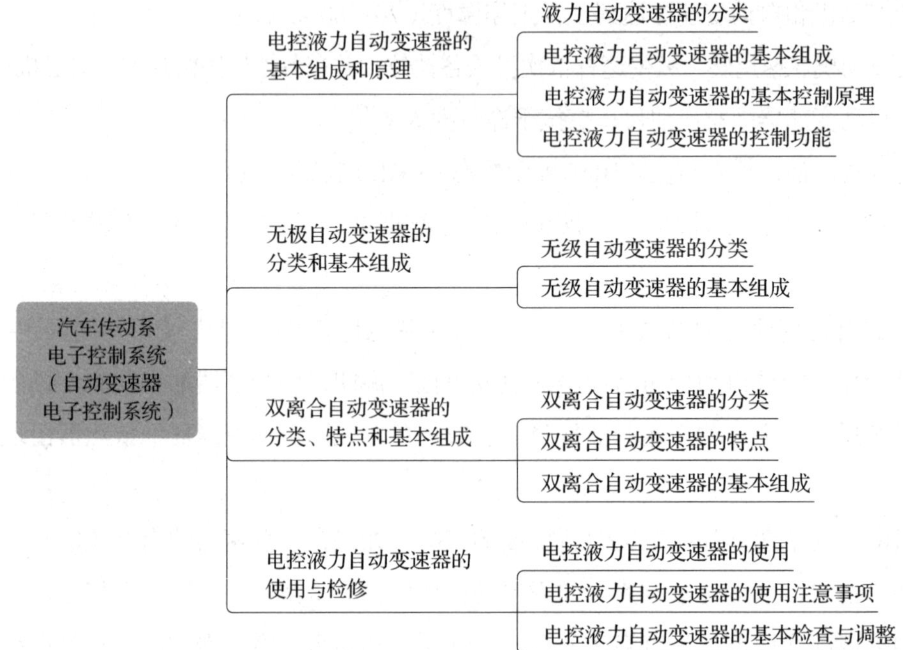

模块二
汽车行驶系电子控制系统

课题1　汽车巡航控制系统

学习目标

1. 了解汽车定速巡航系统的作用和优点。
2. 熟悉汽车定速巡航系统的组成及各部分的作用。
3. 了解汽车自适应巡航系统的组成和功能。
4. 掌握汽车定速巡航系统的使用与检修方法。

一、汽车定速巡航系统的作用和优点

汽车定速巡航系统（CCS）是指利用电子技术对汽车行驶速度进行调节，使汽车以恒定速度或接近于恒定速度行驶的电子控制装置。驾驶员启动定速巡航系统，无须控制加速踏板，汽车就可以以巡航模式行驶。

汽车定速巡航系统主要有以下优点：

1. 保持汽车行驶的稳定性

在发动机功率允许的范围内，无论汽车上坡、下坡还是在平路上行驶，汽车定速巡航系统都能使汽车的行驶速度保持稳定。

2. 提高汽车驾驶的舒适性

驾驶员无须频繁地踩加速踏板，使驾驶更为轻松。

3. 提高汽车的经济性和环保性

汽车定速巡航系统可以使发动机的燃料供给与功率达到最佳配合状态，既提高了经济性，又减少了尾气中的有害成分。

二、汽车定速巡航系统的组成及各部分的作用

汽车定速巡航系统主要由操作开关、传感器、巡航电子控制单元（巡航 ECU）和执行器等组成。操作开关和传感器的信号发送给巡航 ECU，巡航 ECU 根据这些信号计算节气门开度，并发送给执行器，自动调节节气门开度，以保持车速恒定。

1. 操作开关

定速巡航系统的操作开关有的采用按键式，安装在转向盘上，如图 2–1–1 所示；有的采用手柄式，安装在转向盘下方，如图 2–1–2 所示。

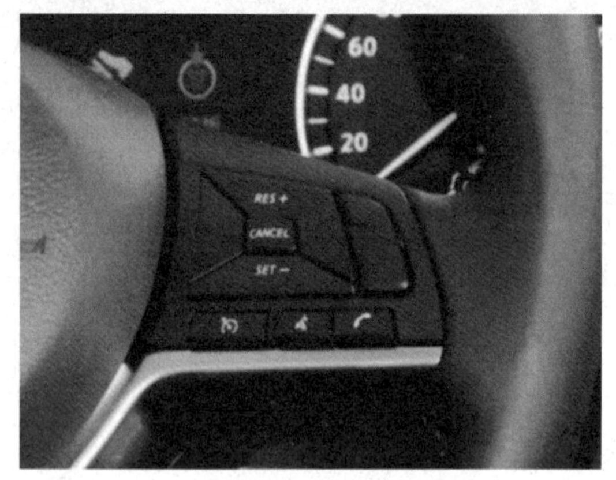

图 2–1–1　按键式操作开关

图 2–1–2　手柄式操作开关

操作开关包括主开关和控制开关。主开关是定速巡航系统的电源开关，用于控制定速巡航系统电源的通、断。控制开关包括设定 / 减速开关（SET– 或 SET/COAST）、恢复 / 加速开关（RES+ 或 RES/ACC）和取消开关（CANCEL）等。当车辆行驶时，可以操纵控制开关实现不同的功能。

巡航状态时踩下制动踏板，车辆会暂时退出巡航状态；如果需要恢复巡航状态，接通恢复 / 加速开关即可。巡航状态时踩下加速踏板，车辆也可以正常加速，当松开加速踏板时，车辆减速到设定的巡航速度后继续定速行驶。

2. 传感器

（1）车速传感器

车速传感器（见图 2–1–3）通常安装在变速器输出轴附近的壳体上，如图 2–1–4 所示，用于检测车辆的行驶速度，并将信号发送给巡航 ECU，通常与其他系统共用。

图 2–1–3　车速传感器

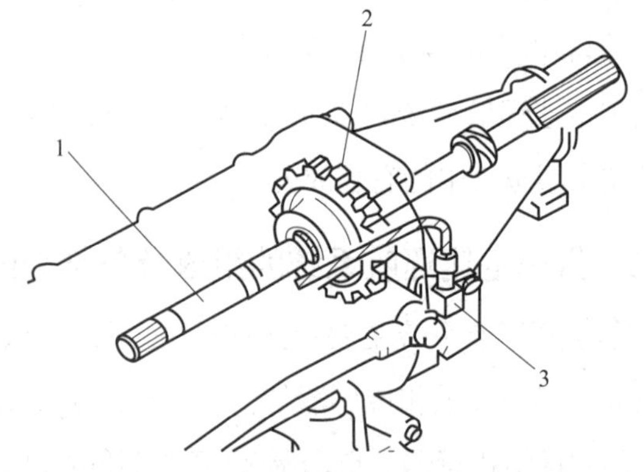

图 2–1–4　车速传感器的安装位置

1—变速器输出轴　2—驻车锁止齿轮　3—车速传感器

常用的车速传感器包括电磁感应式、可变磁阻式、霍尔式和光电式等类型。

电磁感应式车速传感器由永久磁铁和电磁感应线圈等组成，其结构和工作原理如图 2-1-5 所示。

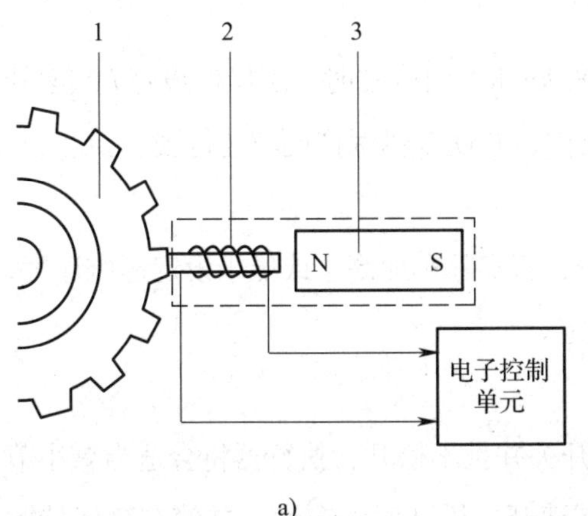

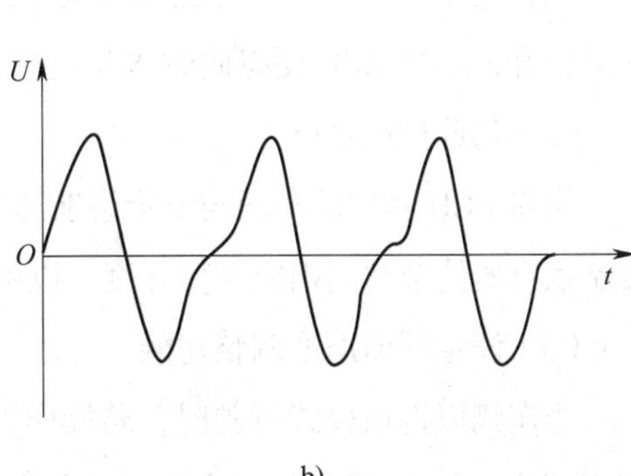

图 2-1-5　电磁感应式车速传感器的结构和工作原理

a）结构　b）感应电压波形

1—驻车锁止齿轮　2—电磁感应线圈　3—永久磁铁

可变磁阻式车速传感器由带磁感应元件的集成电路、磁环、传动齿轮和齿轮轴等组成，如图 2-1-6 所示，由变速器输出轴通过传动齿轮和齿轮轴进行驱动。

（2）节气门位置传感器

节气门位置传感器（见图 2-1-7）安装在节气门体上，用于向巡航 ECU 提供节气门位置（节气门开度）信号，通常与发动机电子控制系统共用。

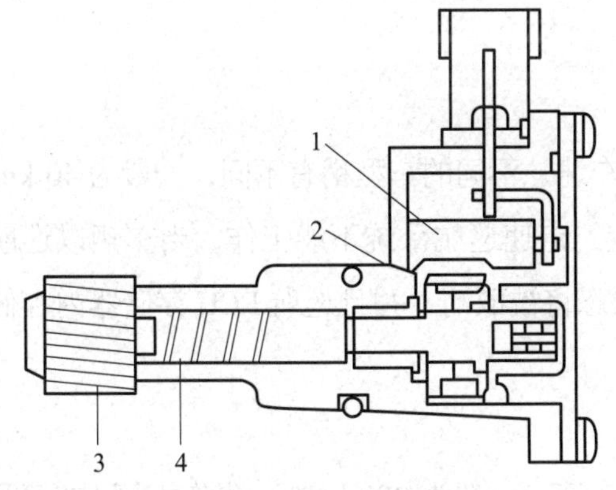

图 2-1-6　可变磁阻式车速传感器

1—带磁感应元件的集成电路

2—磁环　3—传动齿轮　4—齿轮轴

图 2-1-7　节气门位置传感器

3. 巡航 ECU

一般当车速低于 40 km/h 时，巡航 ECU 将取消巡航状态；当车速超过设定巡航速度

6 ~ 8 km/h 时，巡航 ECU 将取消巡航状态；当汽车的减速度大于 2 m/s^2 或汽车的制动灯开关动作时，巡航 ECU 也将取消巡航状态，以确保行车安全。

巡航 ECU 的功能如下：

（1）设定巡航速度记忆功能

当接通主开关，车辆在巡航速度范围（40 ~ 200 km/h）内行驶时，若操作设定 / 减速开关后松开，巡航 ECU 便将此时的车速存储于存储器内，并使车辆保持此车速行驶。

（2）匀速控制功能

巡航 ECU 将实际车速与设定巡航速度进行比较，若实际车速高于或低于设定巡航速度，控制执行器使节气门相应改变开度，以保持车速恒定。

（3）设定巡航速度调整功能

当车辆以巡航模式行驶时，若操作设定 / 减速开关并且不松开，执行器将会适当减小节气门开度，使车辆减速。巡航 ECU 将存储设定 / 减速开关松开时的车速，并使车辆保持此车速行驶。

当车辆以巡航模式行驶时，若操作恢复 / 加速开关并且不松开，执行器将会适当加大节气门开度，使车辆加速。巡航 ECU 将存储恢复 / 加速开关松开时的车速，并使车辆保持此车速行驶。

（4）取消和恢复功能

当车辆以巡航模式行驶时，若接通取消开关或将其他任意一个退出巡航状态的信号发送给巡航 ECU，巡航状态将被取消。

采用上述方式取消巡航状态后，只要车速没有降至车速下限以下，若操作恢复 / 加速开关，即可恢复到原先的巡航状态。

（5）车速下限控制功能

车速下限是定速巡航系统所能设定的最低车速。不同的车型稍有不同，一般为 40 km/h。当车速低于车速下限时，巡航速度不能被设定，定速巡航系统不能工作。当车辆以巡航模式行驶时，若车速降至车速下限以下，巡航状态将被取消，并且巡航 ECU 存储器内存储的设定巡航速度也将被清除。

（6）车速上限控制功能

车速上限是定速巡航系统所能设定的最高车速，一般为 200 km/h，操作恢复 / 加速开关也不能使车速超过车速上限。

（7）自动取消功能

当车辆以巡航模式行驶时，若出现伺服执行器驱动电流过大，伺服电动机始终朝节气门打开方向转动时，则巡航 ECU 存储器内存储的设定巡航速度将被清除，巡航状态将被取消，主开关同时关闭。

当车辆以巡航模式行驶时，若定速巡航系统的电源中断时间超过 5 ms，巡航状态也会被取消，但巡航 ECU 存储器内存储的设定巡航速度尚未被清除，可操作设定 / 减速开关或恢复 / 加速开关恢复到原先的巡航状态。

（8）自动变速器控制功能

当装备自动变速器的车辆以巡航模式行驶且以超速挡上坡时，若车速降至超速挡切断速度（设定巡航速度减去 4 km/h）以下，巡航 ECU 将超速挡取消信号发送给自动变速器 ECU，取消自动变速器超速挡并增加驱动力，防止车速进一步降低。当车速升至超速挡恢复速度（设定巡航速度减去 2 km/h）时，巡航 ECU 将超速挡恢复信号发送给自动变速器 ECU，恢复自动变速器超速挡。

（9）诊断功能

定速巡航系统发生故障时，巡航 ECU 确认故障并使仪表板上的定速巡航指示灯闪烁，以提醒驾驶员。同时，巡航 ECU 存储相应的故障码，故障码可通过定速巡航指示灯的闪烁或使用故障诊断仪读取。

4. 执行器

执行器将巡航 ECU 发出的控制信号转变为机械运动，以控制节气门的开度，使车速保持恒定。目前定速巡航系统使用的执行器包括两种类型：一种是真空驱动型，由负压操纵节气门；另一种是电动机驱动型，由电动机操纵节气门。

（1）真空驱动型执行器

真空驱动型执行器利用真空力驱动节气门。真空源的获取方式有两种：一种是仅从发动机进气歧管（见图 2–1–8）获取；另一种是从发动机进气歧管和真空泵获取，当发动机进气歧管真空度较低时，真空泵参与工作，提高真空度。

真空驱动型执行器主要由控制阀、释放阀、电磁线圈、膜片、复位弹簧和空气滤清器等组成。

图 2–1–8　发动机进气歧管

控制阀用来控制膜片后方的真空度，以改变膜片的位置，从而控制节气门，如图 2–1–9 所示。当巡航 ECU 向控制阀电磁线圈供电时，通往大气的空气通道关闭，通往进气歧管的真空通道打开，执行器内的真空度增加，膜片左移将复位弹簧压缩，带动与膜片相连的节气门拉杆将节气门开大。当控制阀电磁线圈断电时，通往进气歧管的真空通道关闭，通往大气的空气通道打开，大气进入执行器，膜片在复位弹簧的作用下右移，带动与膜片相连的节气门拉杆将节气门关小。巡航 ECU 通过占空比信号控制电磁线圈的通电与断电，通过改变占空比控制执行器内的真空度，从而控制节气门的开度。

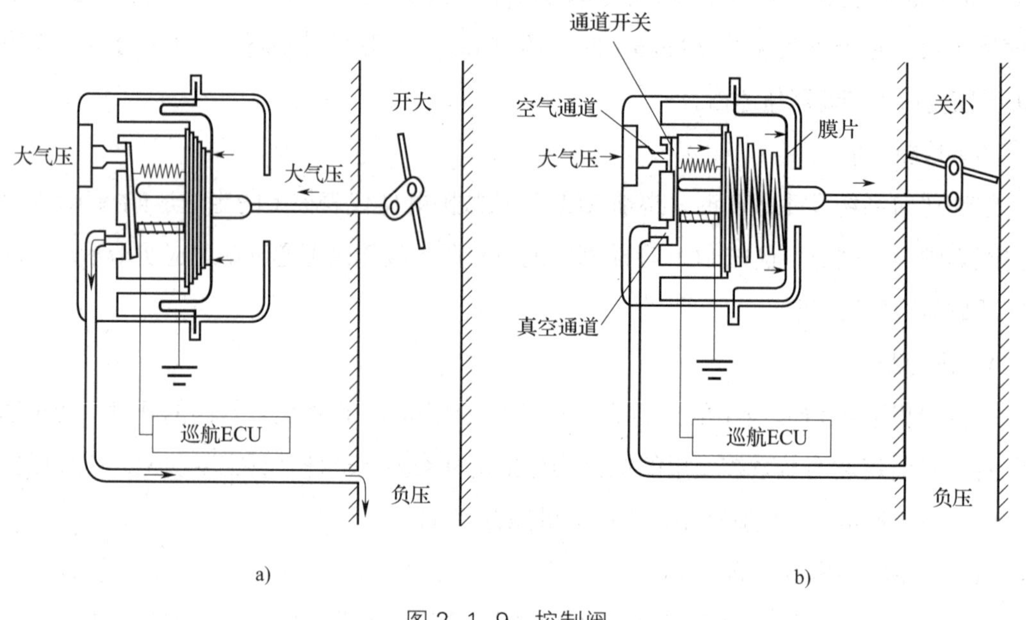

图 2–1–9　控制阀
a）控制阀电磁线圈通电　b）控制阀电磁线圈断电

（2）电动机驱动型执行器

定速巡航系统电动执行机构的结构如图 2–1–10 所示，其中，电动机驱动型执行器主要由驱动电动机、电磁离合器、减速机构和电位计等组成。

1）驱动电动机。电动机转动时，通过减速机构和电磁离合器带动控制臂转动，控制臂又通过节气门拉索拉动节气门控制摇臂转动。改变流过电动机电枢绕组电流的方向，可以改变电动机电枢轴的转动方向，从而调节节气门控制摇臂转动角度的大小。为了限定控制臂的转动角度，防止发动机发生飞车事故，在电动机电路中装有限位开关。

当电动机驱动型执行器采用步进电动机作为动力源时，步进电动机能将巡航 ECU 发出的控制信号转变成一定角度的位移量。巡航 ECU 每发出一个控制脉冲，步进电动机就可以带动节气门控制摇臂转过一个微小角度，这样能保证节气门开度平稳、准确地进行调节。

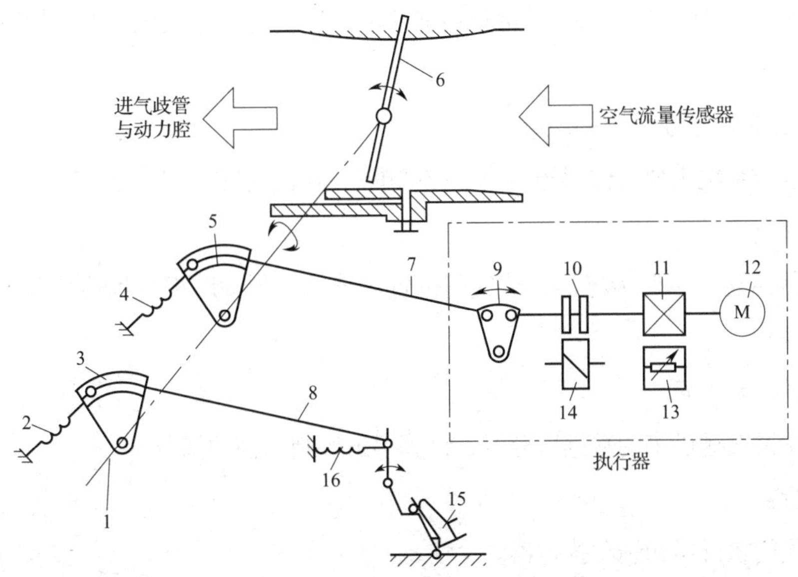

图 2-1-10　定速巡航系统电动执行机构的结构

1—节气门轴　2、4、16—复位弹簧　3、5—节气门控制摇臂　6—节气门
7、8—节气门拉索　9—控制臂　10—电磁离合器　11—减速机构
12—驱动电动机　13—电位计　14—电磁线圈　15—加速踏板

节气门控制摇臂转过的角度与步进电动机转过的角度成正比，步进电动机转过的角度与巡航 ECU 发出的控制脉冲个数成正比。节气门控制摇臂的转动方向由步进电动机步进方向决定。

2）电磁离合器。电磁离合器安装在驱动电动机和控制臂之间。在车辆以巡航模式行驶过程中，当驾驶员踩下制动踏板、实际车速超过设定巡航速度一定值（一般为 15 km/h 左右）或车速传感器发生故障时，巡航 ECU 将发出控制指令，使电磁离合器分离，防止发生事故。

未进入巡航状态时，电磁离合器电磁线圈电路接通，电磁离合器初始状态为接合状态，可以提高执行器的响应速度，防止车速突然变化而发生游车现象（发动机转速忽高忽低）。

3）电位计。在电动机驱动型执行器中，一般都装有由一只滑动变阻器构成的电位计（转角传感器或位移传感器），其作用是检测执行器中控制臂转动的角度或节气门拉索的位移量，并将信号发送给巡航 ECU，用于巡航 ECU 诊断执行器是否发生故障。当巡航 ECU 向执行器发出控制指令后，如果电位计信号没有变化或变化超过预先设定值，巡航 ECU 就会判定执行器发生故障，同时记录故障码，点亮定速巡航指示灯。

三、汽车自适应巡航系统的组成和功能

汽车自适应巡航系统（ACC）又称为智能巡航系统，是在定速巡航系统的基础上发展起来的新一代汽车驾驶辅助系统。它将汽车定速巡航系统（CCS）和前碰撞预警系统（FCWS）

有机结合起来，实现与前车保持设定距离的功能，避免与前车发生碰撞，提高了车辆行驶的安全性。

1. 汽车自适应巡航系统的组成

自适应巡航系统主要由传感器、电子控制单元、执行器和人机交互界面等组成。

（1）传感器

包括车载雷达、车速传感器、节气门位置传感器、制动踏板行程传感器和离合器踏板位置传感器等。

（2）电子控制单元

处理传感器发送过来的数据，分析、计算得出控制车辆的指令。

（3）执行器

包括节气门执行器和制动执行器。

2. 汽车自适应巡航系统的功能

自适应巡航系统不但具有定速巡航的全部功能，还可以通过车载雷达等传感器监测车辆前方的道路环境。一旦发现当前行驶车道的前方有其他前行车辆时，将根据本车与前车之间的相对距离和相对速度等信息，对车辆进行行驶速度控制，使本车与前车保持合适的安全间距。自适应巡航系统的应用降低了驾驶员的操作负担，可以缓解驾驶员的疲劳，大大提高汽车的主动安全性。

四、汽车定速巡航系统的使用与检修

1. 汽车定速巡航系统的使用

以图 2–1–2 所示的手柄式操作开关为例，手柄式操作开关的端部是主开关，按一下主开关，仪表板上的定速巡航指示灯点亮，表示定速巡航系统进入运行状态；再按一下主开关，仪表板上的定速巡航指示灯熄灭，表示定速巡航系统处于关闭状态；以转向盘平面为基准，向后扳动手柄式操作开关可以设定巡航速度或减速，向前扳动手柄式操作开关可以恢复巡航状态或加速，向上扳动手柄式操作开关可以取消巡航状态。

定速巡航系统的具体使用方法如下：

（1）设定巡航速度

当车速低于车速下限时，接通定速巡航系统操作开关的总开关，踩下加速踏板，使车辆加速。当车速达到设定值且不低于车速下限时，接通设定 / 减速开关后松开，车辆进入巡航状态。

若驾驶员要加速超越前方车辆，只要踩下加速踏板，超车完毕再释放加速踏板，车辆便又恢复到原先设定的巡航速度行驶。

（2）取消设定的巡航速度

取消设定的巡航速度可选择以下三种方法：

1）接通定速巡航系统操作开关的取消开关。

2）踩下制动踏板使车辆减速。

3）对于装备手动变速器的车辆，踩下离合器踏板；对于装备自动变速器的车辆，将变速杆置于 N 挡。

上述三种方法虽然取消了设定的巡航速度，但是巡航 ECU 存储器内存储的设定巡航速度不会被清除。

此外，断开定速巡航系统操作开关的总开关也可以取消设定的巡航速度，同时巡航 ECU 存储器内存储的设定巡航速度也将被清除。

如果车辆行驶时设定的巡航速度不是通过上述方法而自动取消的，或仪表板上的定速巡航指示灯闪烁，则说明定速巡航系统出现故障。

（3）恢复到原先设定的巡航速度

采用上述三种方法取消设定的巡航速度后，接通定速巡航系统操作开关的恢复 / 加速开关，车辆即可恢复到原先设定的巡航速度行驶；当车速降至车速下限以下或低于设定巡航速度的差值超过 16 km/h 时，定速巡航系统自动停止工作。

（4）设定装备手动变速器的车辆加速

车辆进入巡航状态后，接通定速巡航系统操作开关的恢复 / 加速开关并且不松开，车速将逐渐提高；当车速达到要重新设定的巡航速度时，松开恢复 / 加速开关。这种加速方法与踩下加速踏板加速相比，所用时间较长。

（5）设定装备手动变速器的车辆减速

车辆进入巡航状态后，接通定速巡航系统操作开关的设定 / 减速开关并且不松开，车速将逐渐降低；当车速降至要重新设定的巡航速度时，松开设定 / 减速开关。这种减速方法与踩下制动踏板减速相比，所用时间较长。

2. 汽车定速巡航系统的基本检查

（1）检查设定巡航速度功能

接通定速巡航系统操作开关的总开关，车辆以 40 ~ 200 km/h 的速度行驶，接通设定 / 减速开关后松开，检查车辆是否以设定的巡航速度行驶。

（2）检查加速功能

车辆进入巡航状态后，接通定速巡航系统操作开关的恢复 / 加速开关并且不松开，检查车辆是否加速，松开后，检查车辆是否以新设定的巡航速度行驶；重复接通恢复 / 加速开关后立即松开，检查车辆是否逐级加速。

（3）检查减速功能

车辆进入巡航状态后，接通定速巡航系统操作开关的设定 / 减速开关并且不松开，检查车辆是否减速，松开后，检查车辆是否以新设定的巡航速度行驶；重复接通设定 / 减速开关后立即松开，检查车辆是否逐级减速。

（4）检查取消功能

车辆进入巡航状态后，进行下列任意一项操作，检查车辆是否已取消巡航状态，并恢复正常驾驶模式：

1）踩下制动踏板。

2）踩下离合器踏板。

3）将自动变速器变速杆置于 N 挡。

4）断开定速巡航系统操作开关的总开关。

5）接通定速巡航系统操作开关的取消开关。

（5）检查恢复功能

通过上述任意一项操作（不包括断开定速巡航系统操作开关的总开关）取消巡航状态后，当车速高于车速下限时，接通定速巡航系统操作开关的恢复 / 加速开关，检查车辆是否恢复到以取消巡航状态前设定的巡航速度行驶。

3. 汽车定速巡航系统的故障分析

故障现象表以递减的顺序表示故障部位的可能性。检修故障时，可以按顺序检查每个可能的故障部位，必要时进行维修或更换。

汽车定速巡航系统故障现象表见表 2–1–1。检查可能的故障部位前，应先检查与该系统相关的熔丝和继电器，并检查蓄电池电压是否正常。

表 2–1–1　汽车定速巡航系统故障现象表

故障现象	可能的故障部位
不能设定巡航速度（定速巡航指示灯点亮）	定速巡航系统操作开关电路
	车速传感器电路
	仪表板总成
	制动灯开关电路
	变速器挡位传感器电路
	离合器开关电路
	如果上述电路和部件检查完毕且均正常，但故障现象仍然出现，则更换巡航 ECU

续表

故障现象	可能的故障部位
巡航状态在工作时被自动取消	制动灯开关电路
	离合器开关电路
	变速器挡位传感器电路
	定速巡航系统操作开关电路
	车速传感器电路
	仪表板总成
	如果上述电路和部件检查完毕且均正常，但故障现象仍然出现，则更换巡航 ECU
可以设定巡航速度（定速巡航指示灯不亮）	定速巡航指示灯电路
	如果上述电路检查完毕且正常，但故障现象仍然出现，则更换巡航 ECU
接通定速巡航系统操作开关的取消开关不能取消巡航状态（定速巡航指示灯常亮）	定速巡航系统操作开关电路
	如果上述电路检查完毕且正常，但故障现象仍然出现，则更换巡航 ECU
接通定速巡航系统操作开关的取消开关不能取消巡航状态（定速巡航指示灯不亮）	更换巡航 ECU
当车速低于车速下限时，巡航状态没有被取消（定速巡航指示灯常亮）	车速传感器电路
	如果上述电路检查完毕且正常，但故障现象仍然出现，则更换巡航 ECU
当车速低于车速下限时，巡航状态没有被取消（定速巡航指示灯不亮）	更换巡航 ECU
踩下制动踏板不能取消巡航状态（定速巡航指示灯常亮）	制动灯开关电路
	如果上述电路检查完毕且正常，但故障现象仍然出现，则更换巡航 ECU
踩下制动踏板不能取消巡航状态（定速巡航指示灯不亮）	更换巡航 ECU
踩下离合器踏板不能取消巡航状态（定速巡航指示灯常亮）	离合器开关电路
	如果上述电路检查完毕且正常，但故障现象仍然出现，则更换巡航 ECU

续表

故障现象	可能的故障部位
踩下离合器踏板不能取消巡航状态（定速巡航指示灯不亮）	更换巡航 ECU
操作自动变速器变速杆不能取消巡航状态	变速器挡位传感器电路
	如果上述电路检查完毕且正常，但故障现象仍然出现，则更换巡航 ECU
抖动（车速不恒定）	车速传感器电路
	仪表板总成
	如果上述电路和部件检查完毕且均正常，但故障现象仍然出现，则更换巡航 ECU
定速巡航指示灯闪烁	定速巡航指示灯电路
	如果上述电路检查完毕且正常，但故障现象仍然出现，则更换巡航 ECU

课题小结

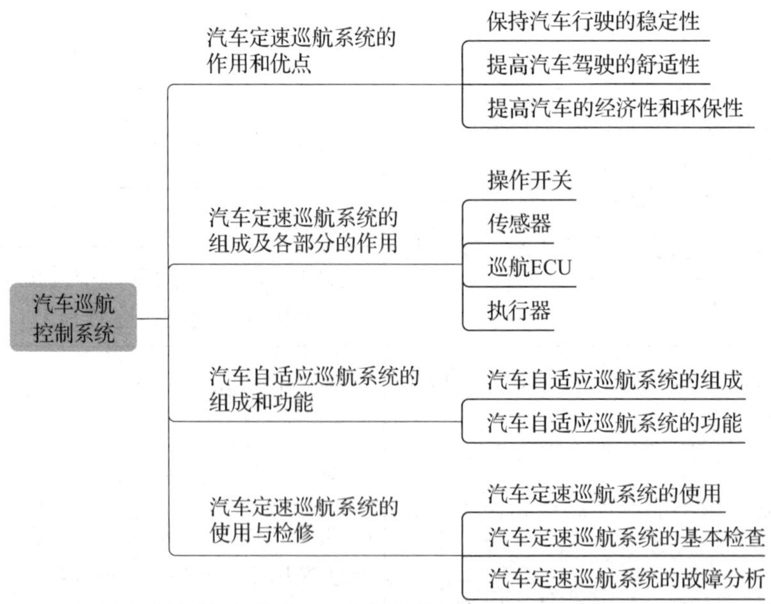

课题❷ 汽车导航控制系统

学习目标

1. 了解汽车导航控制系统的分类。
2. 熟悉汽车卫星导航控制系统的原理和功能。
3. 了解汽车导航控制系统的发展趋势。
4. 掌握汽车导航控制系统的使用方法。

一、汽车导航控制系统的分类

汽车导航控制系统（见图 2–2–1）的应用改善了汽车行驶安全性和行驶效率，提高了道路通行能力，有利于缓解交通拥堵、平衡交通调度和管制。

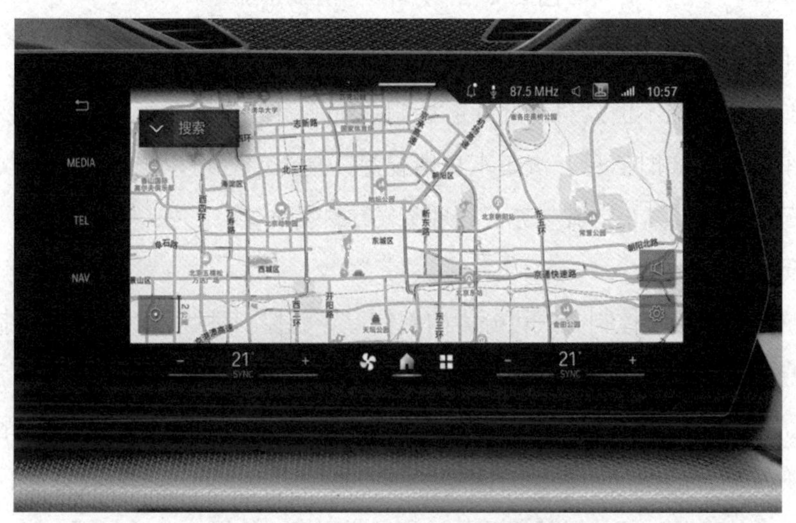

图 2–2–1 汽车导航控制系统

从功能上看，早期的汽车导航控制系统只有简单的示向功能，只能显示汽车行驶方向和到目的地的距离。目前比较先进的汽车导航控制系统是具有汽车导航控制、转向语音提示、定位、测速、显示航迹等功能的综合系统。

1. 按控制信息反馈分类

汽车导航控制系统按控制信息反馈可分为开环导航控制系统和闭环导航控制系统。

（1）开环导航控制系统

开环导航控制系统（见图 2–2–2）是从指挥中心或电台、卫星、传感器等获取定位、方向等信息，根据上述信息和电子地图可确定起点到终点的最短行驶距离，但汽车的信息不能返回指挥中心。

图 2–2–2　开环导航控制系统

（2）闭环导航控制系统

闭环导航控制系统不但具有开环导航控制系统所有的导航功能，而且可以不断向指挥中心反馈汽车行驶的实时信息、汽车本身情况等，指挥中心可以根据交通、气候等综合信息及时通知驾驶员调整汽车行驶状态、处理突发事件等。

2. 按控制方式分类

汽车导航控制系统按控制方式可分为内部信息导航控制系统和卫星导航控制系统。

内部信息导航控制系统主要由微处理器、距离传感器、方向传感器和显示屏等组成。任何汽车导航控制系统的基本功能是把汽车的地理位置实时地告知驾驶员。距离传感器主要用于检测汽车到目的地的距离，方向传感器主要用于检测汽车的行驶方向，这两个传感器的信号经过微处理器进行数据处理后显示在显示屏上，如图 2–2–3 所示。

图 2–2–3　内部信息导航控制系统显示

根据所用传感器的不同，内部信息导航控制系统又可分为地磁导航控制系统和惯性导航控制系统。

（1）地磁导航控制系统（又称汽车导向行驶系统）

利用地磁传感器可随时检测汽车的行驶方向，距离传感器可检测汽车到目的地的距离，然后用微处理器分析、计算得出汽车的行驶轨迹，到目的地的方向、距离等，并在显示器上显示出来，以达到导航的目的。

（2）惯性导航控制系统

惯性导航控制系统的方向传感器是由陀螺仪制成的，其他设备和功能与地磁导航控制系统相同。

二、汽车卫星导航控制系统的原理和功能

1. 卫星导航系统介绍

（1）北斗卫星导航系统（BDS）

北斗卫星导航系统（见图 2–2–4）是中国自主建设运行的全球卫星导航系统，是与美国全球定位系统、俄罗斯格洛纳斯系统、欧洲伽利略系统并列的卫星导航系统。

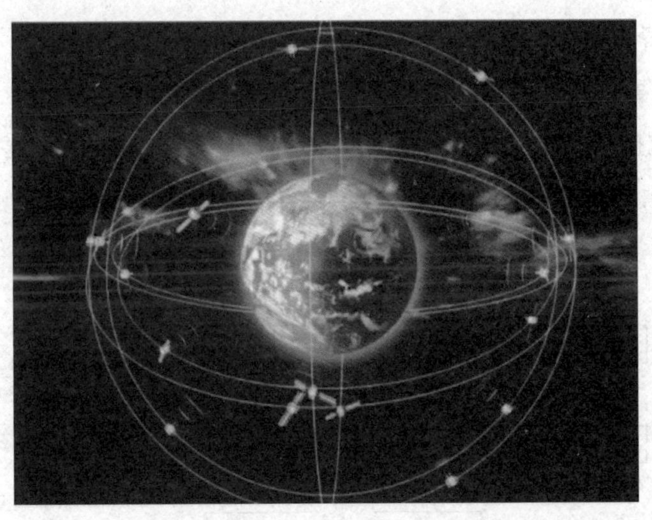

图 2–2–4 北斗卫星导航系统

北斗卫星导航系统由空间段、地面段和用户段三部分组成，具有以下特点：一是北斗卫星导航系统空间段采用三种轨道卫星组成混合星座，与其他卫星导航系统相比，高轨卫星更多，抗遮挡能力强，在低纬度地区性能优势更为明显；二是北斗卫星导航系统提供多个频点的导航信号，能够通过多频信号组合使用等方式提高服务精度；三是北斗卫星导航系统创新融合了导航与通信能力，具备定位导航授时、星基增强、地基增强、精密单点定位、短报文通信和国际搜救等多种服务能力。

（2）全球定位系统（GPS）

全球定位系统（见图 2–2–5）是美国研制建设的以人造地球卫星为基础的高精度无线电导航、定位系统，在全球任何地方以及近地空间都能够提供准确的地理位置、车辆行驶速度和时间信息。

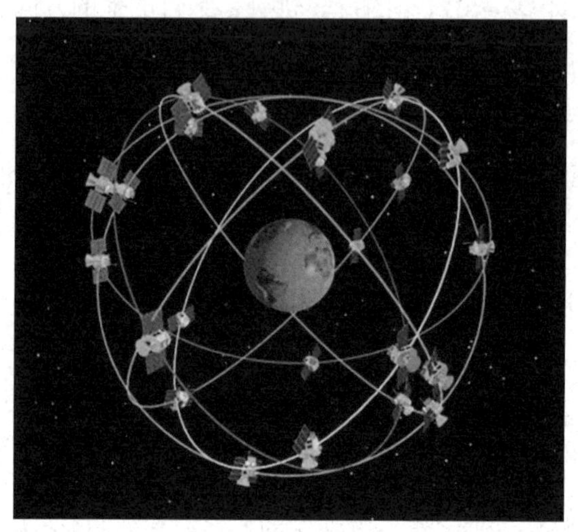

图 2–2–5　全球定位系统

2. 汽车卫星导航控制系统的组成和原理

（1）汽车卫星导航控制系统的组成

汽车卫星导航控制系统主要由接收天线、接收机、微处理器、车速传感器、陀螺传感器和显示器等组成，如图 2–2–6 所示。

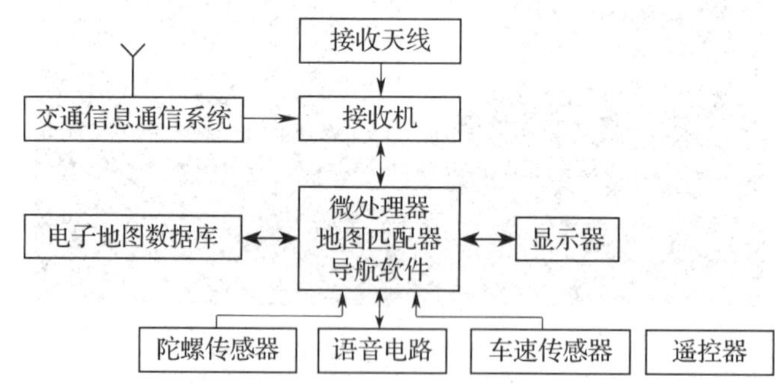

图 2–2–6　汽车卫星导航控制系统的组成框图

（2）汽车卫星导航控制系统的原理

汽车卫星导航控制系统利用接收天线、接收机，接收卫星导航系统信号，经过微处理器分析、计算得出汽车所在位置的准确经度和纬度以及行驶速度和方向，并在显示器上显示出来。参照电子地图，驾驶员就可以知道汽车在地图上的确切位置，指挥中心也能随时掌握每辆汽车的状态并进行调度，如图 2–2–7 所示。

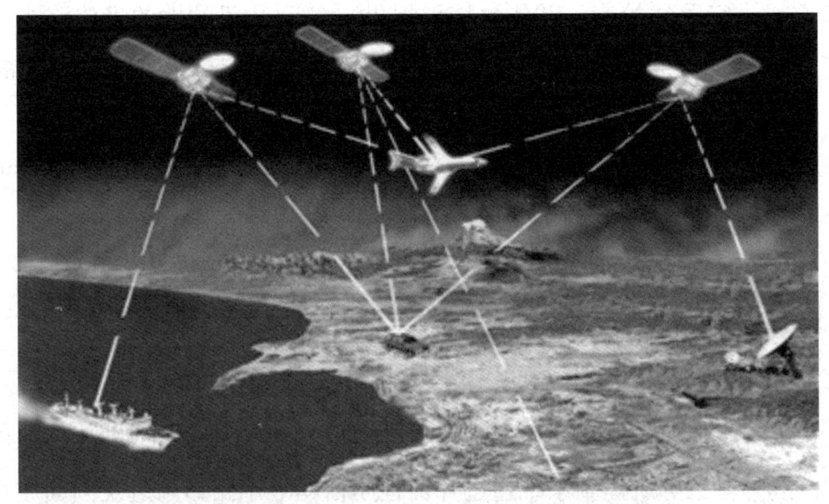

图 2–2–7　汽车卫星导航控制系统的原理

当汽车行驶到地下隧道、高层楼群、高架桥下、高山群间、密集森林等地段时会与导航卫星失去联系。在卫星导航系统信号中断的瞬间，汽车可自动导入内部信息导航控制系统，微处理器根据车速传感器的信号直接分析、计算得出前进距离，陀螺传感器可直接检测出前进方向和行驶状态的变化。

汽车卫星导航控制系统和内部信息导航控制系统所测到的汽车位置数据、前进方向与实际行驶的路线轨迹在电子地图上都存在一定的误差。为修正误差，需要采用地图匹配技术，对传感器检测到的汽车行驶轨迹与电子地图上道路的误差进行实时相关匹配，并作出自动修正，如图 2–2–8 所示。

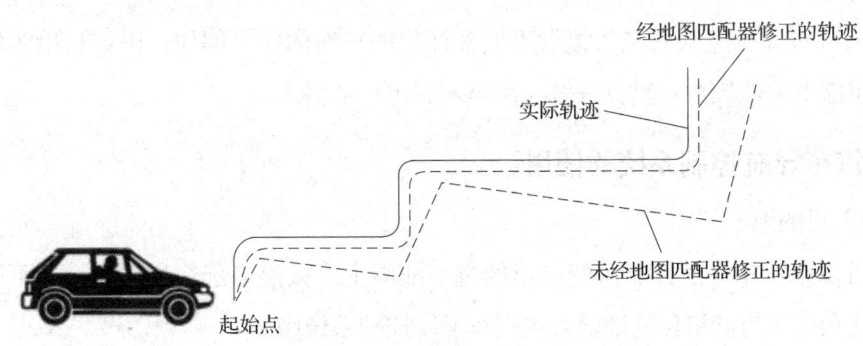

图 2–2–8　采用地图匹配器修正路线

有了汽车行驶中接收到的卫星导航系统信号、陀螺传感器检测的正确前进方向和车速传感器检测的前进距离这三组数据，并经过地图匹配器自动修正，就可以完成高精度导航。

3. 汽车卫星导航控制系统的功能

（1）对目的地进行最佳路线检索。汽车卫星导航控制系统可以通过直接输入地名或说出地名等方式进行路线检索，并能快捷地提供一条到达目的地的最佳路线，还能实时获得汽车所在位置和目的地的坐标，以及全部行驶路线的直线距离、速度、时间和前进方向。

（2）具有瞬时再检索功能。为应对道路堵塞、路段施工或走错路等意外情况，汽车卫星导航控制系统具有瞬时自动再检索功能，舍去堵塞、施工、错误路线，提供新的可行性路线。

（3）提供丰富的菜单和记录功能。

（4）在适当时间内提供实时语音提示。

（5）放大路口周围建筑物和交通标志功能。当行驶到十字路口或高速公路进、出口前一定距离时，汽车卫星导航控制系统通过开窗程序自动显示路口附近全画面放大图，指示汽车的位置、路口的名称、转向后的道路名称和方向等。

三、汽车导航控制系统的发展趋势

1. 与智能驾驶融合

未来的汽车导航控制系统将与智能驾驶系统进行深度融合，实现精准的定位和导航服务，借助汽车导航控制系统实现点对点的自动驾驶。

2. 智能化

未来的汽车导航控制系统将融合更多智能化功能，充当驾驶员的助手。驾驶员能够通过汽车导航控制系统进行语音控制，实现车内设备的智能控制。

3. 多样化

未来的汽车导航控制系统将提供更加多样化的导航体验，例如，语音与抬头显示系统结合，采用虚拟成像等方式进行导航，满足不同用户的需求。

四、汽车导航控制系统的使用

1. 输入目的地

除了可以在汽车导航控制系统显示的电子地图上直接点击选取目的地，还可以通过系统的输入法和语音功能将目的地输入到汽车导航控制系统中。

2. 计算行驶路线

汽车导航控制系统从接收机得到经过计算确定的当前经、纬度，通过与电子地图数据的对比，可以确定车辆当前所在的位置；再将车辆当前位置作为出发点，根据电子地图存储的地图信息，自动分析、计算得出若干条到达目的地的合适路线。

3. 行驶中的导航

汽车导航控制系统与电子地图相结合，可以实时采集车辆当前经、纬度信息，并导入到电子地图上，从而在电子地图上显示当前车辆所在位置，如图 2–2–9 所示。为方便驾驶员，避免过度分散驾驶员注意力，可根据路线进行实时语音播报，例如，车辆按照系统推荐路线行驶到应转向的路口前，语音输出设备提示驾驶员“200 m 后请向左转”，这样驾驶员不必关注显示屏的显示信息，也可以按照推荐路线行驶。

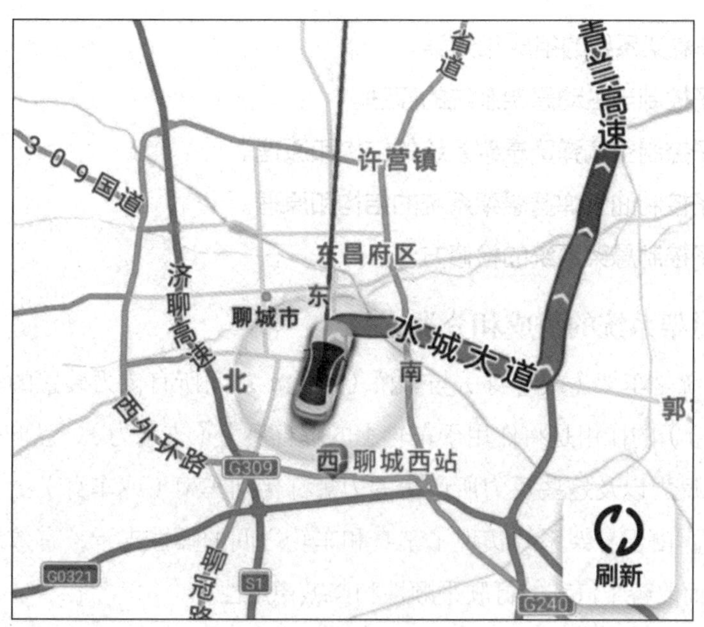

图 2–2–9　车辆定位

课题小结

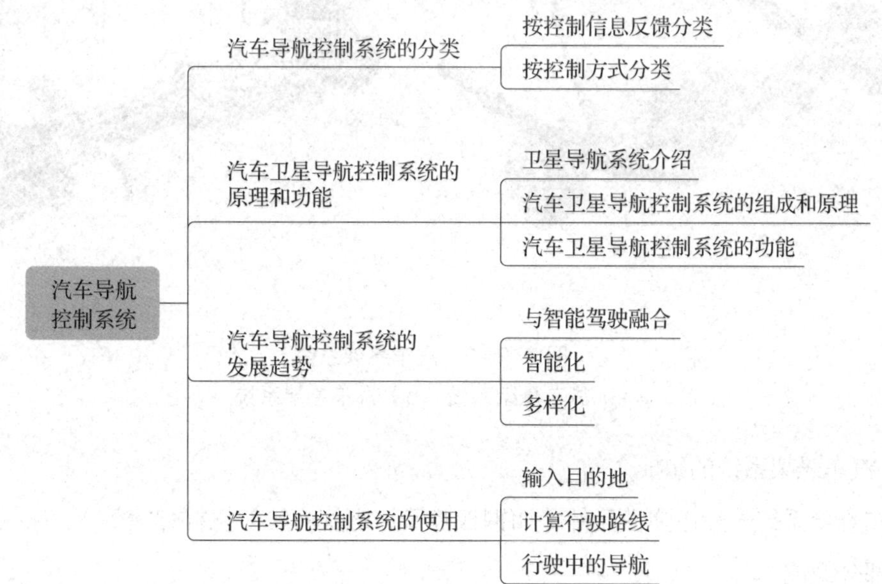

课题❸ 汽车电子控制悬架系统

学习目标

1. 了解汽车悬架系统的组成和分类。
2. 了解电子控制半主动悬架系统的原理。
3. 熟悉电子控制空气弹簧悬架系统的结构和原理。
4. 熟悉电子控制油气弹簧悬架系统的结构和原理。
5. 掌握电子控制悬架系统的检修方法。

一、汽车悬架系统的组成和分类

汽车悬架系统是车架（或车身）与车桥（车轮）之间所有传力装置的总称。汽车悬架系统（见图 2–3–1）的作用是将作用于车轮上的垂直反力（支承力）、纵向反力（牵引力和制动力）和侧向反力以及这些反力所产生的力矩都传到车架（或车身）上。当汽车在不同的路面上行驶时，由于悬架系统实现了车身和车轮之间的弹性支承，有效地降低了车身与车轮的振动，从而改善了汽车的行驶平顺性和操纵稳定性。

a）　　　　b）

图 2–3–1　汽车悬架系统
a）货车悬架系统　b）轿车悬架系统

1. 汽车悬架系统的组成

汽车悬架系统一般由弹性元件（如钢板弹簧、螺旋弹簧、扭杆弹簧等）、减振器和导向机构三部分组成。

有些轿车和大客车为了防止在转向行驶等情况下车身发生过大的横向倾斜，在悬架系统中还设置了横向稳定器，如图 2–3–2 所示。

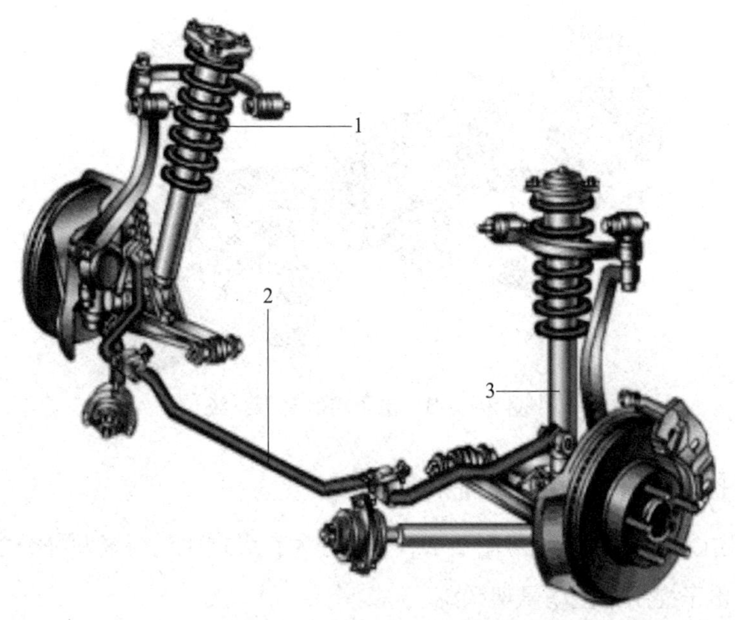

图 2–3–2 横向稳定器的安装位置

1—螺旋弹簧 2—横向稳定器 3—减振器

2. 汽车悬架系统的分类

汽车悬架系统可分为被动悬架系统和电子控制悬架系统，电子控制悬架系统又可分为电子控制半主动悬架系统和电子控制主动悬架系统。

被动悬架系统各元件的特性不可调整，只能被动地吸收能量、缓和冲击。

电子控制半主动悬架系统仅能对减振器的阻尼进行调节，有些也可以对横向稳定器的刚度进行调节。

电子控制主动悬架系统能根据行驶条件随时对悬架系统的刚度、减振器的阻尼以及车身的高度和姿态进行调节。

汽车的行驶平顺性和操纵稳定性是衡量悬架系统性能的主要指标，理想的悬架系统在不同的行驶条件下应具有良好的适应性，例如，行驶平顺性要求悬架系统“柔软”，操纵稳定性则要求悬架系统“坚硬”。设计参数一旦确定，悬架系统的性能也就确定了，被动悬架系统不能同时满足经常变化而又相互矛盾的使用要求，只有电子控制悬架系统（见图 2–3–3）能满足上述要求。

图 2–3–3　电子控制悬架系统

二、电子控制半主动悬架系统的原理

电子控制半主动悬架系统（见图 2–3–4）可分为有级式和无级式两种类型。

1. 有级式电子控制半主动悬架系统

在有级式电子控制半主动悬架系统中，减振器的阻尼分为三级，由驾驶员根据路况和汽车行驶条件选择所需要的阻尼级别。三级阻尼可调减振器（见图 2–3–5）的阻尼调整是通过改变减振器油液流通孔的截面积来实现的。回转阀上有关闭、部分开启和全开三个位置，相应可以产生三级阻尼，以适应不同的行驶条件。

图 2–3–4　电子控制半主动悬架系统

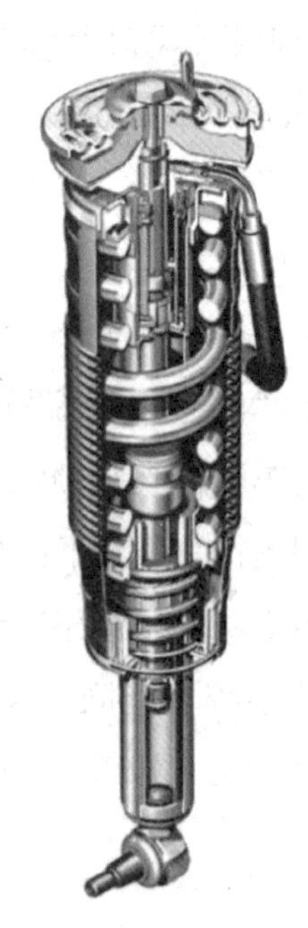

图 2–3–5　三级阻尼可调减振器

2. 无级式电子控制半主动悬架系统

无级式电子控制半主动悬架系统可以根据路况和汽车行驶条件自动地调整减振器的阻尼，以提高汽车的安全性、操纵稳定性和舒适性。

无级式电子控制半主动悬架系统主要由模式选择开关、传感器、电子控制单元（ECU）、执行器和液力式阻尼可调减振器等组成。

模式选择开关（见图 2-3-6）由驾驶员手动进行操作。

图 2-3-6　模式选择开关

执行器安装在减振器上部，主要由步进电动机、小齿轮、扇形齿轮、回转阀控制杆和电磁线圈等组成，其结构如图 2-3-7 所示。

电子控制单元（ECU）对传感器发送过来的汽车起步、加速和转向等信号进行分析、计算，然后向执行器发出控制信号。执行器接收到控制信号后，使步进电动机转动并通过扇形齿轮驱动回转阀控制杆旋转一定的角度，从而改变减振器中回转阀节流孔的流通面积，使减振器的阻尼实现无级变化。

液力式阻尼可调减振器的阻尼控制原理如图 2-3-8 所示。当汽车车轮滚上凸起和滚出凹坑时，车轮移近车架（车身），减振器受压缩，减振器活塞向下移动。活塞下面的腔室（下腔）容积减小，油压升高，下腔内的油液经上、下节流孔流回上腔，这些节流孔对油液的节流作用便产生对悬架系统压缩运动的阻尼。当车轮滚进凹坑或滚离凸起时，车轮相对车身移开，减振器受拉伸，减振器活塞向上移动。活塞上腔油压升高，上腔内的油液经上、下节流孔流

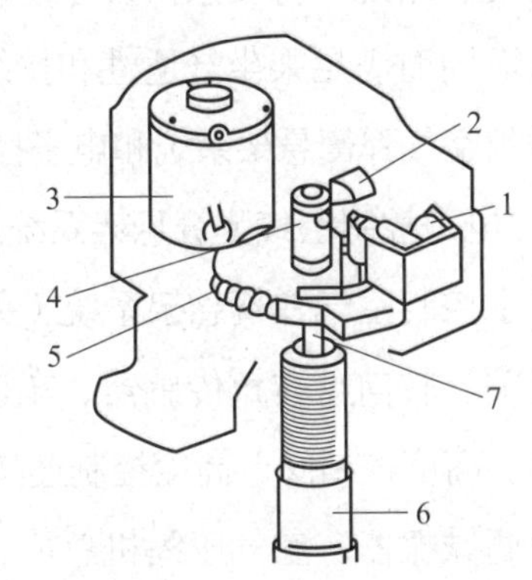

图 2-3-7　执行器的结构

1—电磁线圈　2—止动块　3—步进电动机
4—小齿轮　5—扇形齿轮　6—减振器
7—回转阀控制杆

回下腔，这些节流孔对油液的节流作用便产生对悬架系统伸张运动的阻尼。节流孔的大小决定阻尼的大小。

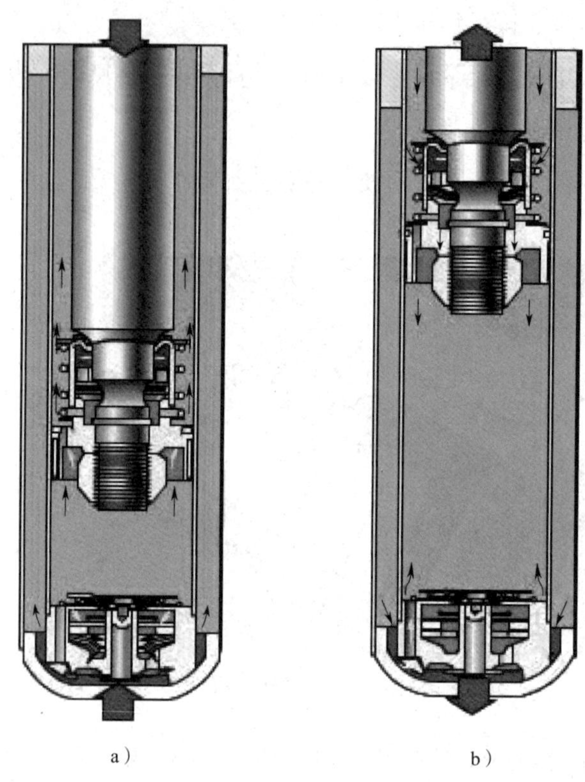

图 2-3-8　液力式阻尼可调减振器的阻尼控制原理
a）减振器受压缩　b）减振器受拉伸

三、电子控制空气弹簧悬架系统的结构和原理

电子控制主动悬架系统（见图 2-3-9）是一种具有做功能力的悬架系统，当汽车载荷、行驶速度、路况等行驶条件发生变化时，电子控制主动悬架系统能自动调整悬架系统的性能，从而同时满足乘坐舒适性和操纵稳定性等方面的要求。电子控制主动悬架系统可分为电子控制空气弹簧悬架系统和电子控制油气弹簧悬架系统。

1. 电子控制空气弹簧悬架系统的组成

电子控制空气弹簧悬架系统（见图 2-3-10）主要由模式选择开关、悬架系统开关、制动灯开关、转向盘转角传感器、车速传感器、车身高度传感器、节气门位置传感器、车门传感器、高度控制阀、高度控制连接器、悬架系统 ECU、悬架系统控制执行器、空气弹簧、阻尼可调减振器、空气压缩机总成、空气压缩机继电器、高度指示灯和悬架系统指示灯或显示屏等组成。

（1）模式选择开关

模式选择开关由驾驶员根据行驶条件选择悬架系统的工作模式，可控制减振器阻尼的

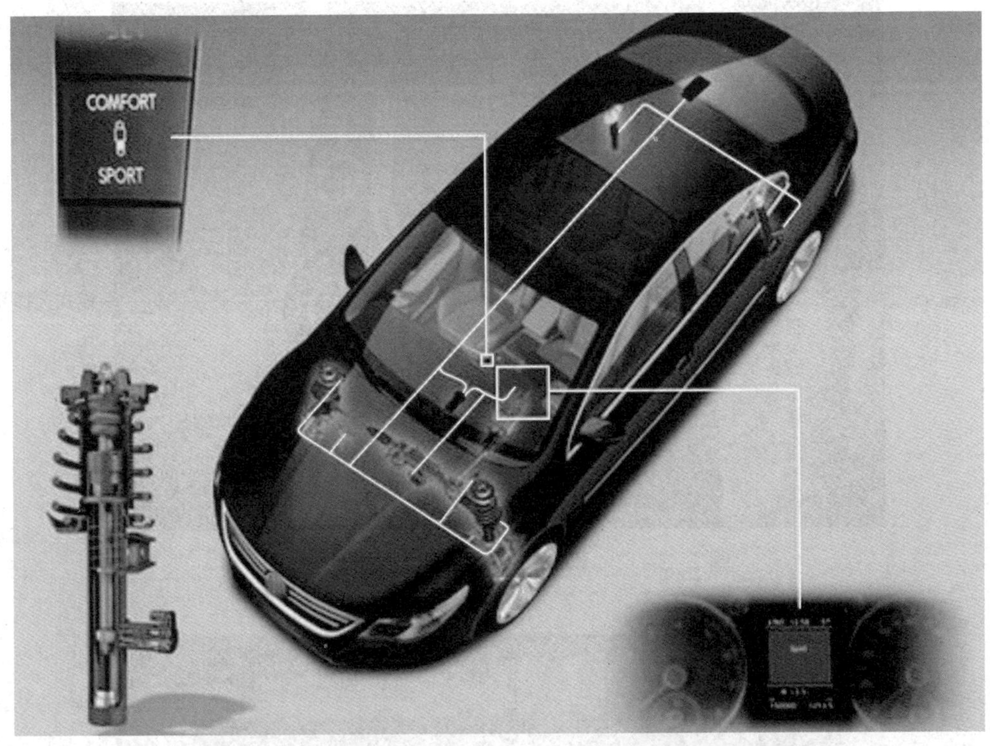

图 2-3-9　电子控制主动悬架系统

图 2-3-10　电子控制空气弹簧悬架系统

大小；有些车型还设有高度控制开关，如图 2-3-11 所示。模式选择开关接通后，有些车型即可在仪表板上显示悬架系统的工作模式，如图 2-3-12 所示。

（2）悬架系统开关

悬架系统开关又称为高度控制 ON/OFF 开关或高度控制通 / 断开关，一般位于行李舱的右侧或左侧，用于接通或断开悬架系统 ECU 的电源。在顶起或吊起汽车、拖动汽车、跨接起动之前，必须先将该开关置于断开（OFF）位置，否则可能造成人身伤害、零部件损坏和不必要的维修。

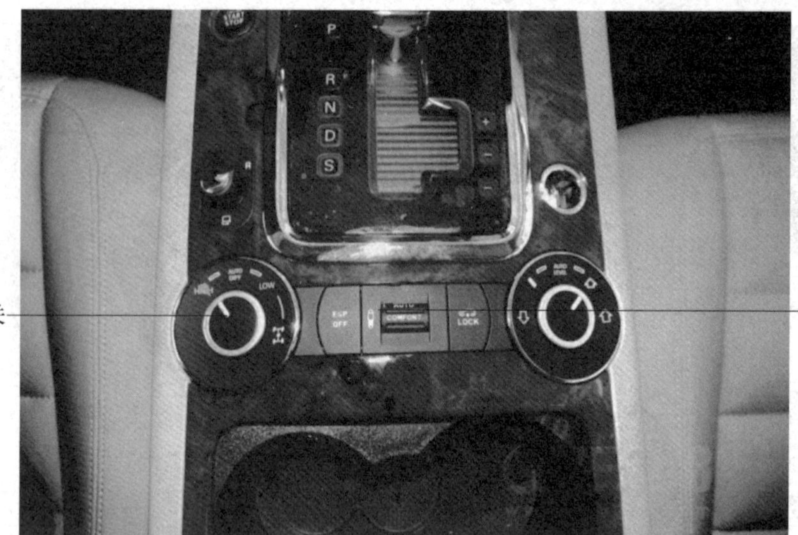

图 2–3–11　模式选择开关和高度控制开关

图 2–3–12　汽车悬架系统工作模式显示

（3）制动灯开关

制动灯开关（见图 2–3–13）用于检测汽车是否进行制动，向悬架系统 ECU 提供汽车制动信号，以便据此产生抑制车身点头的控制信号。

（4）转向盘转角传感器

转向盘转角传感器（见图 2–3–14）通常安装在转向柱上，在转向组合开关与转向盘之间，如图 2–3–15 所示，用于检测转向盘的转动角度、转动速度和转动方向，并将信号发送给悬架系统 ECU。悬架系统 ECU 根据转向信号和车速信号进行防侧倾控制。

转向盘转角传感器主要由信号转子、光源和光接收器等组成，其结构如图 2–3–16 所示。

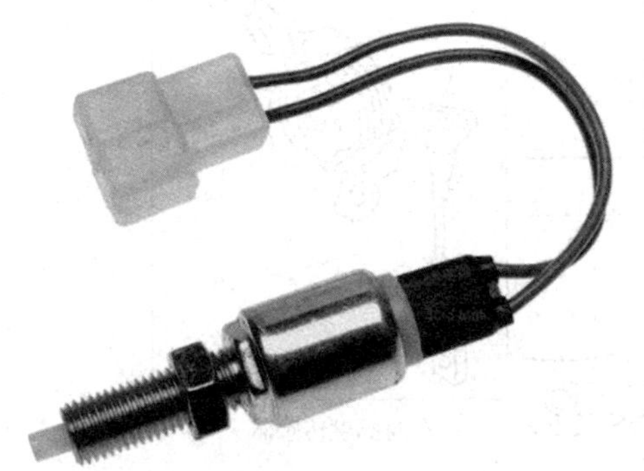

图 2-3-13　制动灯开关

图 2-3-14　转向盘转角传感器

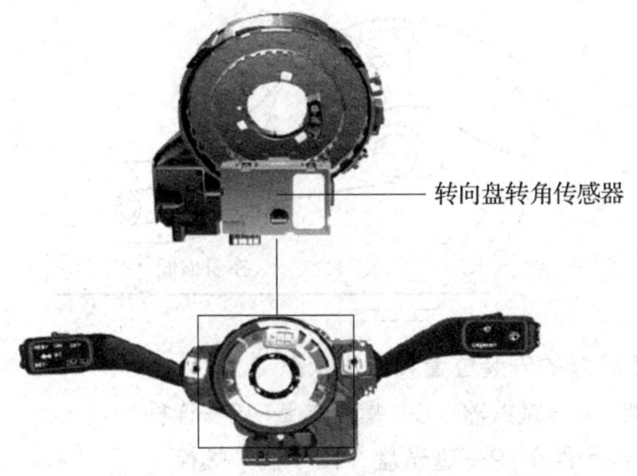

图 2-3-15　转向盘转角传感器的安装位置

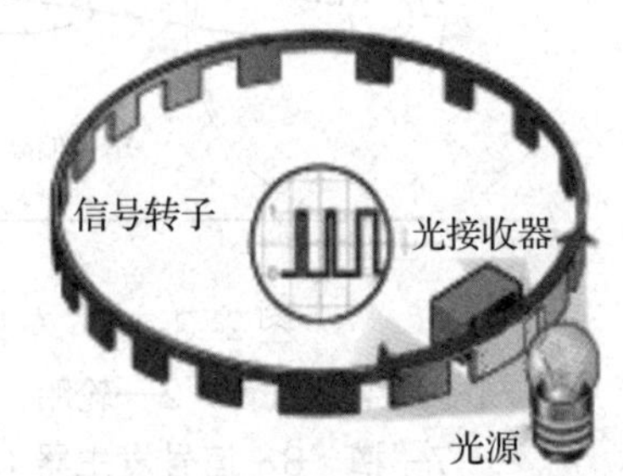

图 2-3-16　转向盘转角传感器的结构

（5）车速传感器

车速传感器用于检测车辆的行驶速度，并将信号发送给悬架系统 ECU，作为防后坐、防侧倾、防点头控制和高速感应控制的依据之一。

（6）车身高度传感器

车身高度传感器安装在车身与车桥之间，用于检测车身高度的变化，并将信号发送给悬架系统 ECU。悬架系统 ECU 根据车身高度传感器的信号，控制空气压缩机工作或排气阀开启，以增加或减少电子控制空气弹簧悬架系统主气室中的空气量，保持车身高度稳定。车身高度传感器包括光电式和霍尔式两种类型。

车身高度传感器的安装位置和工作状态如图 2-3-17 所示。图中拉紧螺栓的上端与传感器的连杆相连，下端与悬架下摆臂相连。当车身上下振动时，拉紧螺栓带动连杆使传感器的轴左右旋转，信号发生器（光电耦合元件）将旋转动作转换成车身高度变化信号并发送给悬架系统 ECU。如果要改变车身高度的设定值，则拧松拉紧螺栓的锁紧螺母，旋转拉紧螺栓，调节其长度即可实现。

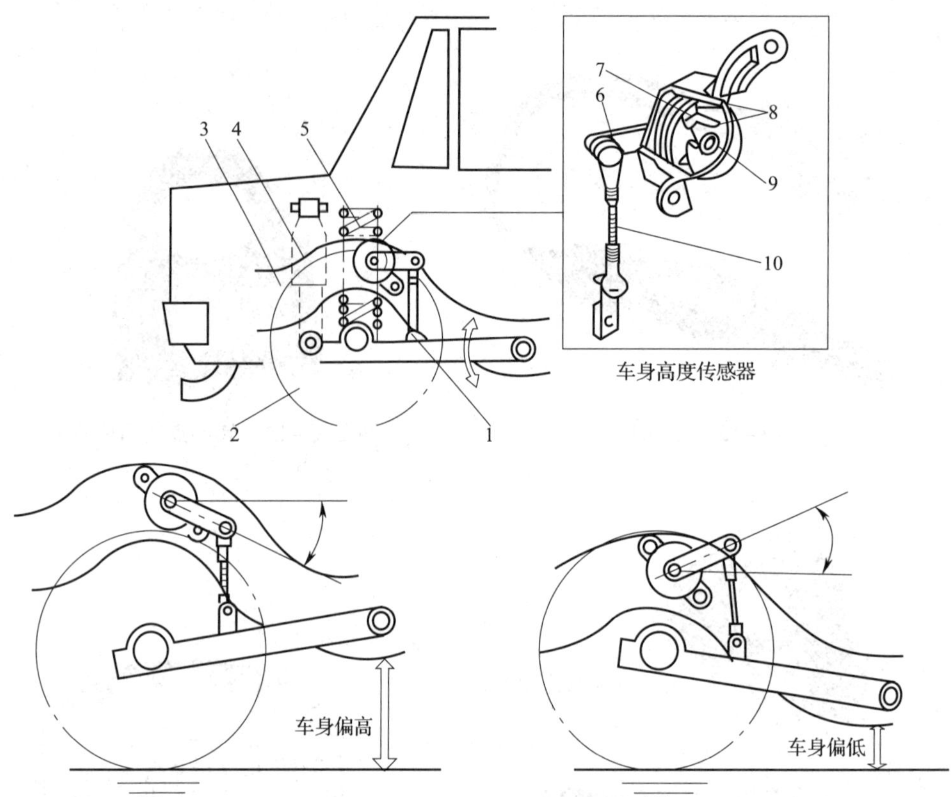

图 2-3-17　车身高度传感器的安装位置和工作状态
1—悬架下摆臂　2—轮胎　3—车架　4—减振器　5—螺旋弹簧　6—连杆
7—槽　8—信号发生器（光电耦合元件）　9—遮光盘　10—拉紧螺栓

（7）节气门位置传感器

节气门位置传感器用于向悬架系统 ECU 提供节气门开度信号。悬架系统 ECU 根据节气门开度信号和车速信号进行防后坐控制，并在汽车加速时和满负荷时提供必要的、较小的空燃比。

（8）车门传感器

车门传感器（见图 2-3-18）又称为门控灯开关或车门开关，主要用于防止行车时车门未关。

（9）高度控制阀

高度控制阀的作用是根据悬架系统 ECU 的控制信号，控制电子控制空气弹簧悬架系统的充气和排气。

（10）高度控制连接器

连接高度控制连接器上的相应端子，可不通过悬架系统 ECU 而直接控制空气压缩机总成的电动机、排气阀和高度控制阀，为检修提供方便。

图 2-3-18　车门传感器

（11）悬架系统 ECU

悬架系统 ECU 是电子控制空气弹簧悬架系统的控制装置或控制模块。

（12）悬架系统控制执行器

悬架系统控制执行器安装在空气弹簧和减振器的上方，不仅可以控制减振器的回转阀进行阻尼调节，还可以驱动空气弹簧连通阀的阀芯进行刚度调节。

悬架系统控制执行器的结构如图 2-3-19 所示。步进电动机作为驱动元件，带动小齿轮驱动扇形齿轮转动，与扇形齿轮同轴的回转阀控制杆带动减振器回转阀转动，使阻尼孔开闭量发生变化，从而调节减振器的阻尼。在调节阻尼的同时，齿轮系带动与空气弹簧连通阀阀芯相连的连通阀控制杆转动，随着阀芯角度的改变，悬架系统的刚度也得到调节。

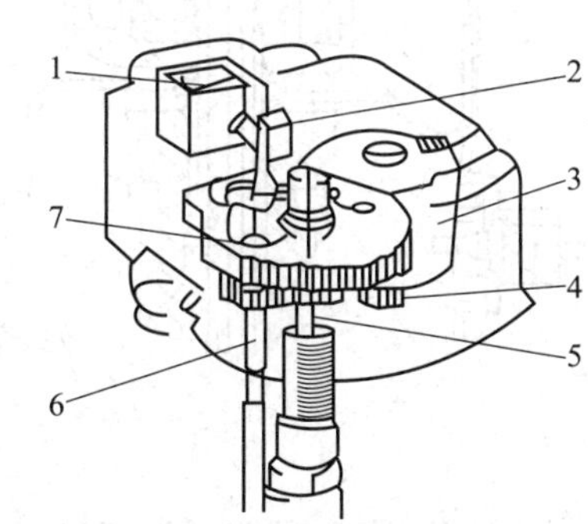

图 2-3-19　悬架系统控制执行器的结构
1—电磁线圈　2—挡块　3—步进电动机
4—小齿轮　5—回转阀控制杆
6—连通阀控制杆　7—扇形齿轮

（13）空气弹簧

空气弹簧和减振器总成的位置如图 2-3-20 所示。空气弹簧安装在减振器的上端，与减振器一起构成悬架支柱，上端与车架连接，下端安装在悬架摆臂上。

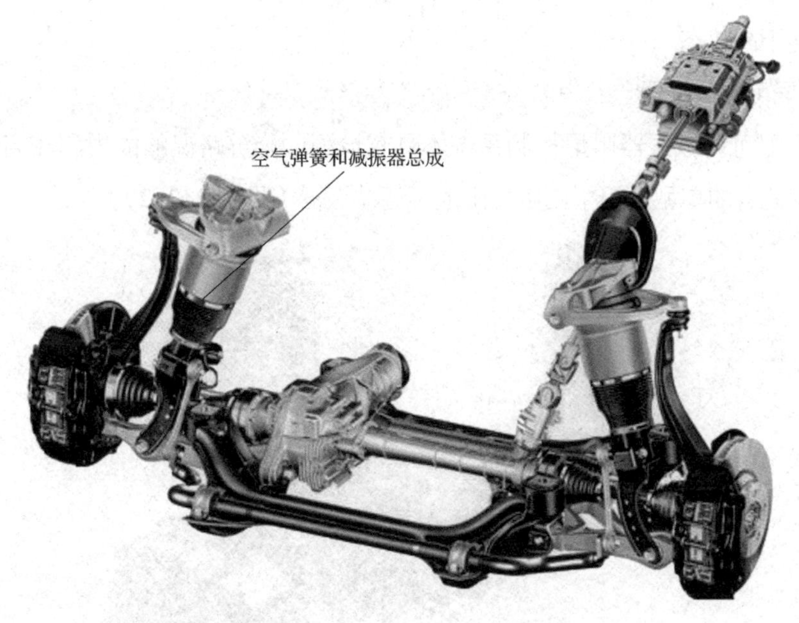

图 2-3-20　空气弹簧和减振器总成的位置

空气弹簧由主气室和副气室组成，主、副气室之间有一大一小两个通道，悬架系统控制执行器带动连通阀控制杆转动，使阀芯转过一个角度，以改变主、副气室之间通道的大小，即改变主、副气室之间的空气流量，使空气弹簧的有效容积改变，从而使悬架系统刚度（空气弹簧的弹性系数）发生变化，如图 2–3–21 所示。

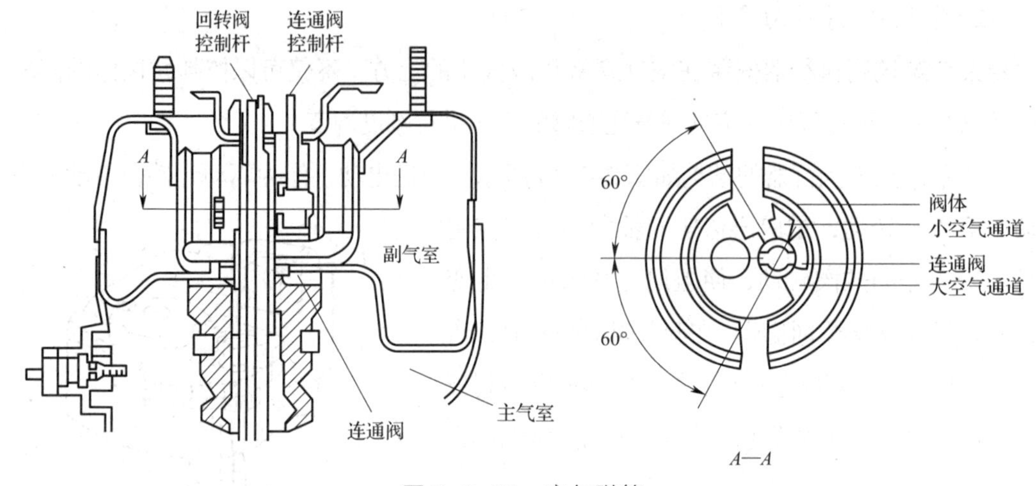

图 2–3–21　空气弹簧

电子控制空气弹簧悬架系统的刚度可在低、中、高三种状态之间调节。当阀芯的开口转到低位置时，大空气通道被打开，两气室之间的空气流量大，相当于参与工作的气体容积增大，悬架系统刚度处于低状态；当阀芯的开口转到中位置时，小空气通道被打开，两气室之间的空气流量小，悬架系统刚度处于中状态；当阀芯的开口转到高位置时，两气室的气体通道全部关闭，两气室之间的气体不能流动，此时只有主气室的气体参与工作，悬架系统刚度处于高状态。

（14）阻尼可调减振器

液力式阻尼可调减振器阻尼控制系统不具有检测、分辨路况的能力和较高的阻尼选择响应能力，因此有的车型采用了压电式阻尼可调减振器（见图 2–3–22）。

图 2–3–22　压电式阻尼可调减振器

压电式阻尼可调减振器主要由压电传感器、压电执行器和阻尼变换阀三部分组成，利用压电效应原理进行工作。当给压电元件施加外力时，压电元件产生电压，这种现象称为压电正效应；当给压电元件施加电压时，压电元件产生变形而呈现位移，这种现象称为压电负效应。当颠簸路面引起的冲击力作用在减振器支撑杆上时，由于压电正效应的作用，约 2 μs 内，会在压电传感器上产生电压信号。

悬架系统 ECU 接收到压电传感器的电压信号后，立即对压电执行器施加电压。压电执行器由若干压电元件组成。当它被施加电压后，由于压电负效应，在约 5 μs 内产生 50 μm 左右的位移。此位移经活塞和推杆放大后，使阻尼变换阀动作。压电式阻尼可调减振器在压电执行器被施加电压后几毫秒内就可以选择所要求的阻尼，因此安装这种减振器的电子控制悬架系统具有很高的响应能力。

（15）空气压缩机总成

空气压缩机总成（见图 2–3–23）包括电动机、空气压缩机、排气阀和干燥器等，主要用来提供车身高度调节所需的压缩空气。

（16）空气压缩机继电器

空气压缩机继电器用于控制空气压缩机总成电动机的接通和断开。

（17）高度指示灯

高度指示灯用于指示所选择的车身高度。悬架系统发生故障时，该指示灯点亮，以提醒驾驶员。

（18）悬架系统指示灯或显示屏

悬架系统指示灯或显示屏（见图 2–3–24）用于指示或显示减振器和空气弹簧当前的工作模式。悬架系统指示灯位于仪表板上，除了用于显示减振器的阻尼状态，还可以在悬架系统发生故障时点亮，以提醒驾驶员。

图 2–3–23 空气压缩机总成

图 2–3–24 悬架系统显示屏

2. 电子控制空气弹簧悬架系统 ECU 的控制功能

（1）弹簧刚度和减振器阻尼控制

1）防后坐、防点头、防侧倾控制。根据车速传感器、制动灯开关、转向盘转角传感器的信号，悬架系统 ECU 通过控制执行器将弹簧刚度和减振器阻尼调至高状态。

2）高速感应控制。当车速较高时，无论驾驶员选择何种悬架系统工作模式，悬架系统 ECU 都将通过控制执行器自动使悬架系统转入“高速行驶时自动控制”状态。

3）前、后车轮关联感应控制。当车速在 30 ~ 80 km/h 范围内时，如果前轮车身高度传感器检测出路面有小凸起（如前轮通过混凝土路面接缝等），则在后轮越过该凸起之前，悬架系统将弹簧刚度和减振器阻尼调至低状态，从而提高汽车的乘坐舒适性。

4）坏路、颠簸、振动感应控制。当前轮车身高度传感器检测出路面有较大凸起时（如汽车通过损坏的铺砌路面等），悬架系统将弹簧刚度和减振器阻尼调至高状态，以抑制车体的前后颠簸、振动等大动作，从而提高汽车的乘坐舒适性和通过性。

5）良好路面正常行驶。这种情况下悬架系统的弹簧刚度和减振器阻尼由驾驶员选择，如果选择“常规值自动控制”状态，则刚度和阻尼处于低状态；如果选择“高速行驶时自动控制”状态，则刚度和阻尼为中状态。

（2）车身高度控制

当需要增大车身高度时，空气压缩机总成的电动机带动空气压缩机工作，压缩空气通过干燥器后，经高度控制阀进入空气弹簧主气室。主气室充气后，车身高度增大，达到规定高度时，高度控制阀断电关闭，车身维持某一高度不变。

当需要减小车身高度时，高度控制阀和排气阀同时通电打开，将空气弹簧主气室的空气排出，车身高度减小。

1）高速感应控制。当车速超过 90 km/h 时，悬架系统将车身高度减小一级，以减小风阻，提高行驶稳定性。

2）连续坏路感应控制。汽车在坏路上连续行驶，车身高度信号持续 2.5 s 以上有较大变化且超过规定值时，悬架系统将车身高度增大二级，使来自路面的突然抬起感减弱，并提高汽车的通过性。

四、电子控制油气弹簧悬架系统的结构和原理

电子控制油气弹簧悬架系统的主要特点是采用了油气弹簧。油气弹簧以气体（一般是氮气）作为弹性介质，以油液作为传力介质。油气弹簧一般由气体弹簧和相当于液力减振器的液压缸组成。它通过油液压缩气室中的空气实现变刚度特性，通过电磁阀控制油液管路中的小孔节流实现变阻尼特性，如图 2–3–25 所示。

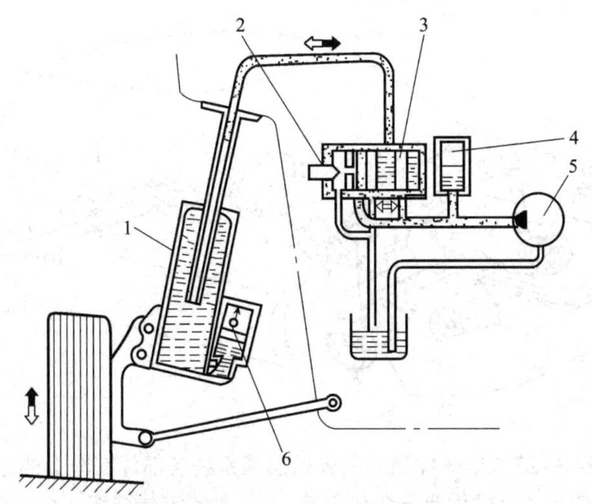

图 2–3–25 电子控制油气弹簧悬架系统的基本原理
1—液压缸 2—电子控制液压比例阀 3—机械式伺服滑阀
4—蓄能器 5—液压泵 6—气体弹簧

油气弹簧主要包括不带隔膜式、带隔膜式和带反压气室式三种类型，如图 2–3–26 所示。

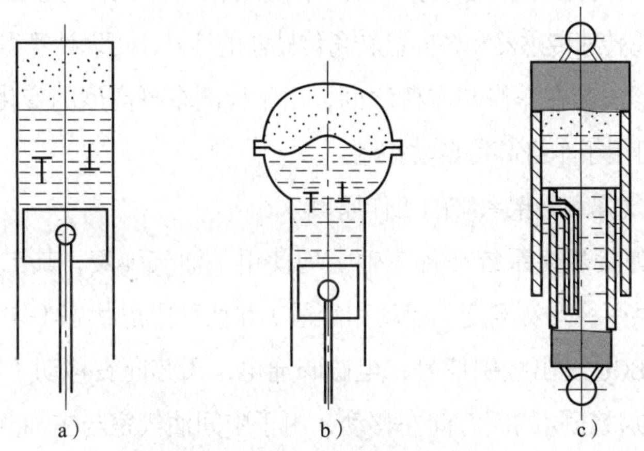

图 2–3–26 油气弹簧的类型
a）不带隔膜式 b）带隔膜式 c）带反压气室式

1. 电子控制油气弹簧悬架系统的组成

电子控制油气弹簧悬架系统主要由悬架系统 ECU、转向盘转角传感器、加速度传感器、制动压力传感器、车轮转速传感器、车身高度传感器、刚度调节器、油气室、辅助液压阀和电磁阀等部件组成，各部件在车上的布置如图 2–3–27 所示。

转向盘转角传感器安装在转向柱上，用于检测转向盘的转向操作，并将信号发送给悬架系统 ECU。

加速度传感器与加速踏板相连，用于检测汽车的加速度，并将信号发送给悬架系统 ECU。

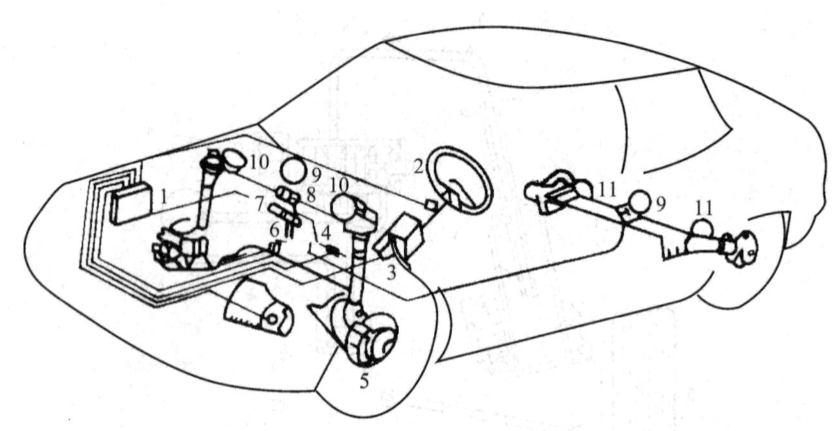

图 2-3-27　电子控制油气弹簧悬架系统各部件在车上的布置
1—悬架系统 ECU　2—转向盘转角传感器　3—加速度传感器　4—制动压力传感器
5—车轮转速传感器　6—车身高度传感器　7—电磁阀　8—辅助液压阀
9—刚度调节器　10—前主油气室　11—后主油气室

制动压力传感器安装在制动管路中，当汽车制动时，向悬架系统 ECU 发送一个阶跃信号表示制动，使悬架系统 ECU 发出抑制汽车点头的控制信号。

车轮转速传感器安装在车轮上，用于检测车轮转速，并将信号发送给悬架系统 ECU，悬架系统 ECU 根据车轮转速传感器和转向盘转角传感器的信号，可以计算得出车身的侧倾程度。

车身高度传感器安装在车身与车桥之间，用于检测车身高度的变化，该信号既可反映车身的平顺性，又可用于车身高度自动控制。

2. 电子控制油气弹簧悬架系统的工作原理

电子控制油气弹簧悬架系统在各车轴上均使用了油气弹簧，其工作原理如图 2-3-28 所示。该系统能提供两种弹簧刚度（运动和舒适）和两种阻尼状态（软和硬）。在汽车正常行驶时，悬架系统 ECU 发出控制信号，电磁阀通电，阀芯向右移动（见图 2-3-28a），接通液压油道，使辅助液压阀的阀芯向左移动，由于中间油气室与主油气室连通，从而使总的气室容积增大，气压减小，因而刚度变小。a、b 节流孔起阻尼器的作用，在图 2-3-28a 位置时，系统阻尼处于软状态，以提高乘坐舒适性。在高速、转向、起步和制动时，电磁阀断电，在弹簧作用下，阀芯向左移动（见图 2-3-28b），关闭液压油道，原来用于推动辅助液压阀的液压油通过电磁阀的左边油道泄出，辅助液压阀阀芯向右移动，关闭刚度调节器，总的气室容积减小，刚度变大，使系统阻尼处于硬状态，以提高操纵稳定性。

为进一步提升电子控制主动悬架系统的性能，某些汽车装备了带路况预测传感器的电子控制主动悬架系统。路况预测传感器通常为超声波传感器，其工作频率为 40 kHz 左右。该传感器安装在车身前面（见图 2-3-29），以便对其下方的路况进行检测。悬架系统 ECU 在检测车速的同时，不断检测路况预测传感器的输出信号。悬架系统 ECU 根据车速估算出车轮到达凸起物的时间，在车轮通过凸起物时，悬架系统的阻尼状态只作短暂变化。带有路况预测传感器的电子控制主动悬架系统可以使汽车提前对路况进行预测和处理，因而大大改善了悬架系统的工作性能。

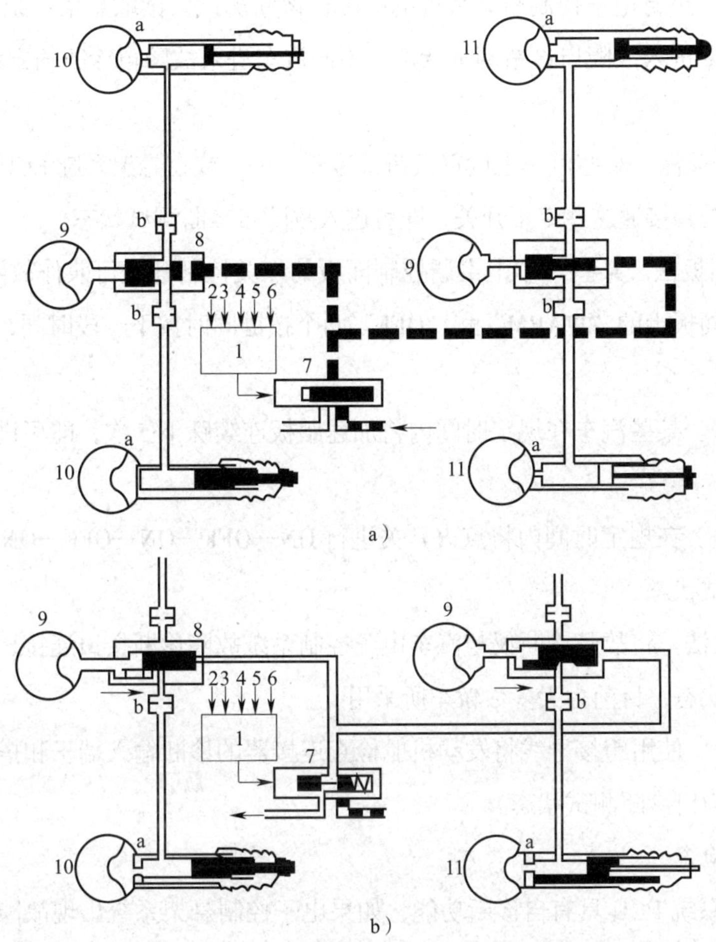

图 2-3-28　电子控制油气弹簧悬架系统的工作原理

a）正常行驶时　b）高速、转向、起步和制动时

1—悬架系统 ECU　2—转向盘转角传感器　3—加速度传感器　4—车身高度传感器

5—车轮转速传感器　6—制动压力传感器　7—电磁阀　8—辅助液压阀

9—中间油气室　10—前主油气室　11—后主油气室

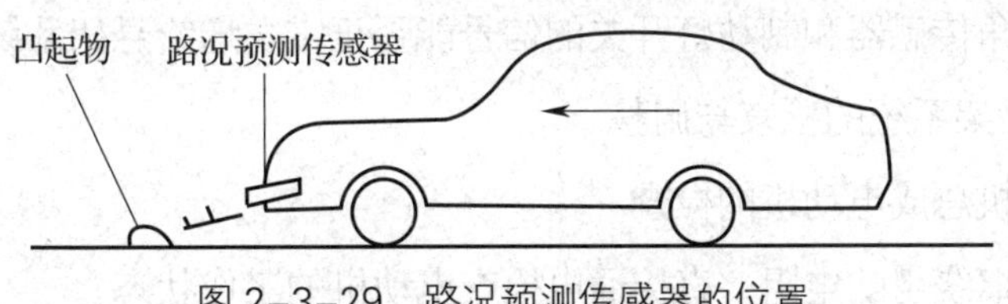

图 2-3-29　路况预测传感器的位置

五、电子控制悬架系统的检修

下面以雷克萨斯轿车为例，介绍电子控制悬架系统的检修方法。

1. 电子控制悬架系统的故障诊断

（1）电子控制悬架系统自诊断系统的使用方法

当维修人员需要进行电子控制悬架系统的故障自诊断测试，读取悬架系统 ECU 中存储的故障码时，首先要进入故障自诊断测试状态。不同汽车进入故障自诊断的方法有所不同，主要包括以下几种：

1）专用诊断开关法。某些汽车上设置按钮式诊断开关，或在悬架系统 ECU 上设置旋钮式诊断模式选择开关，接通这些专用开关，即可进入故障自诊断测试状态。

2）空调控制面板法。某些汽车上空调控制面板的相关控制开关可兼作故障诊断开关，一般是将空调控制面板上的“WARM”和“OFF”两个按键同时按下一段时间，即可进入故障自诊断测试状态。

3）加速踏板法。某些汽车在规定时间内将加速踏板连续踩下 5 次，即可进入故障自诊断测试状态。

4）点火开关法。在规定时间内将点火开关进行 ON—OFF—ON—OFF—ON 循环，即可进入故障自诊断测试状态。

5）故障诊断仪法。将故障诊断仪与汽车电子控制系统故障诊断接口连接，即可直接进入故障自诊断测试状态，目前为大多数轿车所采用。

6）跨接导线法。使用跨接导线将发动机舱检查连接器的诊断输入端子和搭铁端子进行跨接，即可进入故障自诊断测试状态。

（2）指示灯的检查

电子控制悬架系统 ECU 具有自诊断功能，如果电子控制悬架系统出现故障，指示灯会点亮以提醒驾驶员。接通点火开关，悬架系统指示灯和高度指示灯点亮 2 s 后熄灭。如果选择运动（SPORT）模式或高（HIGH）状态，悬架系统指示灯或高度指示灯点亮。

（3）故障码的检查

使用故障诊断仪读取故障码。

（4）悬架系统 ECU 输入信号的检查

检测转向盘转角传感器和制动灯开关的信号能否正常发送给悬架系统 ECU。

2. 电子控制悬架系统的检查与调整

（1）空气压缩机总成电动机的检查

检测电动机电枢绕组的电阻，直接通电检查电动机的工作状态。

（2）空气压缩机总成电动机的试验

将空气压缩机与减振器直接连接，如果从空气压缩机启动到完成高度调整需要 20 ~ 40 s，减振器高度的变化量为 10 ~ 30 mm，则说明电动机工作正常。否则，应修复后重新进行检查、试验，直到符合要求。

（3）减振器的检查

检查减振器或支柱壳体是否出现泄漏。如果出现轻微的油膜即渗漏现象是正常的。如果发现滴油，则说明减振器内的密封圈失效，应更换减振器。

（4）悬架系统控制执行器的检查

如果悬架系统控制执行器不能正常工作，应更换。拆卸时，应关闭悬架系统并释放压力，防止污染压缩空气系统。装复后，应检查压缩空气系统是否漏气。

（5）高度控制阀和排气阀的检查

检查高度控制阀和排气阀的性能，若不正常，应更换。

（6）压缩空气系统的检查

1）车身高度控制功能的检查。操作高度控制开关检查车身高度变化情况的步骤如下：

①检查轮胎气压是否正常。

②检查车身高度。

③起动发动机，将高度控制开关从正常（NORM）位置切换到 HIGH 位置，记录完成车身高度调节所需的时间，并检查车身高度的变化量。正常情况下，从操作高度控制开关置于 HIGH 位置到空气压缩机启动约需要 2 s，从空气压缩机启动到完成车身高度调节需要 20 ~ 40 s，车身高度的变化量为 10 ~ 30 mm。

④在车身高度处于 HIGH 状态下，起动发动机并将高度控制开关从 HIGH 位置切换到 NORM 位置，各种数值应与前述相同。

2）溢流阀的检查。接通点火开关，短接行李舱内悬架系统高度控制连接器的 1 号和 7 号端子（见图 2–3–30），启动空气压缩机，待空气压缩机工作一段时间后，检查溢流阀是否放气（见图 2–3–31）。如果不能放气，则应检查管路是否漏气，空气压缩机工作是否正常，溢流阀是否堵塞或出现其他故障。

3）空气管路的检查。检查空气管路是否漏气的步骤如下：

①将肥皂水涂抹在所有空气管路接头上。

②在空气压缩机连接器端子之间加 12 V 电压，使空气压缩机运转，在空气管路中建立空气压力。

③检查空气管路接头处是否出现气泡。

④如果出现气泡，则说明空气管路漏气，应进行必要的修理。

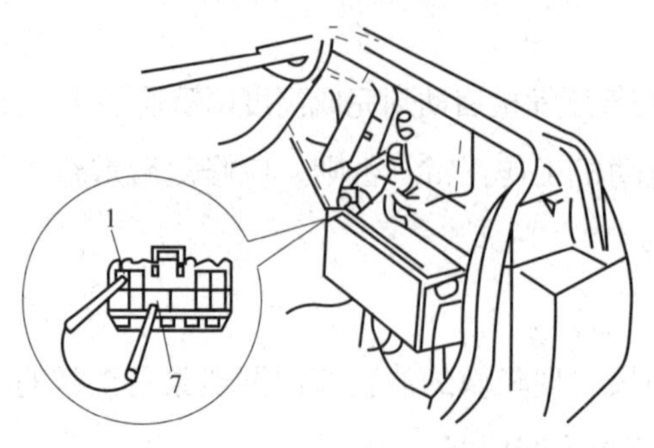

图 2-3-30　短接高度控制连接器

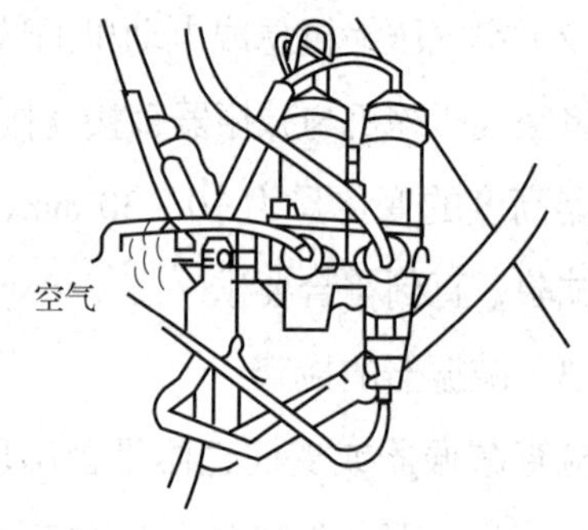

图 2-3-31　溢流阀放气

（7）车身高度的检查与调整

进行车身高度检查与调整应在水平路面上进行，并将高度控制开关置于 NORM 位置。

1）车身高度的检查

①将模式选择开关选择正常模式。

②使车身上下跳动几次，以使悬架系统处于稳定状态。

③向前、向后推动汽车，使车轮处于稳定状态。

④将变速杆置于 N 挡，然后挡住车轮，松开驻车制动操纵杆。

⑤起动发动机，然后将高度控制开关置于 HIGH 位置，车身上升后，等待 60 s，再将高度控制开关置于 NORM 位置，使车身下降。待车身下降后等待 50 s，然后重复上述操作，以使悬架系统各部件处于稳定状态。

⑥在车身前端测量地面与悬架系统 1 号下摆臂安装螺栓中心之间的高度，如图 2-3-32a 所示；在车身后端测量地面与悬架系统 2 号下摆臂安装螺栓中心之间的高度，如图 2-3-32b 所示。正常的车身高度值（高度控制开关在 NORM 位置时）见表 2-3-1。

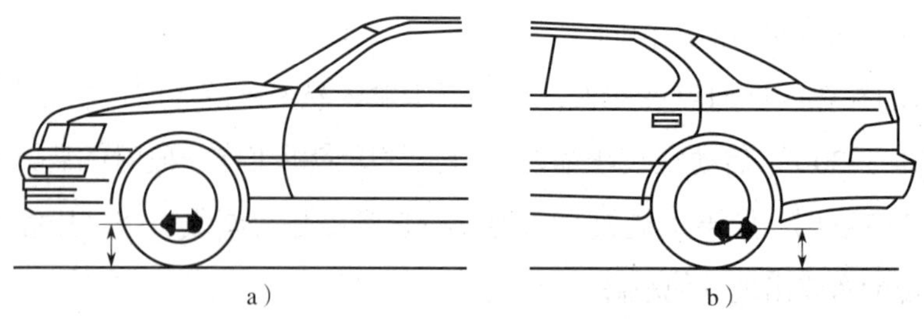

图 2-3-32　车身高度的测量

a）车身前端　b）车身后端

表 2-3-1　正常的车身高度值（高度控制开关在 NORM 位置时）

部位	高度 /mm	左右误差 /mm	前后误差 /mm
车身前端	228 ± 10	<10	17.5 ± 1.5
车身后端	210 ± 10	<10	

2）车身高度的调整

①拧松车身高度传感器拉紧螺栓的两个锁紧螺母。

②旋转拉紧螺栓以调节其长度，每转一圈能使车身高度改变约 4 mm。

③检查拉紧螺栓的尺寸是否小于极限值，极限值为 13 mm。

④暂时拧紧两个锁紧螺母，复查车身高度。

⑤车身高度调整正常后，按规定力矩拧紧锁紧螺母。拧紧锁紧螺母时，应确保球节与托架平行。

⑥检查车轮定位。

课题小结

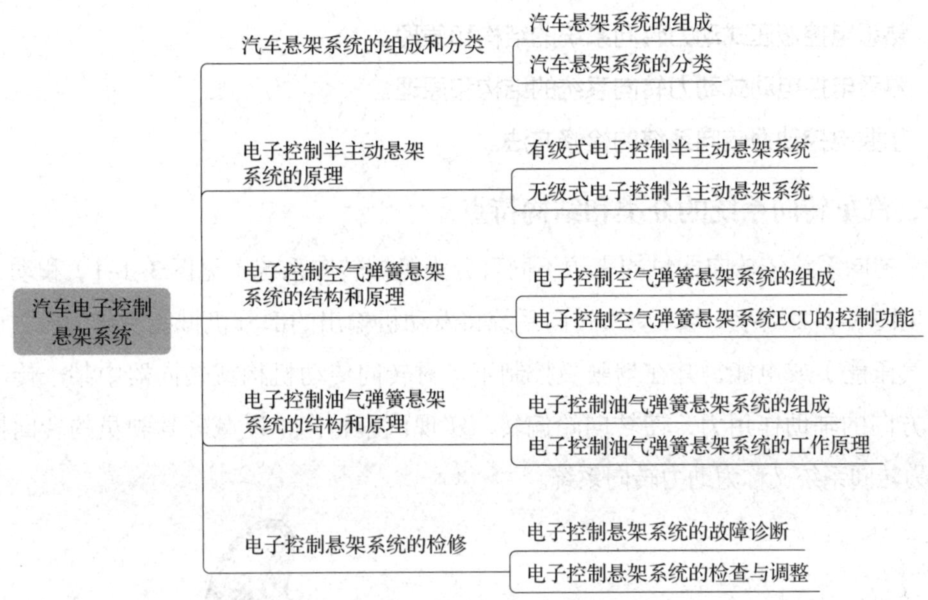

模块三
汽车转向系电子控制系统

课题❶　电控动力转向系统

学习目标

1. 了解汽车转向系统的分类和结构特点。
2. 熟悉电控液压式动力转向系统的结构和原理。
3. 熟悉电控电动式动力转向系统的结构和原理。
4. 掌握电控动力转向系统的检修方法。

一、汽车转向系统的分类和结构特点

汽车转向系统按转向能量的来源不同可分为机械转向系统（见图 3–1–1）和动力转向系统（见图 3–1–2）两大类。动力转向系统将发动机输出的部分机械能转化为压力能（液压能、气压能）或电能，并在驾驶员控制下，对转向传动机构或转向器中某一传动件施加不同方向的辅助作用力，使转向轮偏转，实现汽车转向，以减轻驾驶员的转向操纵强度。动力转向系统又称为助力转向系统。

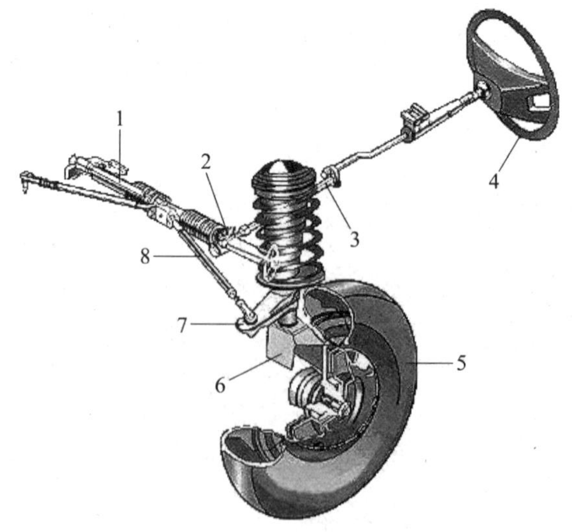

图 3–1–1　机械转向系统

1—减振器　2—转向器　3—转向柱　4—转向盘

5—转向轮　6—转向节　7—转向臂　8—转向横拉杆

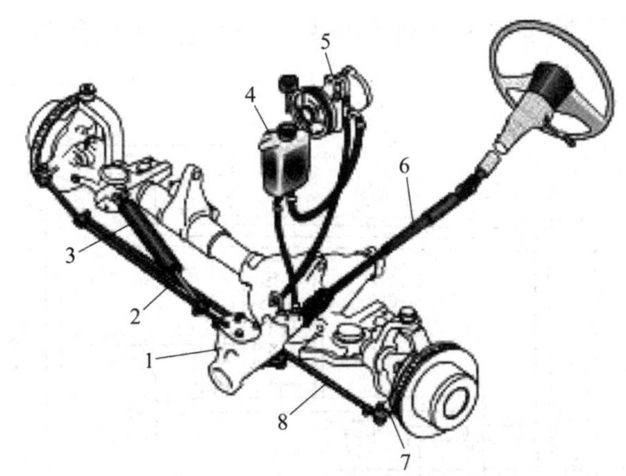

图 3-1-2　动力转向系统

1—转向器　2—转向直拉杆　3—减振器　4—转向油罐

5—转向液压泵　6—转向柱　7—转向臂　8—转向横拉杆

动力转向系统又可分为普通动力转向系统和电控动力转向系统。

按传能介质不同，普通动力转向系统可分为气压式和液压式两种类型。

普通气压式动力转向系统主要应用于前轴最大轴载质量为 3 ~ 7 t 并采用气压制动系的货车和客车。

普通液压式动力转向系统工作时无噪声，工作滞后时间短，部件尺寸小，工作压力大，而且能吸收来自不平路面的冲击。因此，普通液压式动力转向系统已在各类汽车上得到广泛应用。普通液压式动力转向系统按系统内部的压力状态又可分为常压式和常流式两种类型。

常压式液压式动力转向系统（见图 3-1-3）的特点是无论转向盘处于正中位置还是转向位置，无论转向盘保持静止还是转动，系统管路中的油液都始终保持高压状态。

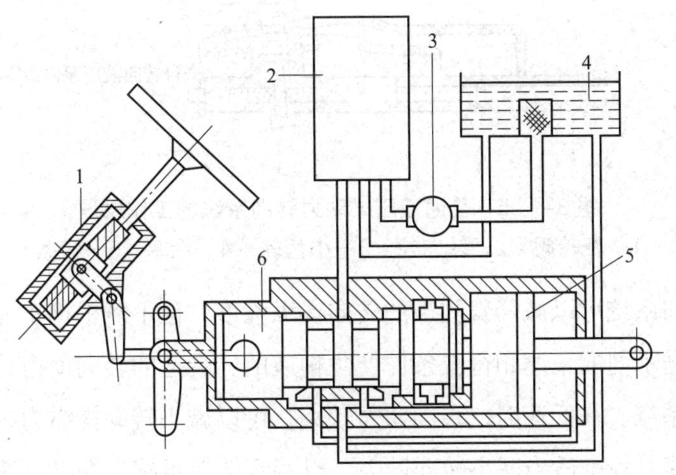

图 3-1-3　常压式液压式动力转向系统

1—转向器　2—储能器　3—转向液压泵　4—转向油罐

5—转向动力缸　6—转向控制阀

常流式液压式动力转向系统（见图 3–1–4）的转向液压泵在系统不工作时处于空转状态，系统管路的负荷比常压式要小。

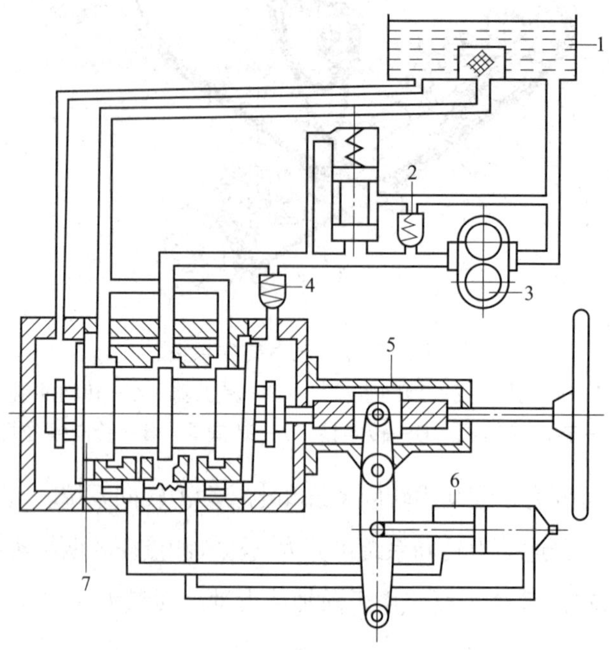

图 3–1–4　常流式液压式动力转向系统

1—转向油罐　2—安全阀　3—转向液压泵　4—单向阀

5—转向器　6—转向动力缸　7—转向控制阀

普通液压式动力转向系统的工作原理如图 3–1–5 所示。

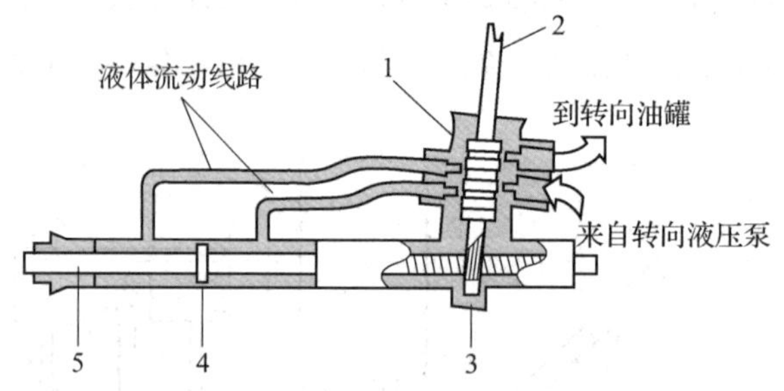

图 3–1–5　普通液压式动力转向系统的工作原理

1—旋转阀　2—转向柱　3—小齿轮　4—活塞　5—齿条

普通动力转向系统可以减轻驾驶员的转向操纵强度，但不能根据车速合理调节转向助力的大小。要根据不同的车速和行驶条件产生相应的、合适的转向助力，必须采用更先进的电控动力转向系统。在低速时，转向助力较大，可以减小转向操纵力，使转向轻便、灵活、省力；在高速时，可适当减小转向助力，以稳定转向手感，提高高速行驶时的操纵稳定性。

电控动力转向系统可分为电控液压式动力转向系统和电控电动式动力转向系统两种类型。

二、电控液压式动力转向系统的结构和原理

1. 电控液压式动力转向系统的组成

电控液压式动力转向系统（PPS）主要由车速传感器、电磁阀、分流阀、电子控制单元（ECU）、转向油罐、转向液压泵、转向控制阀、转向动力缸和动力转向器等组成。

电控液压式动力转向系统可以按照车速的变化，由电子控制单元控制油压反力，调整动力转向器，从而使汽车在各种行驶条件下转向盘上所需的转向操纵力达到最佳状态。

（1）车速传感器

车速传感器主要用于检测汽车行驶速度。电控动力转向系统所用的车速传感器多为磁阻元件传感器。

（2）电磁阀

电磁阀（见图 3–1–6）一般安装在转向齿轮箱体上，主要由电磁线圈、铁芯和电磁阀体等组成。电磁阀的开度由 ECU 的输出电流控制，而 ECU 的输出电流又取决于车速的高低。电磁阀的开度可以控制转向齿轮箱中油压反力室的油压。

图 3–1–6 电磁阀

电磁阀的工作状态如图 3–1–7 所示。当车速较高时，流入电磁线圈的电流减小，电磁阀的开度（节流面积）也减小，返回转向油罐的流量减少，而使分流阀分到油压反力室的流量增加，油压增大，使转向“沉重”；当车速较低时，流入电磁线圈的电流增大，分到油压反力室的流量减少，油压减小，使转向“轻便”。

电磁阀的工作特性曲线如图 3–1–8 所示。

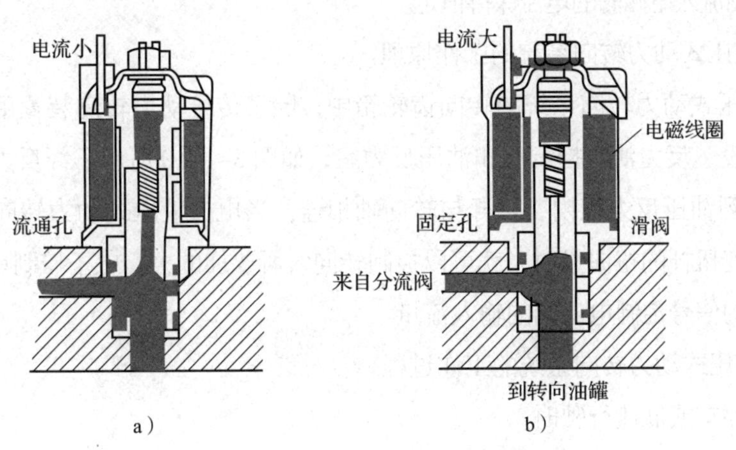

图 3–1–7 电磁阀的工作状态

a）车速高：电流小，开度小 b）车速低：电流大，开度大

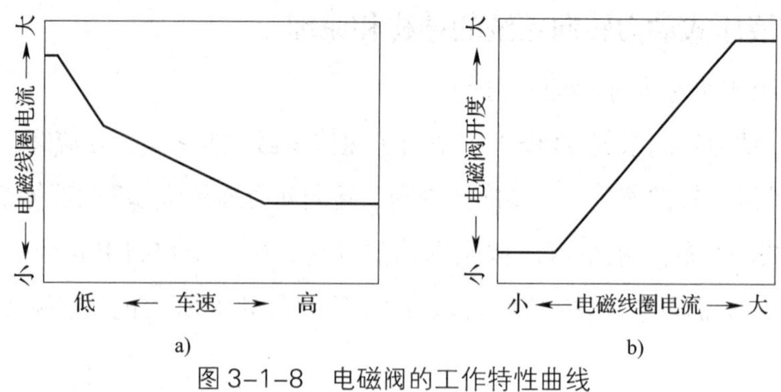

图 3–1–8　电磁阀的工作特性曲线

a）电磁线圈电流与车速的关系　b）电磁阀开度与电磁线圈电流的关系

（3）分流阀

分流阀主要由阀门、弹簧和出油口等构成。分流阀主要用于将来自转向液压泵的油液分送到转向控制阀、油压反力室和电磁阀，如图 3–1–9 所示。送到电磁阀和油压反力室中的油液流量是由转向控制阀中的油压来调整的。当转动转向盘时，转向控制阀中的油压增大，分配到电磁阀和油压反力室中的油液流量随之增加；当转向控制阀中的油压达到一定值后，转向控制阀中的油压不再升高，分配给电磁阀和油压反力室的油液流量保持不变。

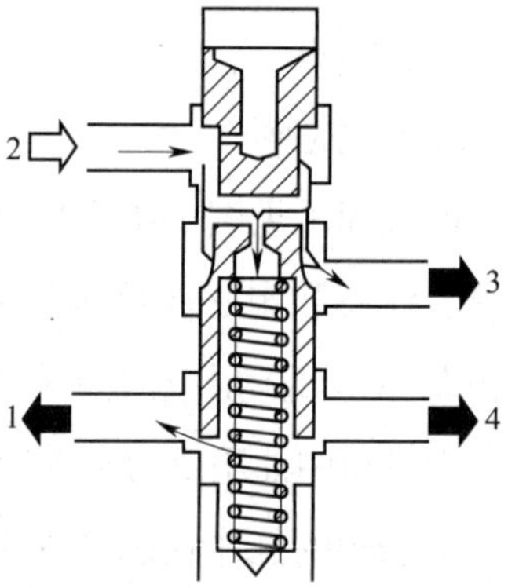

图 3–1–9　分流阀

1—到电磁阀　2—来自转向液压泵

3—到转向控制阀　4—到油压反力室

（4）电子控制单元（ECU）

电子控制单元（ECU）主要用于控制流入电磁阀的电流，其输入信号为车速传感器提供的车速信号，执行器为电磁阀。当车速提高时，为了增大转向操纵力，需要增大流入电磁阀的电流；而当车速超过 120 km/h 时，为了防止电流过大而造成过载，ECU 控制流入电磁阀的电流保持恒定。

2. 电控液压式动力转向系统的工作原理

在电控液压式动力转向系统的转向齿轮箱中，除了传统动力转向装置用于控制加力的主控制阀，增设了反力油压控制阀和油压反力室，如图 3–1–10 所示。经反力油压控制阀调整后的油压加到油压反力室内，扭杆与转向轴相连，当电控液压式动力转向系统根据油压反力的大小改变扭杆的扭曲量时，就可以控制转向时所要加的力。电子控制单元（ECU）根据车速传感器的信号控制电磁阀的输入流量。

3. 电控液压式动力转向系统的工作过程

（1）汽车停车或低速行驶时

电控液压式动力转向系统在汽车停车或低速行驶时的工作过程如图 3–1–11 所示。汽车停车或低速行驶时，ECU 输出电流增大，使电磁阀的开度增大，由分流阀分出的油液流量

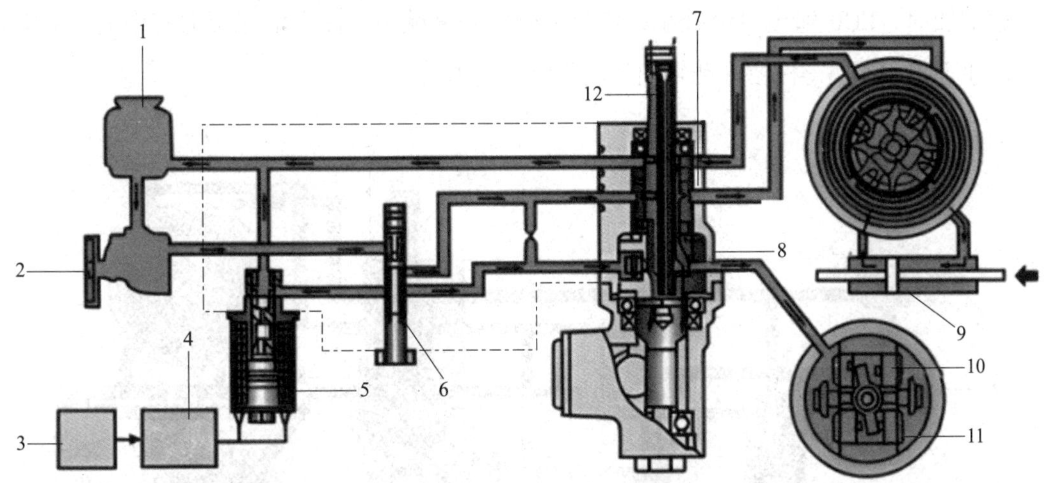

图 3–1–10 电控液压式动力转向系统的工作原理

1—转向油罐 2—转向液压泵 3—车速传感器 4—ECU 5—电磁阀

6—分流阀 7—转向控制阀 8—油压反力室 9—转向动力缸

10—转向控制阀阀杆 11—柱塞 12—扭杆

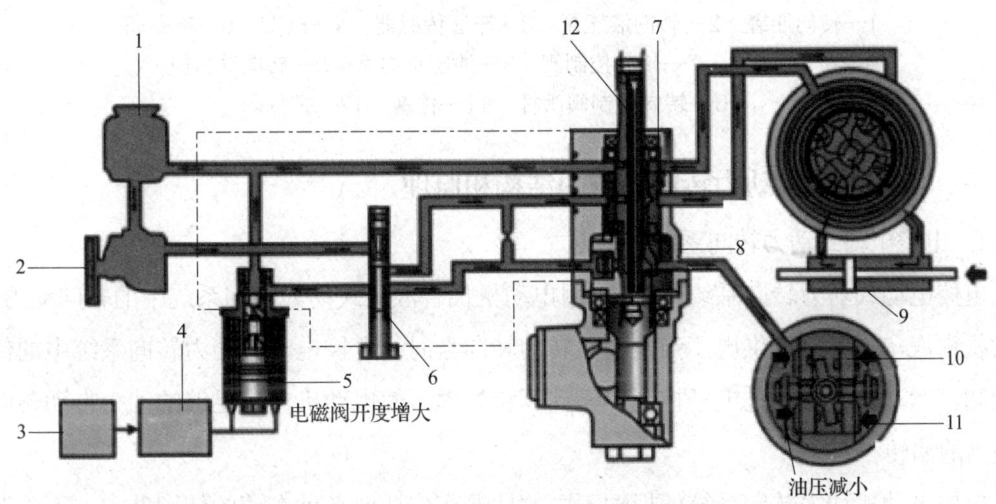

图 3–1–11 电控液压式动力转向系统在汽车停车或低速行驶时的工作过程

1—转向油罐 2—转向液压泵 3—车速传感器 4—ECU 5—电磁阀

6—分流阀 7—转向控制阀 8—油压反力室 9—转向动力缸

10—转向控制阀阀杆 11—柱塞 12—扭杆

中，经电磁阀回到转向油罐中的油液流量增加，因此，油压反力室的油压减小，作用于柱塞的背压减小，于是柱塞推动转向控制阀阀杆的力变小。

（2）汽车中、高速行驶时

电控液压式动力转向系统在汽车中、高速行驶时的工作过程如图 3–1–12 所示。汽车中、高速行驶时，微量转动转向盘，转向控制阀阀杆根据扭杆的扭转角度而转动，转向控制阀的开度减小，转向控制阀里的油压增大，流向电磁阀和油压反力室中的油液流量增加。

当车速增加时，ECU 输出电流减小，使电磁阀的开度减小，流入油压反力室中的油液流量增加，油压增大，使得柱塞推动转向控制阀阀杆的力变大。

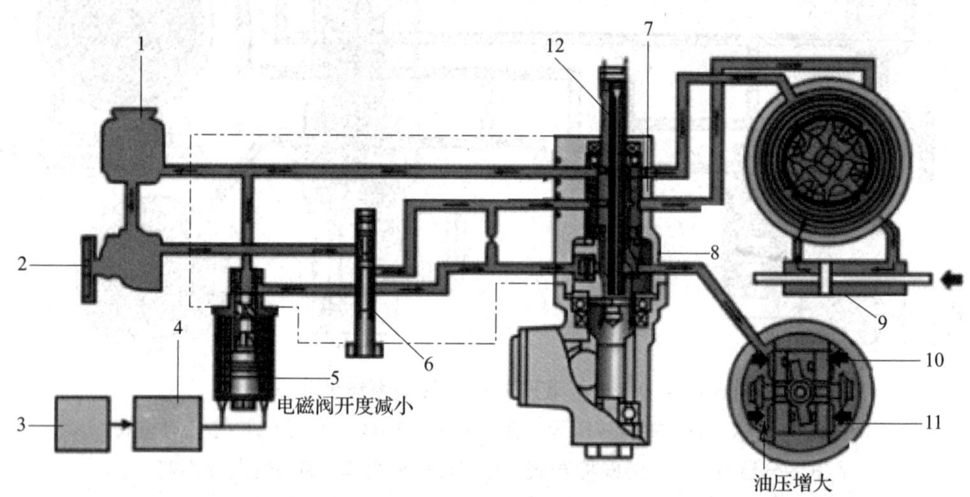

图 3–1–12　电控液压式动力转向系统在汽车中、高速行驶时的工作过程
1—转向油罐　2—转向液压泵　3—车速传感器　4—ECU　5—电磁阀
6—分流阀　7—转向控制阀　8—油压反力室　9—转向动力缸
10—转向控制阀阀杆　11—柱塞　12—扭杆

三、电控电动式动力转向系统的结构和原理

1. 电控电动式动力转向系统的特点

电控电动式动力转向系统（EPS）用电动机代替液压式动力转向系统中的转向动力缸，电动机由汽车电源系统供电。当驾驶员转动转向盘时，电控电动式动力转向系统中的传感器检测其运动情况，经过电子控制单元计算和处理，使电动机产生足够的动力带动转向轮做适当的偏转。

电控电动式动力转向系统能根据不同的情况产生适合各种车速的转向助力，不受发动机停止运转的影响。在停车时，驾驶员也可以获得最大的转向助力；在行驶过程中，电子控制单元可以调节电动机输出的转向助力，以改善路感。电控电动式动力转向系统零部件少，其质量可比电控液压式动力转向系统轻 25%；设计紧凑，所占空间较小；电动机只有在转向时才接通，可节省燃油。此外，电控电动式动力转向系统有助于实现四轮转向，促进悬架系统的发展。

2. 电控电动式动力转向系统的组成

电控电动式动力转向系统主要由传感器（车速传感器、转向力矩传感器和转向盘转角传感器）、电子控制单元（ECU）、执行器（电动机、电磁离合器和减速机构）和动力转向器等组成，如图 3–1–13 所示。

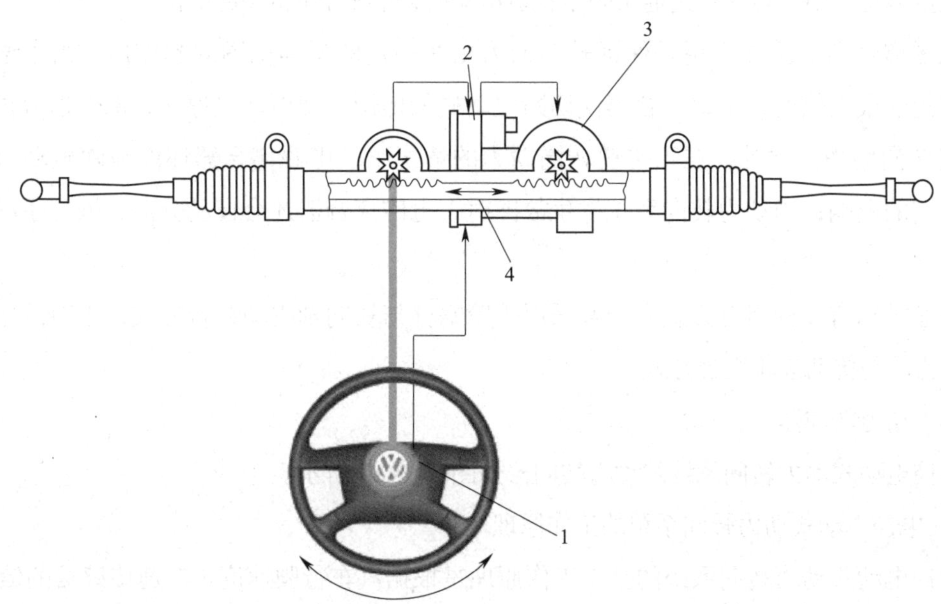

图 3-1-13 电控电动式动力转向系统的组成

1—传感器 2—电子控制单元（ECU） 3—执行器 4—动力转向器

（1）传感器

电控电动式动力转向系统的传感器包括车速传感器、转向力矩传感器和转向盘转角传感器，是转向助力转矩的信号源。

电控电动式动力转向系统的车速传感器与电控液压式动力转向系统的车速传感器基本相同。

转向力矩传感器主要用于测量转向盘与转向器之间的相对转矩。

转向盘转角传感器主要用于检测转向盘的转动角度、转动速度和转动方向。

（2）电子控制单元

电控电动式动力转向系统的电子控制单元与电控液压式动力转向系统的电子控制单元基本相同。电子控制单元根据各传感器的输入信号，确定转向助力转矩的大小和方向，并且直接控制驱动电路去驱动电动机。

（3）执行器

电控电动式动力转向系统的执行器主要由电动机、电磁离合器和减速机构等组成，如图 3-1-14 所示。电动机的输出转矩由电磁离合器经减速机构减速增大后，加在动力转向器上，向转向轮提供转向助力转矩。

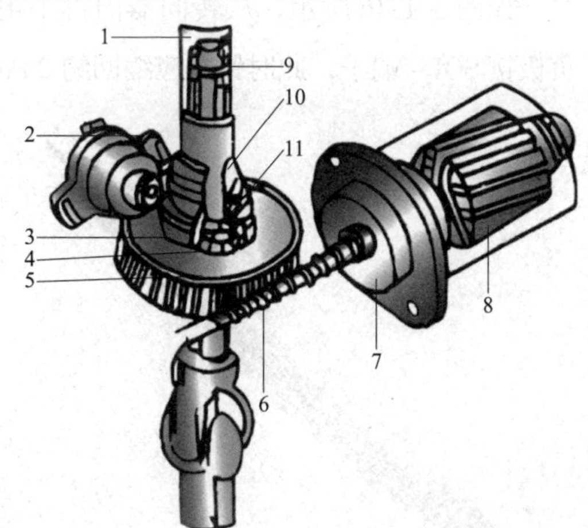

图 3-1-14 电控电动式动力转向系统的执行器

1—输入轴 2—控制臂 3—滑环 4—钢珠 5—蜗轮 6—蜗杆 7—电磁离合器 8—电动机 9—扭杆 10—滑块 11—球槽

电控电动式动力转向系统通常采用直流电动机，要求能正反转控制。

电磁离合器的主要作用是保证转向助力只在预定的车速范围内起作用。当车速超过系统限定的最大值时，电磁离合器便切断电动机的电源，使电动机停转，离合器分离，不再传递转向助力。此外，在不传递转向助力的情况下，电磁离合器还能消除电动机的惯性对转向的影响；当动力转向系统发生故障时，电磁离合器还会自动分离，恢复手动控制转向。

减速机构有多种组合方式，一般采用蜗轮蜗杆与转向轴驱动组合方式，也有的采用两级行星齿轮与传动齿轮组合方式。

（4）动力转向器

电控电动式动力转向系统的动力转向器如图 3–1–15 所示。

3. 电控电动式动力转向系统的工作原理

电控电动式动力转向系统的基本工作原理是根据汽车行驶速度（车速传感器的信号）、转向力矩和转向盘转角信号，由电子控制单元控制电动机、减速机构产生转向助力转矩，使汽车在低、中速行驶都能获得最佳的转向助力。

四、电控动力转向系统的检修

下面以丰田雷凌轿车为例，介绍电控动力转向系统的检修。

1. 部件的检测与维护

（1）电磁阀的检测

拔下连接器，用万用表检测电磁阀电磁线圈的电阻，正常应为 6 ~ 11 Ω。

如图 3–1–16 所示，从转向器内拆下电磁阀，将蓄电池正极接电磁线圈的 SOL+ 端子，负极接 SOL– 端子，此时针阀应缩回约 2 mm，否则应更换电磁阀。

图 3–1–15　电控电动式动力转向系统的动力转向器

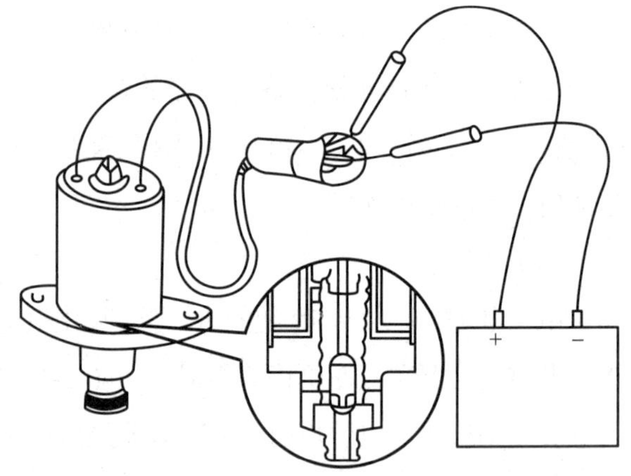

图 3–1–16　电磁阀的检查

（2）电子控制单元（ECU）的检测

ECU 总成连接器如图 3-1-17 所示。

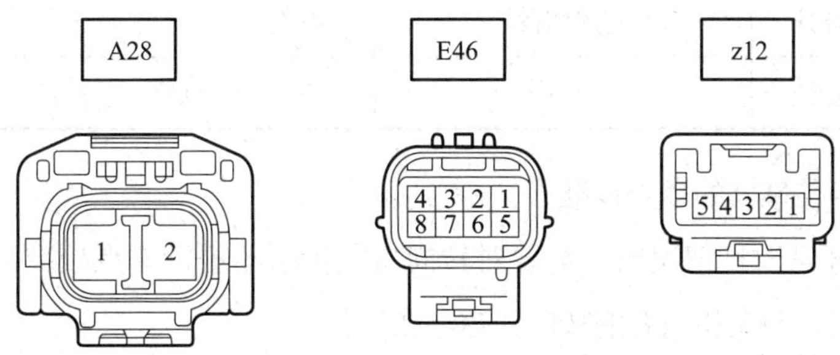

图 3-1-17　ECU 总成连接器

根据表 3-1-1 检测 ECU 总成连接器端子的电压和电阻，若检测结果与正常值不符，则说明 ECU 可能出现故障。

表 3-1-1　ECU 总成连接器端子的电压和电阻检测

检测仪连接端子	端子描述	条件	正常值
E46-1 与车身搭铁	点火开关（IG）电源	点火开关 ON	9 ~ 16 V
E46-4 与车身搭铁	EPS 继电器电源	始终	9 ~ 16 V
E46-6 与车身搭铁	测试模式信号	始终	9 ~ 16 V
E46-7 与 E46-8	CAN 通信线路	点火开关 OFF	54 ~ 69 Ω
z12-1 与 z12-5	转向力矩传感器信号	发动机运转且转向盘不转动（无负载）	2.3 ~ 2.7 V
		车辆停止时发动机运转且向左转动转向盘	1.2 ~ 2.5 V
		车辆停止时发动机运转且向右转动转向盘	2.5 ~ 3.8 V
z12-2 与 z12-5	转向力矩传感器电源	点火开关 ON	4.5 ~ 5.5 V
z12-4 与 z12-5	转向力矩传感器信号	发动机运转且转向盘不转动（无负载）	2.3 ~ 2.7 V
		车辆停止时发动机运转且向右转动转向盘	1.2 ~ 2.5 V
		车辆停止时发动机运转且向左转动转向盘	2.5 ~ 3.8 V
z12-5 与车身搭铁	转向力矩传感器搭铁	始终	小于 1 Ω

续表

检测仪连接端子	端子描述	条件	正常值
A28-1 与车身搭铁	电源搭铁	始终	小于 1 Ω
A28-2 与车身搭铁	电源	点火开关 ON	9 ~ 16 V

（3）转向力矩传感器的零点校准

当出现下列任意一种情况时，需要对转向力矩传感器进行零点校准：更换 ECU 总成，更换转向柱分总成，向左和向右的转向力矩存在偏差。

1）校准前的检查

①将点火开关置于 OFF 位置。

②将故障诊断仪（GTS）连接到故障诊断接口（DLC3）。

③将点火开关置于 ON 位置。

④打开 GTS。

⑤校准 ECU 总成。

⑥测量点火开关电源电压，正常应为 9 ~ 16 V。

2）进行零点校准

①将转向盘设定至中心点，并使前轮垂直向前对齐。

②将点火开关置于 OFF 位置。

③将 GTS 连接到 DLC3。

④将点火开关置于 ON 位置。

⑤打开 GTS，检查故障码（DTC）。

2. 电控动力转向系统的检修流程

电控动力转向系统常见的故障包括转向沉重或转向助力不足，动力转向液产生乳状泡沫、液面低和压力低，向左或向右急转转向盘时转向力瞬时增大等。主要故障原因集中在油路系统和电子控制系统中。在检查电子控制系统前，应先检查轮胎气压、悬架和转向杆件及球形销的润滑是否良好，前轮定位、转向液压泵油压是否正常，各线束连接器是否连接牢靠，转向柱是否弯曲等。电子控制系统的检修主要针对传感器、执行器、ECU 和线路连接，并应充分利用自诊断功能。

电控动力转向系统的检修流程如下：

（1）接通点火开关，检查 ECU 与 IG 之间的熔丝是否正常。若熔丝烧毁，并且在重新更换后又烧毁，说明此熔丝与 ECU 的 +B 端子间短路。若熔丝正常或重新更换后正常，则继续进行第（2）步检查。

（2）晃动 ECU 总成连接器和线束，检查仪表板总成中 EPS 故障指示灯的点亮状态。若异常，维修或更换线束或连接器。若正常，则继续进行第（3）步检查。

（3）检查 CAN 总线系统。检查 DTC，若输出 CAN 总线系统 DTC，则进行 CAN 总线系统故障排除。若未输出 CAN 总线系统 DTC，则继续进行第（4）步检查。

（4）使用 GTS 读取故障码。将点火开关置于 OFF 位置，将 GTS 连接到 DLC3；将点火开关置于 ON 位置，打开 GTS。若 GTS 上显示正常，则更换 ECU 总成。若显示异常，则继续进行第（5）步检查。

（5）检查线束和连接器（IG 电源至搭铁）。断开 ECU 总成连接器 E46 和 A28，打开点火开关，检测 E46–1 端子与车身搭铁之间的电压是否为 9 ~ 16 V，检测 A28–1 端子与车身搭铁之间的电阻是否小于 1 Ω。若结果异常，维修或更换线束或连接器。若结果正常，则继续进行第（6）步检查。

（6）检查 EPS 继电器（电动转向继电器）。若异常，更换 EPS 继电器。若正常，则继续进行第（7）步检查。

（7）检查线束和连接器（蓄电池至发动机室继电器盒和接线盒总成）。断开 ECU 总成连接器 E46 和 A28，检测 A28 的 1 号、2 号端子间的电阻是否小于 1 Ω，检测 E46 的 2 号、4 号端子间的电阻是否小于 1 Ω，检测 A28–2 端子与车身搭铁之间的电阻是否大于或等于 10 kΩ，检测 E46–4 端子与车身搭铁之间的电阻是否大于或等于 10 kΩ。若异常，维修或更换线束或连接器。若正常，则继续进行第（8）步检查。

（8）检查仪表板总成。重新连接 ECU 总成连接器 E46 和 A28，使用 GTS 进行仪表板总成的主动测试，若 EPS 故障指示灯根据 GTS 的操作点亮或熄灭，则更换 ECU 总成。若异常，则进行汽车仪表系统故障排除。

3. 电控动力转向系统的故障分析

电控动力转向系统故障现象表见表 3–1–2。

表 3–1–2 电控动力转向系统故障现象表

故障现象	可能的故障部位
转向困难	前轮轮胎（充气不当、磨损不均匀），前轮定位（错误），前悬架（下球节）
	转向力矩传感器（转向柱分总成）
	动力转向电动机总成
	车速传感器电路
	ECU 总成、ECU 总成电源和 EPS 继电器
	CAN 总线系统

续表

故障现象	可能的故障部位
向右和向左的转向力矩不一致，或转向力矩不均匀	转向力矩传感器零点未校准
	前轮轮胎（充气不当、磨损不均匀），前轮定位（错误），前悬架（下球节）
	转向器总成
	转向力矩传感器（转向柱分总成）
	转向柱分总成
	动力转向电动机总成
	ECU 总成
行驶时，转向力矩不随车速改变或转向盘不能正确回位	前悬架（下球节）
	车速传感器
	仪表板总成
	转向力矩传感器（转向柱分总成）
	动力转向电动机总成
	ECU 总成
	CAN 总线系统
动力转向工作期间，转动转向盘时发出爆震	前悬架（下球节）
	转向中间轴
	ECU 总成
低速行驶期间，转动转向盘时出现噪声	转向器总成
	转向柱分总成
低速行驶期间，转动转向盘时出现摩擦	动力转向电动机总成
	转向柱分总成
在车辆停止的情况下，缓慢转动转向盘时出现尖锐的声音（吱吱声）	动力转向电动机总成
车辆停止时将转向盘向左或向右转到底，转向盘出现振动和噪声	转向器总成
	转向柱分总成
EPS 故障指示灯常亮	EPS 故障指示灯电路

课题小结

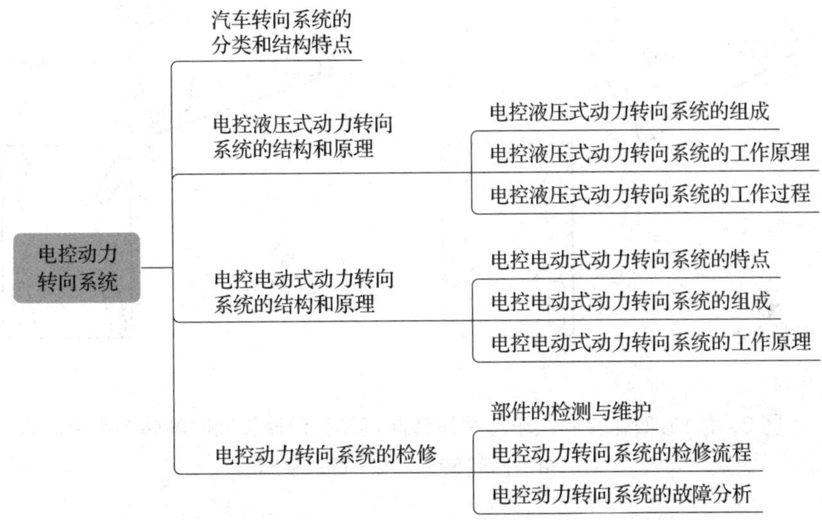

课题❷ 电控四轮转向系统

学习目标

1. 了解汽车四轮转向系统的特点和原理。
2. 熟悉电控四轮转向系统的结构和原理。
3. 了解汽车线控转向系统的结构和原理。
4. 掌握电控四轮转向系统的检修方法。

一、汽车四轮转向系统的特点和原理

传统两轮转向系统通常都是以两个前轮作为转向轮的，而四轮转向系统是指前、后轮都作为转向轮的转向系统。

汽车四轮转向系统能全面改善汽车的转向性能。在汽车低速行驶时，依靠逆向转向（前、后轮的转向相反），可以减小转向半径，改善汽车的操纵便捷性。在汽车中、高速行驶时，依靠同向转向（前、后轮的转向相同），可以减小横摆运动，提高转向时的操纵稳定性。

四轮转向汽车与两轮转向汽车在低速转向时的转向半径比较如图 3-2-1 所示。由图可以看出，四轮转向汽车的转向半径比两轮转向汽车的转向半径小得多。从通过性参数来看，四轮转向汽车的通过宽度比两轮转向汽车的通过宽度小得多，有利于转向、规避障碍、进出车库等。

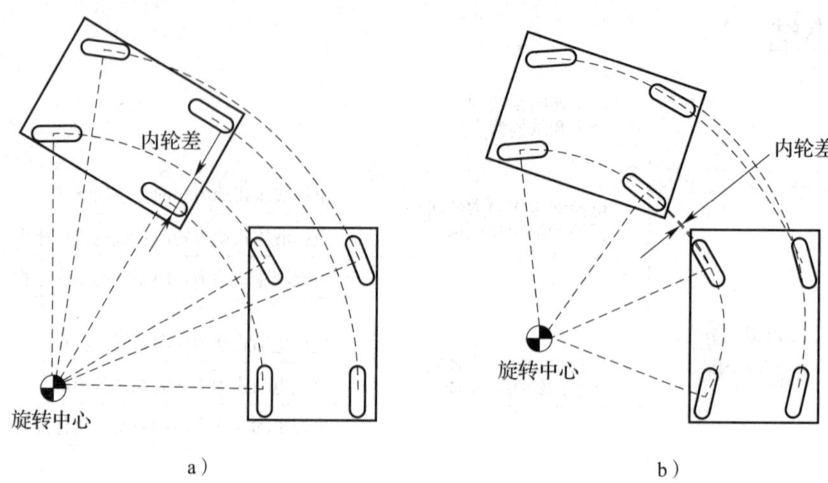

图 3-2-1　四轮转向汽车与两轮转向汽车在低速转向时的转向半径比较

a）两轮转向　b）四轮转向

四轮转向汽车与两轮转向汽车在高速转向时的转向操纵比较如图 3-2-2 所示。两轮转向汽车在高速转向时，前轮产生侧偏角，并产生惯性力使车体开始自转，车速越高，惯性力越大，车体就越不稳定，容易引起车辆的旋转或侧滑。

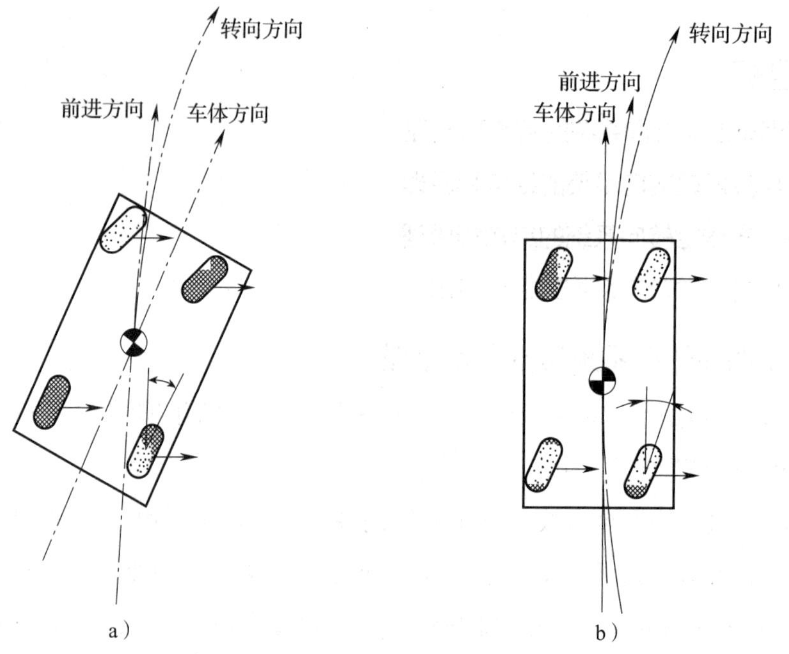

图 3-2-2　四轮转向汽车与两轮转向汽车在高速转向时的转向操纵比较

a）两轮转向　b）四轮转向

当汽车高速转向时，惯性力使车辆后部产生向侧面移动的趋势，这个过程称为侧滑，车速和转向的急剧程度决定了侧滑的大小。如果侧滑过大，会使车辆发生横向旋转，而使驾驶员失去对车辆的控制。具有过度转向特性的汽车在高速盘旋加速行驶时是很危险的；

具有中性转向特性的汽车，若装载不合理、轮胎气压不符合规定或四轮定位失准，其转向特性可能转化为过度转向特性，也是很不安全的。在高速行驶时，汽车四轮转向系统使后轮转动方向与前轮相同，有效地控制汽车在不足转向特性下行驶，侧滑的概率将会减小，使汽车在连续同向转向的状态下能高速行驶，提高了汽车的操纵稳定性。高速转向时，理想的运动状态是使车体的方向与汽车的前进方向一致，以防多余的自转运动，使前、后轮产生足够的向心力。四轮转向汽车通过对后轮的同向转向操纵，使后轮也产生偏转角，从而抑制自转运动，得到车体方向与汽车前进方向相一致的稳定转向状态。

汽车四轮转向系统按控制方式可分为机械式、液压式和电子控制式等类型，现代汽车大多采用电子控制式汽车四轮转向系统（电控四轮转向系统）。

二、电控四轮转向系统的结构和原理

汽车电控四轮转向系统可分为电控液压式四轮转向系统和电控电动式四轮转向系统两种类型，这里仅介绍电控电动式四轮转向系统。电控电动式四轮转向系统主要由电子控制单元、传感器和执行器等组成，如图 3-2-3 所示。

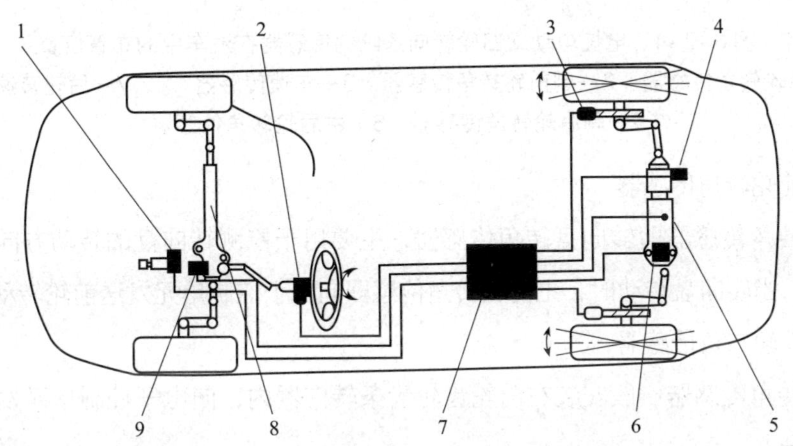

图 3-2-3 电控电动式四轮转向系统的组成

1—车速传感器 2—主前轮转角传感器 3—后轮转速传感器 4—副后轮转角传感器 5—后轮转向执行器 6—主后轮转角传感器 7—电子控制单元 8—前轮转向执行器 9—副前轮转角传感器

1. 电子控制单元

发动机工作时，电子控制单元不断地从传感器处接收信号，如果转向盘转动，电子控制单元就会对各传感器发送过来的信号进行分析、计算，并控制适当的后轮转角，将蓄电池电压输送到后轮转向执行器，使后轮转向。

2. 传感器

电控电动式四轮转向系统的传感器在汽车中的布置位置如图 3-2-4 所示。

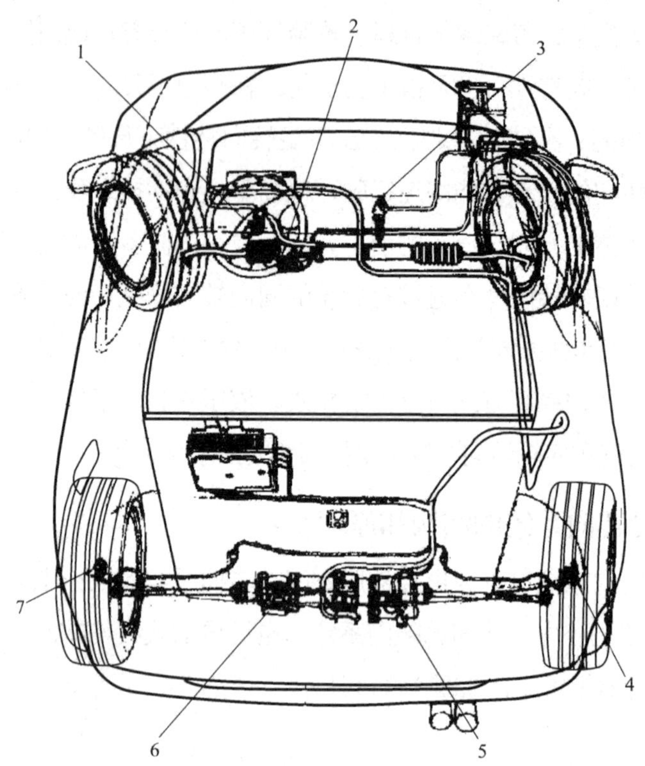

图 3-2-4　电控电动式四轮转向系统的传感器在汽车中的布置位置

1—主前轮转角传感器　2—副前轮转角传感器　3—车速传感器　4、7—后轮转速传感器

5—副后轮转角传感器　6—主后轮转角传感器

（1）主前轮转角传感器

主前轮转角传感器即转向盘转角传感器，主要用于检测转向盘的转动方向、转动速度和转动角度。当转向盘转动时，主前轮转角传感器向电子控制单元发送前轮转动的信号。

（2）副前轮转角传感器

副前轮转角传感器一般安装在前轮齿轮齿条转向器内，向电子控制单元发送与前轮转角相关的信号。

（3）主后轮转角传感器

主后轮转角传感器（见图 3-2-5）安装在后轮转向执行器的左侧。主后轮转角传感器有一个随循环球螺杆旋转的电磁转子，检测元件直接安装在电磁转子的上部。当循环球螺杆和电磁转子旋转时，检测元件向霍尔集成电路发送脉冲数字电压信号，显示后轮转角。

（4）副后轮转角传感器

副后轮转角传感器（见图 3-2-6）安装在后轮转向执行器上与主后轮转角传感器相对的一端。副后轮转角传感器内有一个连接在齿条上的锥形轴，锥形轴与齿条一同水平移动。副后轮转角传感器的触棒与锥面弹性接触。当锥形轴水平移动时，锥面使传感器触棒来回移动，触棒的运动使传感器产生模拟电压信号，将转角信号发送给电子控制单元。

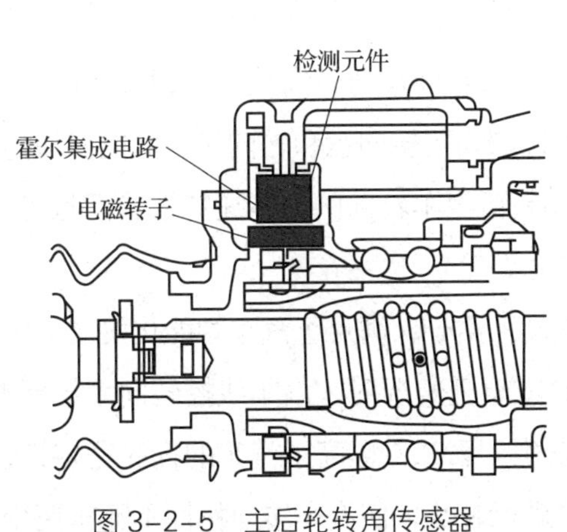

图 3–2–5　主后轮转角传感器

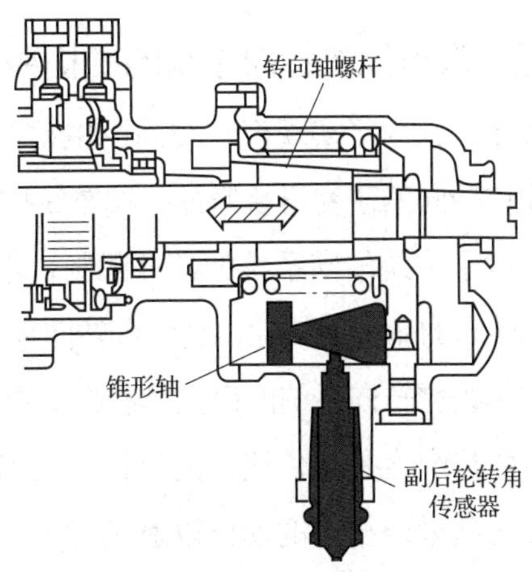

图 3–2–6　副后轮转角传感器

（5）后轮转速传感器

后轮转速传感器安装在每个后轮上，用于检测后轮的转速，汽车防抱死制动系统和电控四轮转向系统的电子控制单元共享此传感器信号。

（6）车速传感器

车速传感器主要用于检测车辆行驶速度并将信号发送给电子控制单元。

3. 执行器

后轮转向执行器（见图 3–2–7）内装有电动机，电动机使循环球螺杆机构驱动转向齿条；转向横拉杆将后轮转向执行器连接到后轮转向臂和转向节处；复位弹簧在电控四轮转向系统失效时将后轮推回到直线行驶位置。

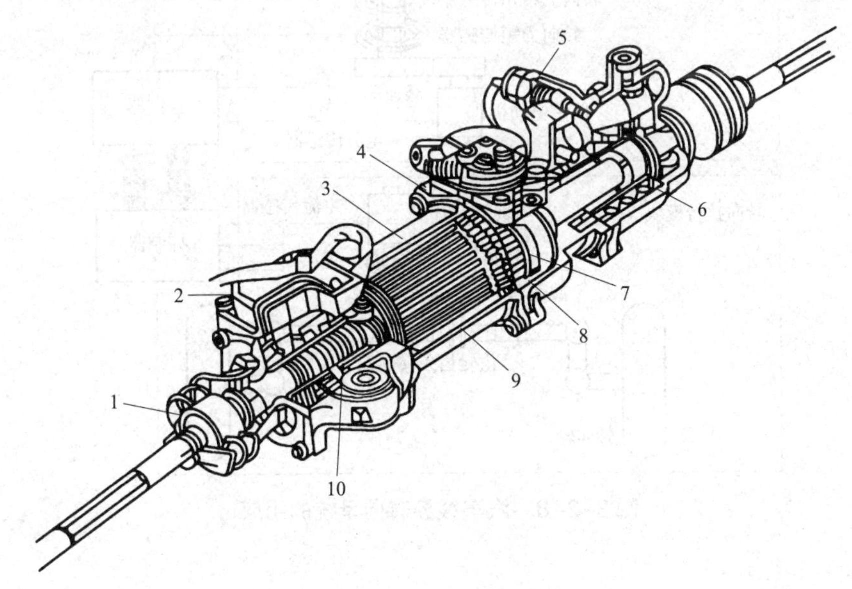

图 3–2–7　后轮转向执行器

1—转向轴螺杆　2—主后轮转角传感器　3—定子　4—壳体　5—副后轮转角传感器
6—复位弹簧　7—换向器　8—电刷　9—转子　10—循环球螺杆

三、汽车线控转向系统的结构和原理

近年来，为了实现汽车转向的主动控制，对于将转向盘与转向轮之间通过控制信号连接的线控转向的研究日益增多。汽车线控转向系统取消了转向盘和转向轮之间的机械连接，完全摆脱了传统转向系统的各种限制，不但可以创新汽车转向的力传递特性，而且可以创新汽车转向的角传递特性，是汽车转向系统的重大革新。

汽车线控转向系统的研究具有极其重大的意义。第一，满足了汽车智能化发展的需要。汽车智能化一直是人们追求的目标，当出现紧急或意外情况时，汽车线控转向系统能够在驾驶员之前采取相应的动作以避免意外事故的发生。第二，提高了汽车的操纵稳定性，可以实现传动比的任意设置，并对车速变化的参数进行补偿，使汽车转向特性不随车速变化，可以与其他主动安全设备，如汽车防抱死制动系统（ABS）、汽车动力学控制、防碰撞、单个车轮转向、轨道跟踪、自动侧向导航和自动驾驶等功能相结合，从而实现对汽车的整体控制，提高汽车的整体稳定性。第三，改善驾驶员的路感。

1. 汽车线控转向系统的组成

汽车线控转向系统的组成如图 3–2–8 所示，主要包括转向盘模块、转向执行模块和控制器（电子控制单元）三部分，此外还有故障容错系统、电源系统、车载通信网络等辅助系统。

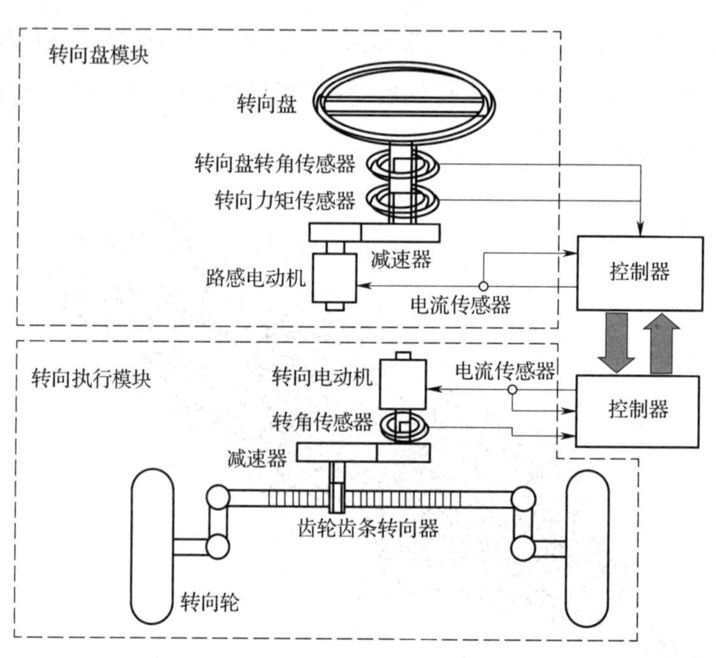

图 3–2–8　汽车线控转向系统的组成

（1）转向盘模块

转向盘模块包括转向盘、转向力矩传感器、转向盘转角传感器、减速器、路感电动机、电流传感器等。转向盘模块具有两个基本功能：一是将驾驶员的转向意图（通过转向盘转角传感器检测转向盘转角）转换成数字信号，并发送给控制器，控制器根据转向控制策略和算法得到转向轮目标转角，控制转向电动机驱动转向执行机构实现转向；二是控制器根据相应的路感算法向路感电动机发送控制信号产生路感，给驾驶员提供相应的路感信息。

（2）转向执行模块

转向执行模块包括转向电动机、减速器、转角传感器、齿轮齿条转向器和电流传感器等。转向执行模块的主要功能是接收控制器的指令，将测得的转向轮转角信号反馈给控制器，并依据驾驶员的转向意图和车辆运行状态，由转向电动机产生合适的转向力矩和转角，控制车轮转向，完成转向轮的角度伺服控制；同时将转向轮转角和转向电动机电流信号反馈给控制器，作为路感模拟的输入信号。

（3）控制器

控制器是汽车线控转向系统的控制中心和决策中心，相当于系统的“大脑”。控制器通过对采集的信号进行分析处理，对驾驶员的转向意图和当前车辆运行状态进行判断，根据控制策略作出合理控制决策。控制器向转向电动机和路感电动机发送指令，控制两个电动机协调工作。一方面控制转向执行机构，保证汽车能够准确实现驾驶员的转向意图；另一方面控制路感电动机，保证其能够给驾驶员提供舒适良好的路感。此外，根据控制策略的差异性，控制器还可以对驾驶员的操作指令进行识别，判定在当前状态下该转向操作是否合理，当汽车处于非稳定状态或驾驶员发出错误指令时，控制器将屏蔽驾驶员错误的转向操作，而自动进行稳定控制，使汽车尽快恢复到稳定状态。

（4）故障容错系统

故障容错系统是为了确保转向系统的基本转向功能而设计的备用模块，包括一系列的监控和实施算法，能针对不同的故障形式和故障等级作出相应的处理，以最大限度保证车辆正常行驶，提高转向系统的安全性能。

（5）电源系统

电源系统的主要功能是为控制器、转向电动机和路感电动机以及其他车载电器供电。电源系统性能的优劣直接关系到汽车线控转向系统能否正常运行。其中，仅转向电动机的功率就达到 500 ~ 800 W，加上其他车载电器，电源系统的负荷较大，为保证车辆在较高的电负荷下稳定工作，必须配备高性能电源。

（6）车载通信网络

车载通信网络的作用是快速实现各个模块之间的通信交流，减少车内线束的数量。

2. 汽车线控转向系统的工作原理

汽车线控转向系统由控制器根据传感器采集、反馈的信号，作出决策，发出控制指令，完成相应的功能，其工作原理如图 3-2-9 所示。

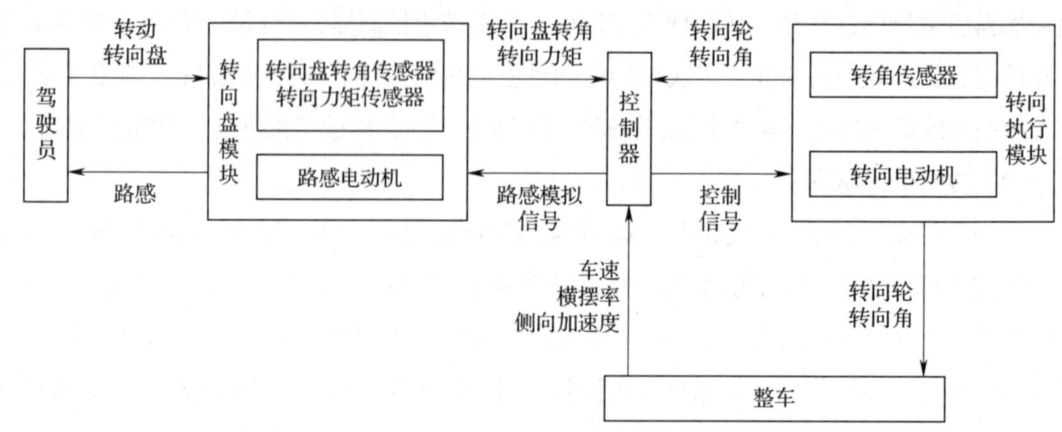

图 3-2-9　汽车线控转向系统的工作原理

驾驶员根据当前行驶条件和驾驶经验，转动转向盘发出转向指令，转向盘转角传感器和转向力矩传感器将采集到的转角、转向力矩信号发送给控制器，控制器结合其他传感器提供的车速、横摆率、侧向加速度等动态信号，判断汽车行驶条件和路况，并根据控制算法，发送控制信号给转向执行模块，控制转向电动机输出合适的转向力矩和转角，完成汽车转向操作，使汽车按照驾驶员的意图和指令行驶。

当汽车受到外界干扰时，控制器根据传感器反馈的信息，主动对转向轮转向角进行调整，保证汽车稳定行驶。同时，控制器根据转向执行模块反馈回来的信号，对路感电机进行控制，产生良好的路感，使驾驶员能够准确感知路况。

四、电控四轮转向系统的检修

1. 失效保护功能的检查

如果电子控制单元检测出电控四轮转向系统出现故障，电子控制单元就转换为失效保护状态，将故障码存入电子控制单元，并点亮相应的故障指示灯以提醒驾驶员，同时切断电子控制单元的电压，并且使后轮保持在直线行驶位置。

2. 阻尼控制的检查

当电控四轮转向系统进入失效保护状态时，如果后轮迅速回正反而会对转向盘转向控制发生影响。为了避免这种情况发生，电控四轮转向系统进入失效保护状态时，给阻尼继电器充电，在转向轴被复位弹簧驱动到中央位置的过程中，后轮转向执行器的电动机由转向轴的运动驱动，电动机的工作相当于发电机，转子输出的电压经阻尼继电器回馈到电动机励磁绕组，转子转速降低，复位弹簧缓慢地将转向轴驱动到中央位置。

3. 电控四轮转向系统的检修流程

（1）路试

如果电控四轮转向系统出现故障，即使是暂时性故障，电子控制单元也会存储故障码，并点亮故障指示灯。

进行故障诊断前，应先向车主或驾驶员了解故障情况，并进行路试（见图 3–2–10），确认汽车四轮转向能否按要求进行。如果路试中故障指示灯没有点亮，说明电控四轮转向系统是正常的，无须进一步诊断；如果仍有问题，应参考维修手册进行人工检查，以发现和排除故障。

图 3–2–10 路试

（2）一般检查

举升汽车，检查电控四轮转向系统所有电气线路、接头和元器件是否断路、松动和损坏。若是，应进行修理或更换。

（3）读取故障码

取下仪表板中部下方的检查连接器，并将两电极短接；接通点火开关，但不要起动发动机；观察故障指示灯，并使用故障诊断仪读取故障码，从维修手册中查阅故障码的含义及处理方法。

（4）维修并确认维修效果。

（5）消除故障码

消除故障码的方法如下：断开蓄电池正、负极电缆，断开电子控制单元电源，使用故障诊断仪消除故障码等。

4. 电控四轮转向系统的检查与调整

（1）转角传感器的检查

1）检查准备。起动发动机，向左或向右打满转向盘至少一次。注意：如果后轮转向执行器锁销插着时，不可接通点火开关和起动发动机，以防损坏后轮转向执行器和锁销。

2）做转向记号。将汽车停在转角检查台（见图 3–2–11）上，使四轮处于转角测量盘的中央，并使车轮处于直行状态时测量盘的示值为零。将转向盘置于中央位置，在转向盘上方贴上 500 mm 长的胶带，并标出中心点和左、右两边分别距离中心点 9 mm、18 mm、55 mm 的点。然后短接检查连接器电极，拉起驻车制动操纵杆，接通点火开关并确认驻车制动器警报灯点亮，使前轮转角传感器处于检测状态。

图 3-2-11　转角检查台

3）主前轮转角传感器的电子中性检查。接通点火开关，缓慢向左、向右转动转向盘，直到找出使故障指示灯亮 2 s 以上的位置，应在左、右两边距中心点 9 mm 处。否则，应调整主前轮转角传感器。

4）副前轮转角传感器的电子中性检查（可接步骤 3 进行）。接通点火开关，缓慢向左、向右转动转向盘，直到找出使故障指示灯以 0.2 s 间隔闪烁的位置，应在左、右两边距中心点 55 mm 处。否则，应调整副前轮转角传感器。

5）副后轮转角传感器的电子中性检查。松开驻车制动操纵杆，接通点火开关并确认驻车制动器警报灯熄灭，使后轮转角传感器处于检测状态；断开点火开关；从后轮转向执行器上拆下锁销孔螺盖及密封环，然后装好锁销；将前轮置于直行位置，以防接通点火开关时后轮转向，损坏后轮转向执行器；接通点火开关，用手扳动左后轮，使其转向右侧极限位置，再缓慢推向左转方向，当左后轮刚刚开始左转向时，故障指示灯应开始闪烁。否则，应调整副后轮转角传感器。

6）主后轮转角传感器的电子中性检查（可接步骤 5 进行）。接通点火开关，将左后轮转向左侧极限位置，然后缓慢向右转，当左后轮刚刚开始右转向时，故障指示灯应点亮 2 s 以上。否则，应检查主后轮转角传感器是否损坏。

检查完毕，断开点火开关，拆下后轮转向执行器锁销，并装好锁销孔螺盖，拆下检查连接器电极短接线，装好后轮转向执行器罩。

（2）主前轮转角传感器的调整

1）将汽车置于转角检查台上，使四轮处于转角测量盘的中央，并向左、向右打满转向盘数次。

2）当转向盘置于总转动圈数一半的中间位置时，转向盘轮辐应处于水平位置。否则，应检查、调整转向盘和主前轮转角传感器。

3）拆下转向盘，检查转向柱上的主前轮转角传感器的黄色标记是否处于正下方位置。如果是，说明主前轮转角传感器处于电子中性位置；如果不是，应暂时装上转向盘，将黄色标记转到正下方位置，再将转向盘拆下，重新按轮辐水平位置装好。注意，安装转向盘时，转向盘上的小孔应与安全气囊系统线束的销钉配合好。

（3）副前轮转角传感器的调整

1）举升汽车，使四轮离地，将转向盘置于中央位置，短接检查连接器电极，接通点火开关，拉紧驻车制动操纵杆，并确认驻车制动器警报灯亮起，使副前轮转角传感器处于检测状态，再断开点火开关。

2）松开副前轮转角传感器线束，并拆下罩盖，断开线束连接器。

3）松开副前轮转角传感器锁紧螺母，接上线束连接器，并接通点火开关。

4）在保持前轮处于直行位置的情况下，略转动转向盘使故障指示灯点亮，并保持转向盘这一位置不变。

5）沿顺时针方向缓慢转动副前轮转角传感器至故障指示灯熄灭，记下此时副前轮转角传感器相对于转向器壳体的位置；然后沿逆时针方向缓慢转动副前轮转角传感器，直到故障指示灯开始闪烁，记下此时副前轮转角传感器相对于转向器壳体的位置。

6）将副前轮转角传感器转到故障指示灯熄灭和开始闪烁的中间位置，并锁紧。

7）断开点火开关，并接好检查连接器，固定好线束。

8）进行电子中性检查。

（4）副后轮转角传感器的调整

1）举升汽车，使四轮离地，并短接检查连接器电极。

2）松开驻车制动操纵杆，接通点火开关，确认驻车制动器警报灯熄灭后，断开点火开关。

3）拆下后轮转向执行器锁销孔螺盖，并装好锁销；松开副后轮转角传感器线束，并断开线束连接器。

4）松开副后轮转角传感器锁紧螺母。

5）接上线束连接器，并将前轮置于直行位置，接通点火开关。

6）将左后轮向左转到极限位置，然后向右转，直到故障指示灯点亮（此时主后轮转角传感器处于电子中性位置）。

7）沿逆时针方向缓慢转动副后轮转角传感器，直到故障指示灯熄灭，记下此时副后轮转角传感器相对于转向器壳体的位置；然后沿顺时针方向缓慢转动副后轮转角传感器，直到故障指示灯开始闪烁，记下此时副后轮转角传感器相对于转向器壳体的位置。

8）将副后轮转角传感器转动到故障指示灯熄灭和闪烁的中间位置，并锁紧。

9）断开点火开关。

10）固定副后轮转角传感器线束连接器和线束。

11）拆下锁销，装好锁销孔螺盖和后轮转向执行器罩。

12）进行电子中性检查。

注意：主后轮转角传感器不可调整。

课题小结

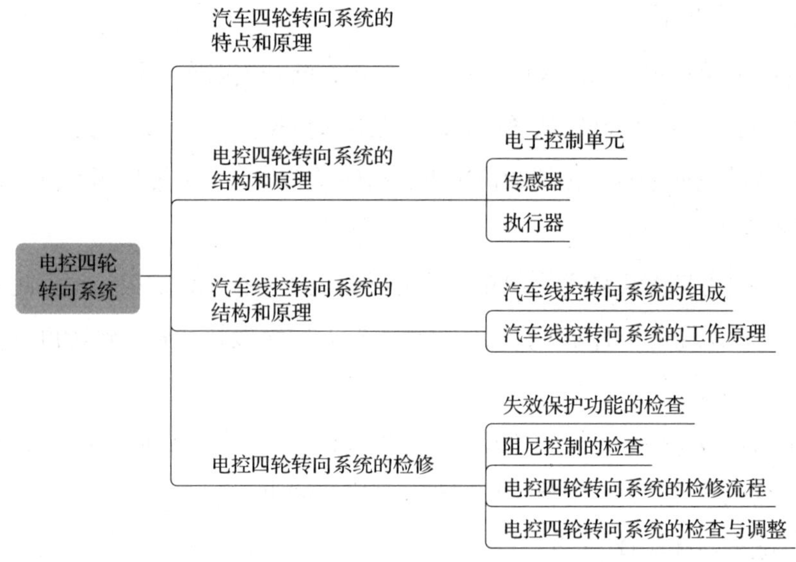

模块四
汽车制动系电子控制系统

课题❶ 汽车防抱死制动系统

学习目标

1. 了解汽车防抱死制动系统的特点、分类和基础理论。
2. 熟悉汽车防抱死制动系统的组成。
3. 熟悉汽车防抱死制动系统组成部件的结构和原理。
4. 掌握汽车防抱死制动系统的检修方法。

一、汽车防抱死制动系统概述

随着汽车工业的迅猛发展，汽车行驶速度进一步提高，道路行车密度也不断增大，汽车行驶安全性能日益成为人们选购汽车的首要依据。广泛采用的汽车防抱死制动系统（ABS）就是在这种要求下产生和发展的。

1. 汽车防抱死制动系统的特点

汽车防抱死制动系统是汽车上的一种主动安全装置，是汽车在常见路面上进行较大制动力制动时，防止车轮完全抱死的系统，能保证汽车制动效能和制动时的方向稳定性，提高转向控制能力，并缩短制动距离，具有良好制动效果。如图 4–1–1 所示，装备 ABS 的汽车制动时方向稳定性好；而未装备 ABS 的汽车制动时，若车轮抱死，汽车完全不能转向。

ABS 的特点如下：

（1）增强汽车制动时的方向稳定性，确保制动效能。汽车在制动时，如果汽车的前轮抱死，驾驶员就无法控制汽车的行驶方向；如果汽车的后轮抱死，则会出现侧滑、甩尾甚至整体掉头等严重事故。ABS 可以防止制动时 4 个车轮被完全抱死，提高了汽车行驶方向的稳定性，确保制动效能；并使制动距离缩短，制动时间明显减少。

（2）改善轮胎的磨损状况。车轮抱死会造成轮胎异常磨损和轮胎面磨损不均匀。经测定，汽车在紧急制动时，车轮抱死所造成的轮胎累计磨损费用，已超过一套汽车防抱死制动系统的造价。

（3）使用、维修方便，工作可靠。ABS 的使用与普通制动系统的使用几乎没有区别。制动时，只需把脚踏在制动踏板上，ABS 就会根据行驶条件自动进入工作状态。

图 4–1–1　汽车防抱死制动系统的作用

注意：ABS 工作时，驾驶员会感到制动踏板有颤动，并听到一点噪声，这些都属于正常现象。

2. 汽车防抱死制动系统的分类

（1）按结构分类

ABS 按结构不同可分为整体式和分离式。

整体式 ABS 的制动压力调节器、制动主缸和制动助力器组合成一个整体，其优点是结构紧凑、节省安装空间，缺点是成本高，高级轿车采用较多。

分离式 ABS（见图 4–1–2）的制动压力调节器为独立的总成，通过制动管路与制动主缸和制动轮缸相连，安装方便。

（2）按控制通道数目分类

ABS 按控制通道数目不同可分为单通道式、双通道式、三通道式、四通道式和六通道式等。每个 ABS 控制通道分别安装一个或两个传感器。图 4–1–3 所示为四轮独立控制的四传感器四通道式 ABS 结构。

（3）按控制方式分类

ABS 按控制方式不同可分为机械式和电子式。

（4）按动力来源分类

ABS 按动力来源不同可分为液压式和气压式。

（5）按控制车轮方式分类

ABS 按控制车轮方式不同可分为轴控式和轮控式。其中，轴控式又分为低选控式和高选控式。

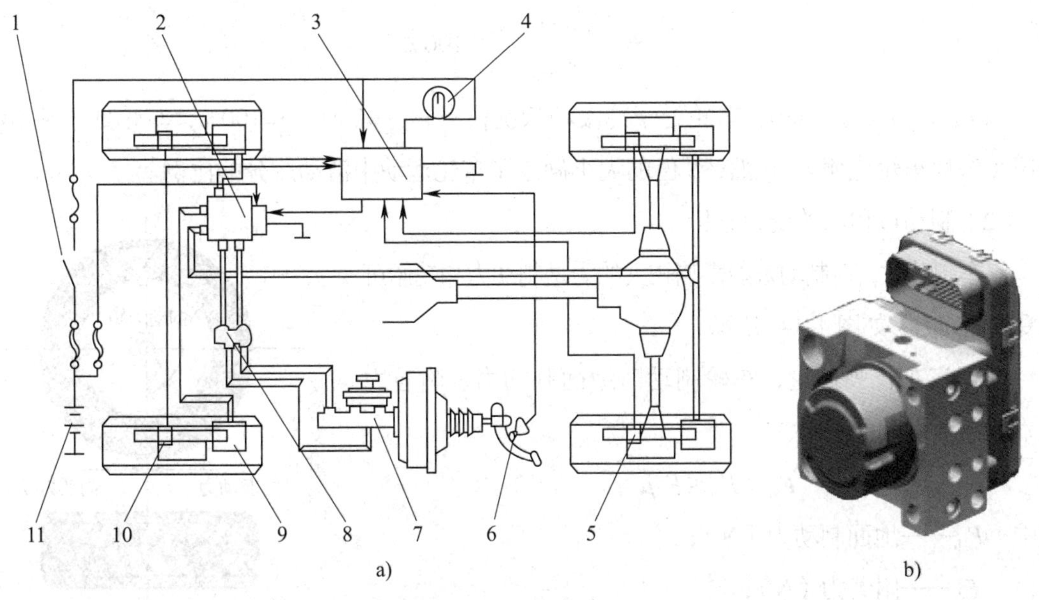

图 4–1–2　分离式 ABS

a）组成　b）制动压力调节器

1—点火开关　2—制动压力调节器　3—ABS 电子控制单元　4—ABS 故障指示灯　5—后轮转速传感器　6—制动灯开关　7—制动主缸　8—比例分配阀　9—制动轮缸　10—前轮转速传感器　11—蓄电池

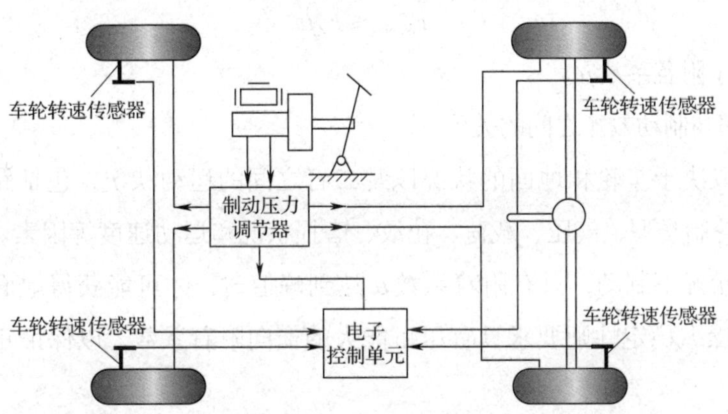

图 4–1–3　四轮独立控制的四传感器四通道式 ABS 结构

两个车轮占用同一个控制通道称为同时控制。当同时控制的两个车轮在同一个轴上时，称为轴控式。如果以保证附着系数较小的车轮不发生抱死为原则来调节制动压力，那么这两个车轮就是按低选原则进行控制；如果以保证附着系数较大的车轮不发生抱死为原则来调节制动压力，那么这两个车轮就是按高选原则进行控制。

3. 汽车防抱死制动系统的基础理论

（1）滑移率

车轮运动过程包括滑动、滚动或滑动与滚动相结合等状况，描述该状况的车轮运动参数称为滑移率 S，其表达式为

$$S=\frac{v_{车速}-v_{轮速}}{v_{车速}}\times 100\%$$

当 $v_{车速}=v_{轮速}$时，$S=0$，车轮处于纯滚动状况；当 $v_{轮速}=0$ 时，$S=100\%$，车轮处于纯滑动状况（俗称车轮抱死）。显然，S 值的大小确定了车轮运动中滑动成分的比例。

（2）制动过程中的受力分析

汽车制动时，对制动效能影响较大的力是制动力和轮胎可承受的侧向力，如图 4–1–4 所示。

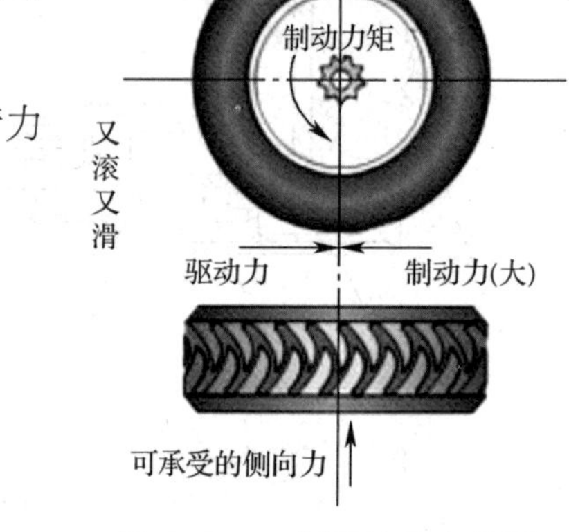

图 4–1–4 制动轮受力分析

根据汽车行驶理论，车轮制动时地面制动力、附着力和附着系数之间的关系为

$$F_{xb}\leqslant F_{\phi}\leqslant F_{Z}\mu$$

式中 F_{xb}——地面制动力（N）；

F_{ϕ}——附着力（N）；

F_{Z}——地面对车轮的法向反力（N）；

μ——车轮与地面之间的附着系数。

因此，轮式车辆制动时车辆所获得的地面制动力最大值为

$$F_{xbmax}\leqslant F_{Z}\mu$$

F_{xbmax} 正比于附着系数 μ。

（3）滑移率与制动效能之间的关系

附着系数取决于车轮和地面的状况以及二者之间的运动状况，包括路面质量、干湿程度以及车轮轮胎类型、气压、载荷、花纹、磨损状况和运动速度等因素。车辆在特定路面、不同车轮状况下制动，只有附着系数 μ 达到峰值时，才可能获得地面制动力的最大值 F_{xbmax}。车辆操纵稳定性则要求具有尽可能大的横向附着系数，以保证正常行驶和操作性能。

附着系数与滑移率的关系如图 4–1–5 所示，附着系数随着滑移率的变化而变化。当滑移率 $S=20\%$ 时，纵向附着系数最大，制动时能获得的地面制动力也最大；此外，随着滑移率增大，横向附着系数减小，当滑移率 $S=100\%$ 时，横向附着系数接近零，此时很小的侧向力就会导致后轮侧滑或使前轮失去转向能力。

由此可知，要想获得较大的制动力，并且在制动过程中保持车辆的操纵性和稳定性，必须使滑移率保持在特定的范围内，即 20% 左右。

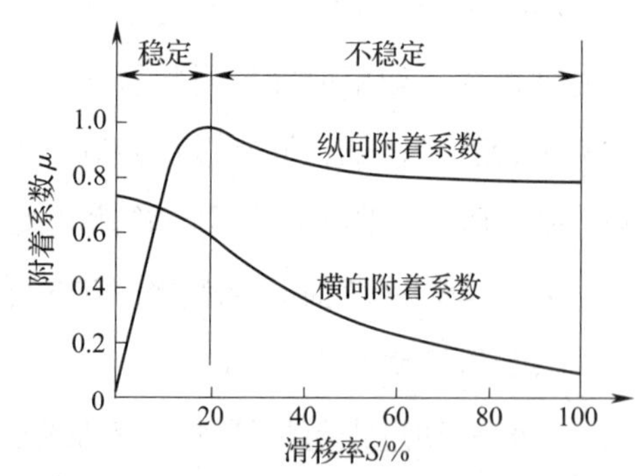

图 4–1–5 附着系数与滑移率的关系

二、汽车防抱死制动系统的组成

无论气压制动系统还是液压制动系统，ABS 都是在常规制动系统的基础上增加了传感器、ABS 电子控制单元（ABS ECU）和 ABS 执行器。ABS 的基本组成如图 4–1–6 所示。

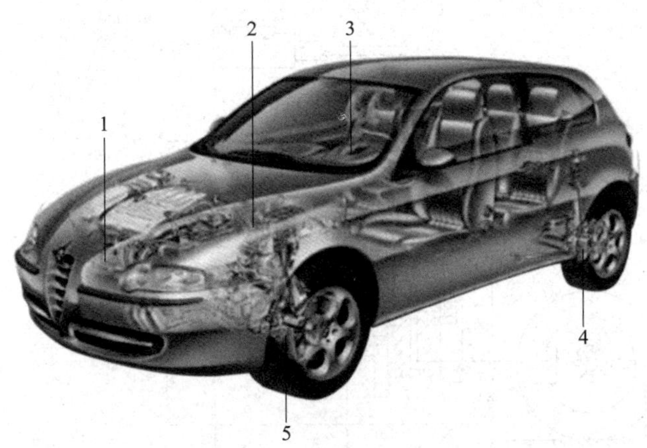

图 4–1–6　ABS 的基本组成

1—制动压力调节器　2—ABS ECU　3—ABS 故障指示灯

4—后轮转速传感器　5—前轮转速传感器

1. 传感器

ABS 的传感器主要是车轮转速传感器，此外，有的 ABS 还用到了车速传感器、减速度传感器、加速度传感器和压力差动开关等。

在各种控制方式的 ABS 中均有车轮转速传感器，车轮转速传感器一般安装在车轮上，有些后轮驱动的车辆，后轮转速传感器安装在差速器内，通过后轴转速来检测后轮的转速，故又称为轴速传感器。

车速传感器用在以滑移率为控制参数的 ABS 中，用于检测车速信号并发送给 ABS ECU，此信号同时用于车速表、里程表和自动变速器控制等。

减速度传感器仅用在四轮驱动的 ABS 中，用来检测汽车制动时的减速度，识别是否在冰雪等易滑路面。

2. ABS 电子控制单元（ABS ECU）

ABS ECU 接收传感器的信号，比较各车轮转速和汽车行驶速度，判断各车轮的滑移情况后，向制动压力调节器发送控制指令来调节各车轮制动器的制动压力。当 ABS 出现故障时，ABS ECU 使 ABS 故障指示灯点亮，同时切断通往制动压力调节器的电源，使 ABS 停止工作。

3. ABS 执行器

ABS 执行器主要包括制动压力调节器和 ABS 故障指示灯。

制动压力调节器根据 ABS ECU 的指令来调节各车轮制动器的制动压力。不同 ABS 采用的制动压力调节器也不同，可分为循环式和可变容积式两种类型。使用不同制动压力调节器的 ABS 的组成如图 4–1–7 所示。目前应用广泛的是循环式制动压力调节器，制动压力调节器的主要元件是液压泵和电磁阀。

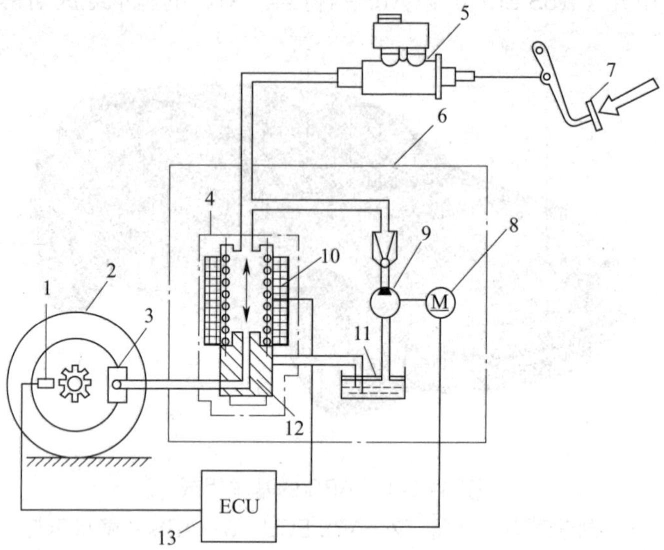

a）

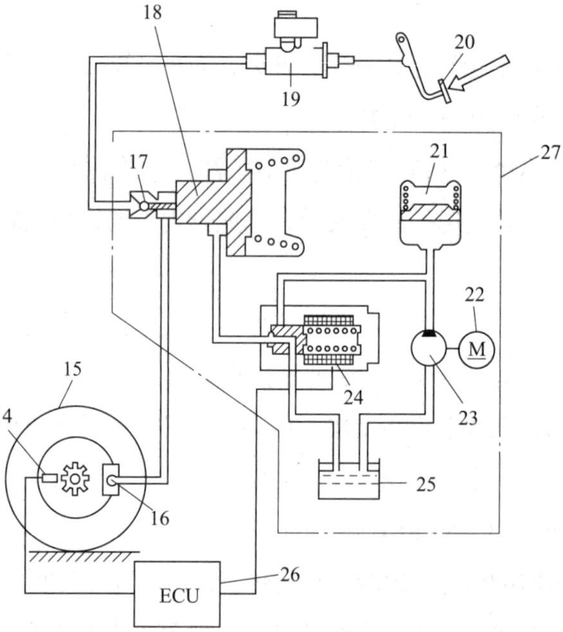

b）

图 4–1–7　使用不同制动压力调节器的 ABS 的组成

a）使用循环式制动压力调节器的 ABS　b）使用可变容积式制动压力调节器的 ABS

1、14—车轮转速传感器　2、15—车轮　3、16—制动轮缸　4、24—电磁阀

5、19—制动主缸　6、27—制动压力调节器　7、20—制动踏板　8、22—电动机

9、23—液压泵　10—线圈　11、25—储液器　12—柱塞

13、26—电子控制单元　17—单向阀　18—控制活塞　21—储能器

ABS 故障指示灯（见图 4–1–8）的作用是在 ABS 出现故障时，由 ABS ECU 控制使其点亮，向驾驶员发出警报信号。

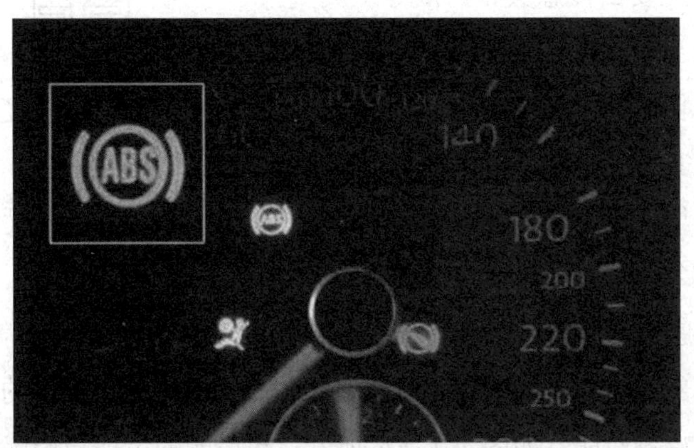

图 4–1–8　ABS 故障指示灯

三、汽车防抱死制动系统组成部件的结构和原理

1. 传感器的结构和原理

（1）车轮转速传感器

车轮转速传感器（见图 4–1–9）又称为轮速传感器，通常安装在车轮上，如图 4–1–10 所示。

图 4–1–9　车轮转速传感器

在 ABS 中，车轮转速传感器用于检测车轮转速，并将车轮转速信号发送给 ABS ECU，ABS ECU 通过计算决定是否开始或准确地进行防抱死制动。

目前使用的车轮转速传感器主要包括电磁式和霍尔式两种类型。

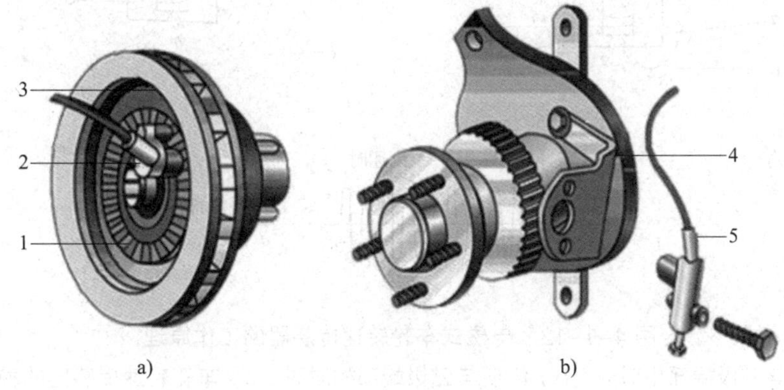

图 4–1–10　车轮转速传感器的安装位置

a）前轮　b）后轮

1—齿圈　2、5—传感器　3—制动盘　4—托架

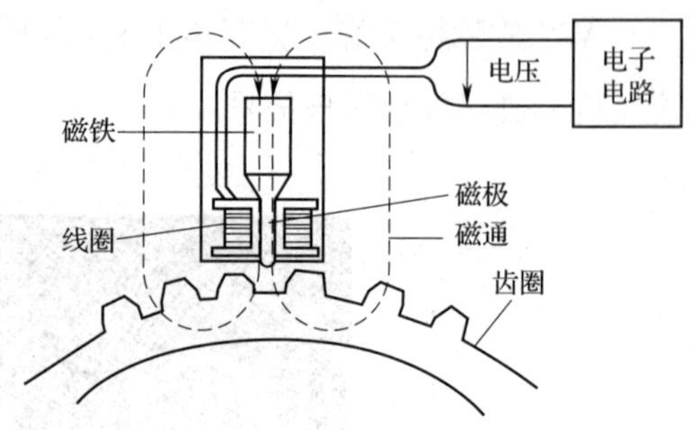

图 4-1-11　电磁式车轮转速传感器

1）电磁式车轮转速传感器（见图 4-1-11）。电磁式车轮转速传感器是一种由磁通量变化而产生感应电压的装置，主要由传感头和齿圈等组成。传感头是一个静止部件，通常由磁铁、线圈和磁极等构成，一般安装在车轮的托架上。齿圈是一个运动部件，一般安装在轮毂上或轮轴上与车轮一起旋转。传感头与齿圈之间的间隙很小，通常只有 0.5 ~ 1 mm，多数车轮转速传感器的间隙是不可调的。

电磁式车轮转速传感器的工作原理如图 4-1-12 所示。当齿圈的齿隙与传感头的磁极端部相对时，磁极端部与齿圈之间的空气隙最大，传感头的磁极所产生的磁力线不容易通过齿圈，线圈周围的磁场较弱，如图 4-1-12a 所示；当齿圈的齿顶与传感头的磁极端部相对时，磁极端部与齿圈之间的空气隙最小，传感头的磁极所产生的磁力线容易通过齿圈，线圈周围的磁场较强，如图 4-1-12b 所示；当齿圈随车轮旋转时，齿圈的齿顶和齿隙交替地与传感头磁极端部相对，传感头线圈周围的磁场随之发生强弱交替变化，在磁铁上的线圈中就会产生一个交变电压，交变电压的频率与单位时间转过的齿圈的齿数成正比，因此车轮转速传感器输出的交变电压频率与车轮的转速成正比。此外，车轮转速也会影响车轮转速传感器输出的交变电压的幅值，如图 4-1-12c 所示。

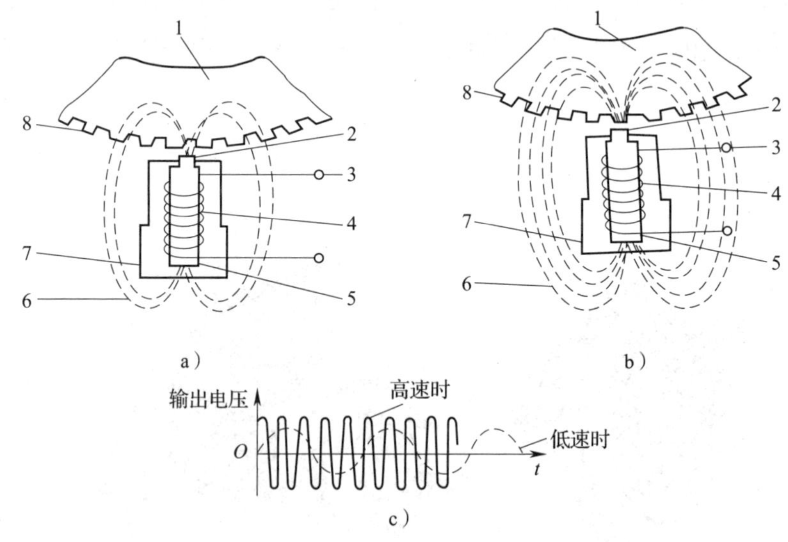

图 4-1-12　电磁式车轮转速传感器的工作原理

a）齿隙与磁极端部相对时　b）齿顶与磁极端部相对时　c）车轮转速传感器的输出电压

1—齿圈　2—磁极端部　3—线圈引线　4—线圈　5—磁极

6—磁力线　7—传感头　8—齿圈齿顶

2）霍尔式车轮转速传感器（见图 4-1-13）。霍尔式车轮转速传感器也是由传感头和齿圈等组成的。传感头由磁铁、霍尔元件和电子电路等构成。磁铁的磁力线穿过霍尔元件通向齿圈，齿圈相当于一个集磁器。当齿圈位于图 4-1-13a 所示的位置时，穿过霍尔元件的磁力线分散，磁场相对较弱；当齿圈位于图 4-1-13b 所示的位置时，穿过霍尔元件的磁力线集中，磁场相对较强。随着齿圈的转动，穿过霍尔元件的磁力线密度发生变化，从而产生霍尔电压的变化，霍尔元件输出一个毫伏级的准正弦电压，此电压信号由电子电路转换成标准的电压信号后发送给 ABS ECU。

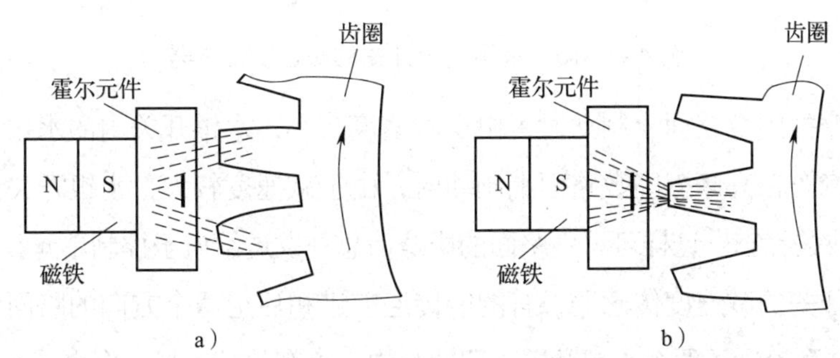

图 4-1-13 霍尔式车轮转速传感器
a）磁力线分散 b）磁力线集中

（2）其他相关传感器

1）减速度传感器。在 ABS 中，减速度传感器的作用是检测汽车制动时的减速度，以识别是否在雪路、冰路等易滑路面。减速度传感器的外形和安装位置如图 4-1-14 所示。

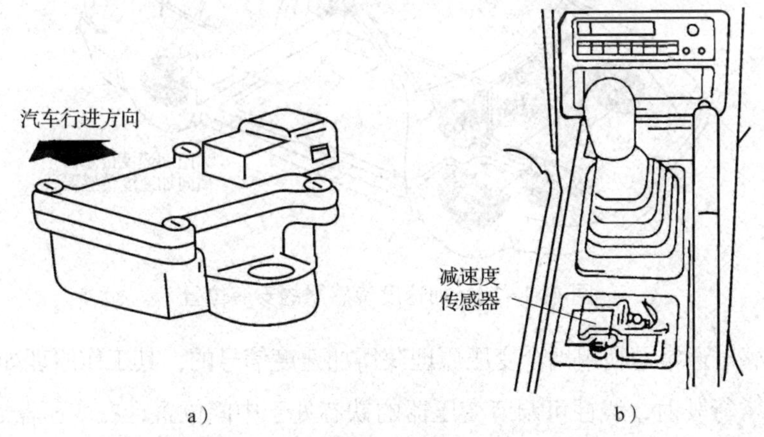

图 4-1-14 减速度传感器的外形和安装位置
a）外形 b）安装位置

图 4-1-15 所示为采用水银开关的减速度传感器，如剖面 *A—A* 所示，水银开关与水平面呈一定的夹角，汽车处于水平位置时水银开关处于开状态。

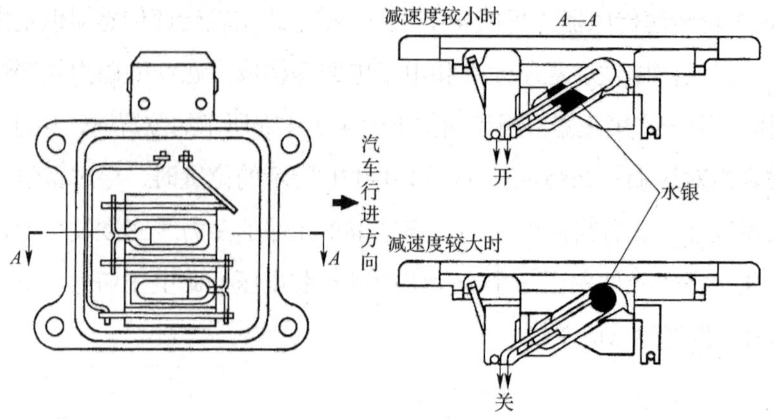

图 4-1-15　采用水银开关的减速度传感器

汽车在低摩擦因数路面上制动时，由于减速度较小，水银开关内的水银不移动，仍保持在开状态。汽车在高摩擦因数路面上制动时，由于减速度较大，水银开关内的水银离开触点，开关变成关状态。这样可识别路面的摩擦信息并发送给电子控制单元。

采用水银开关的减速度传感器，有的能传递前进和后退两个方向的路面信息，还有的在前进方向上并列设置了两个水银开关，即使其中一个有故障，另一个也能正常工作。

此外，减速度传感器还有霍尔式、光电式、差动变压器式等多种类型。

2）加速度传感器。在某些 ABS 中，为了获得汽车的横向、纵向加速度，在汽车的车身上安装了横向、纵向加速度传感器，如图 4-1-16 所示。

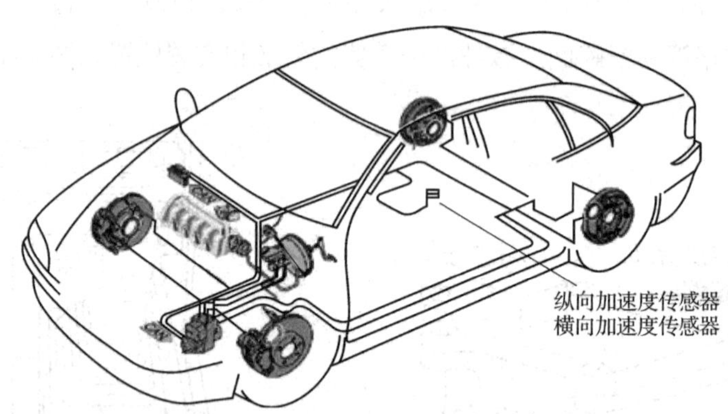

图 4-1-16　加速度传感器的安装位置

加速度传感器通常是利用耦合变压原理获得加速度信号的，其工作原理如图 4-1-17 所示，当汽车正常行驶时，线性可调节变压器的铁芯处于中间位置，在变压器二次绕组两端产生两个相位相反、大小相等的电压，此时变压器的输出电压为零；当汽车制动时，在惯性力的作用下，线性可调节变压器的铁芯移动，使变压器二次绕组一端的电压增大，另一端的电压减小，变压器输出电压不为零，此电压经解调电路处理后，发送给 ABS ECU。

加速度传感器中的加速度感受元件（线性可调节变压器）产生的惯性力与汽车的加速

度大小成正比，而方向相反。加速度感受元件产生的惯性力不同，其在线圈中所处的位置也不同，加速度传感器输出的电压信号也就不同。

3）压力差动开关。压力差动开关用来监测压力变化，并将压力的变化转化为电信号发送给ABS ECU，其在组合阀的安装位置如图 4–1–18 所示。若压力不正常，通过 ABS ECU 可以控制 ABS 故障指示灯闪烁，以提醒驾驶员 ABS 出现故障。

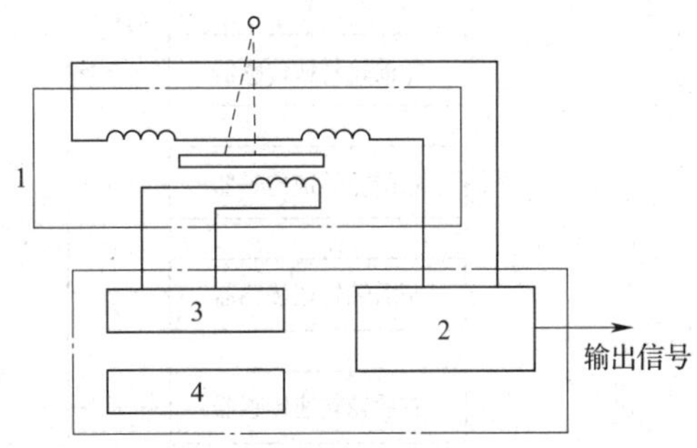

图 4–1–17　加速度传感器的工作原理
1—线性可调节变压器　2—解调电路
3—振荡电路　4—基础电路

图 4–1–18　压力差动开关在组合阀的安装位置

2. ABS 电子控制单元（ABS ECU）的结构和原理

ABS ECU 的作用是接收车轮转速传感器和其他相关传感器的信号，计算出车轮的转速，进而推算出车轮的减速度和滑移率，并对这些信号进行分析后，向制动压力调节器发出制动压力控制指令，防止车轮抱死。

如图 4–1–19 所示，ABS ECU 的基本输入信号是四个车轮转速传感器的信号，输出信号包括发送给制动压力调节器的控制信号、发送给 ABS 故障指示灯的信号和自诊断输出信号。

3. ABS 执行器——制动压力调节器的结构和原理

制动压力调节器的作用是在 ABS ECU 控制指令驱动下自动调节制动系统压力，以获得预期的控制效应。

当前液压式 ABS 广泛采用循环式制动压力调节器。循环式制动压力调节器的组成如

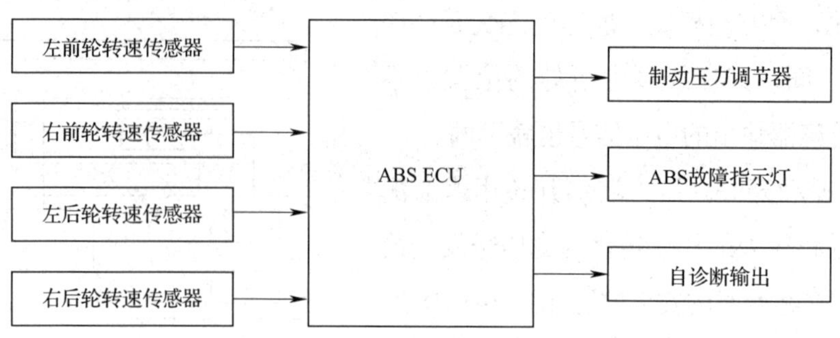

图 4–1–19　ABS ECU 的工作原理

图 4–1–7a 所示，其关键元件是具有三个通道（进液通道、出液通道和泄压旁通通道）的电磁阀，其中，进液通道与制动主缸连接，出液通道与制动轮缸连接，泄压旁通通道与储液器连接。

循环式制动压力调节器的基本原理：驾驶员踩下制动踏板对工作介质施加作用力，该作用力通过电磁阀传递至制动轮缸；电磁阀接收 ABS ECU 的控制指令，使衔铁按相应规律做径向运动，控制进液通道、泄压旁通通道的开、闭，即可切断压力传递路线或者减少工作介质的数量，实现制动压力自动调节。

采用循环式制动压力调节器的 ABS 制动压力控制过程包括三个工作阶段：增压、保压和减压。

（1）增压阶段

如图 4–1–20 所示，制动开始时，电磁阀动作，关闭泄压旁通通道，工作介质从制动主缸经电磁阀直接流向制动轮缸，此时系统按照常规制动系统的工作规律运行，制动压力正比于制动踏板作用力。

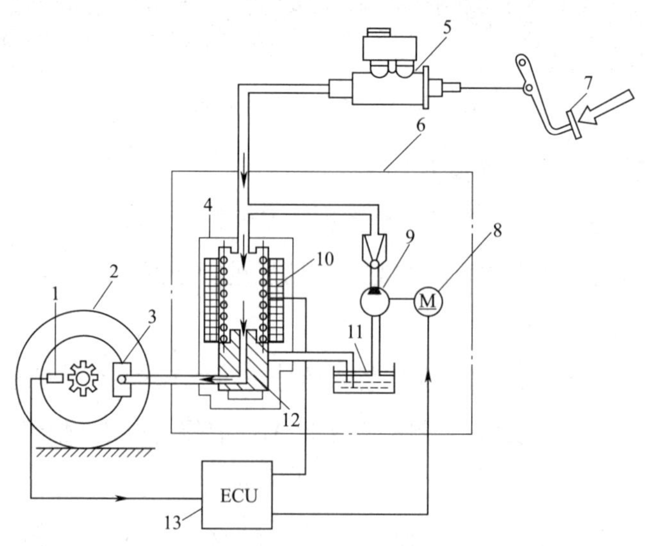

图 4–1–20　增压阶段

1—车轮转速传感器　2—车轮　3—制动轮缸　4—电磁阀　5—制动主缸　6—制动压力调节器
7—制动踏板　8—电动机　9—液压泵　10—线圈　11—储液器　12—柱塞　13—电子控制单元

（2）保压阶段

如图 4-1-21 所示，电磁阀接收 ABS ECU 的控制指令，使衔铁运动，关闭进液通道和泄压旁通通道。此时由于参与工作的介质数量保持不变，且制动踏板作用力无法传递至制动轮缸，因此制动压力保持恒定。

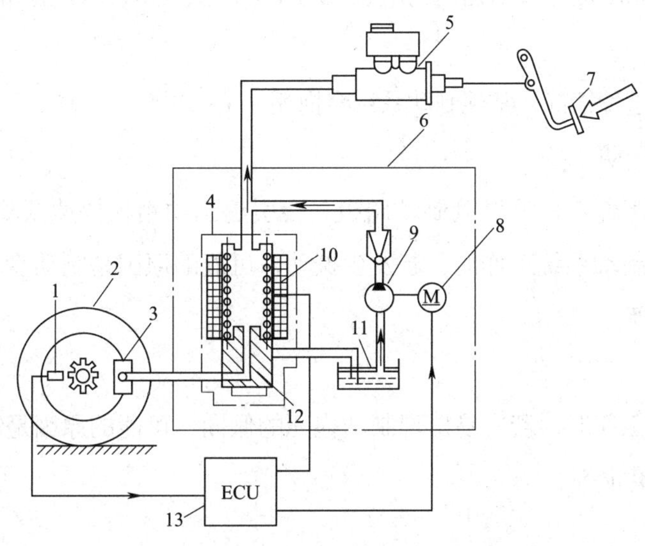

图 4-1-21 保压阶段

1—车轮转速传感器 2—车轮 3—制动轮缸 4—电磁阀 5—制动主缸 6—制动压力调节器 7—制动踏板 8—电动机 9—液压泵 10—线圈 11—储液器 12—柱塞 13—电子控制单元

（3）减压阶段

如图 4-1-22 所示，ABS ECU 控制指令使电磁阀进液通道关闭、泄压旁通通道开启，此时工作介质从制动轮缸经泄压旁通通道进入储液器，制动压力降低。

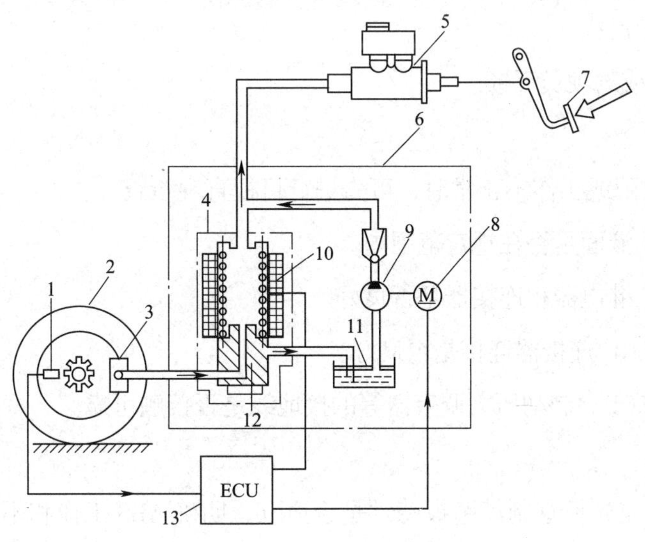

图 4-1-22 减压阶段

1—车轮转速传感器 2—车轮 3—制动轮缸 4—电磁阀 5—制动主缸 6—制动压力调节器 7—制动踏板 8—电动机 9—液压泵 10—线圈 11—储液器 12—柱塞 13—电子控制单元

四、汽车防抱死制动系统的检修

1. 正确区分ABS和常规制动系统

（1）噪声

ABS工作时，制动压力调节器内的电磁阀动作会产生噪声，这是正常现象，并非故障。

（2）制动抱死

ABS很少发生这种情况，常规制动系统会抱死。

（3）制动踏板振动

ABS工作时，工作液压回馈到制动踏板，会引起制动踏板快速振动，这是正常现象，并非故障；而常规制动系统工作时，若发生振动，可能的原因是制动盘不平、制动鼓失圆或者车轮轴承松动等。

（4）迟滞

常规制动系统工作时，若容易出现制动抱死的倾向，可能的原因是制动蹄片脏污，制动盘、制动鼓严重磨损等。

（5）拖曳

在附带巡航控制系统的ABS中，当电流流经巡航控制系统中的控制阀和液压泵时，可能会引发拖曳现象。

（6）制动踏板过硬

在整体式ABS中，制动踏板变硬说明ABS可能发生故障，如制动主缸、制动压力调节器不良或制动助力器无法蓄压等。

2. ABS的检修流程

（1）听取车主或驾驶员反馈。

（2）直观检查

在ABS出现故障或工作不正常时，可先进行目视直观检查。

1）检查制动液液面是否在规定范围内。

2）检查熔丝、继电器和连接器是否良好。

3）检查ABS ECU连接器连接是否良好。

4）检查ABS ECU、制动压力调节器等的接地线是否接触可靠。

（3）路试

进行路试前，应先检查制动踏板感觉是否适宜，明确ABS工作和不工作时的区别。测试时，应在不低于40 km/h的初速度下紧急制动，若感觉制动踏板有轻微的颤动，车轮抱死时间小于1 s，轮胎与地面基本上无拖痕，则说明ABS工作正常，否则说明ABS不起作用。

注意：无论是装备 ABS 的汽车，还是装备常规制动系统的汽车，其制动操作方法是相同的。但在紧急制动时，不要反复地踩下、松开制动踏板，应持续地踩在制动踏板上，ABS 就会自动进入工作状态，无须人工干预。而反复踩下、松开制动踏板，反而会使 ABS ECU 得不到正确信号，导致制动效果不良。

（4）读取故障码

如果 ABS ECU 发现 ABS 出现故障，一方面控制 ABS 故障指示灯点亮，使 ABS 停止工作，恢复常规制动系统，另一方面将故障码存入存储器中。可采取下列方法读取故障码：

1）使用故障诊断仪。

2）连接自诊断启动电路。

3）利用仪表板信息显示系统。

注意：故障排除后应清除故障码。

（5）快速检查

快速检查一般是在自诊断的基础上进行的，它是利用故障诊断仪、接线端子盒或万用表等，对 ABS 中可能的故障部位的电路和元器件进行连续测试，以查找故障。

3. ABS 的检修注意事项

（1）ABS 与常规制动系统是不可分割的。如果制动系统出现故障，通常应先判断是 ABS 的故障还是常规制动系统的故障。

（2）在对制动系统中的液压装置进行维修之前，应先泄压，使制动液完全释放。释放制动液时，首先将点火开关断开，然后反复踩下、松开制动踏板（至少 25 次以上），直到踩下制动踏板感觉很硬时为止。

（3）液压制动系统维修后，或者在使用过程中踩下制动踏板感觉变软时，应排出制动系统中的空气。

（4）车轮转速传感器维修时要十分细心，拆卸时不要碰撞、敲击传感头；有的车轮转速传感器间隙不可调，有的可调，调整时应使用非磁性塞尺或纸片。

课题小结

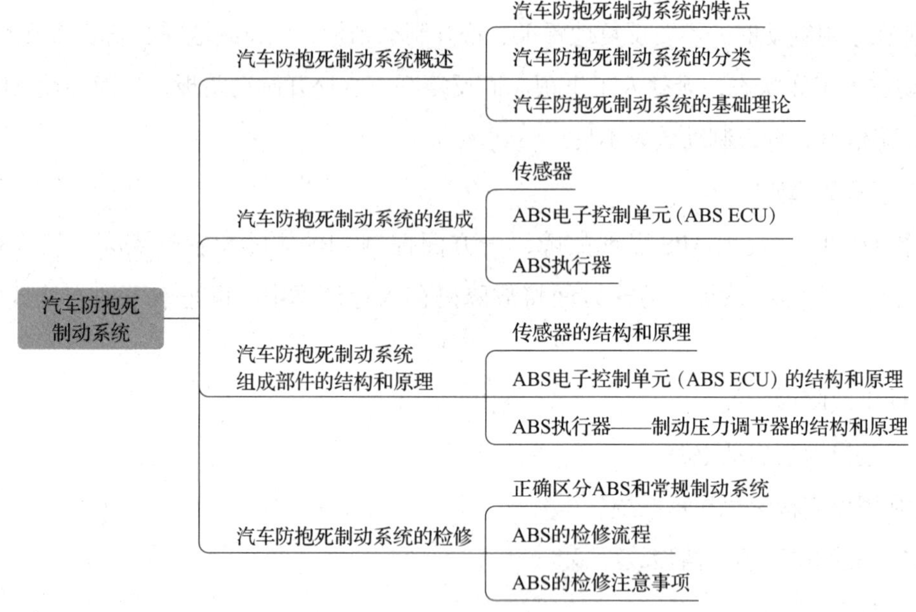

课题2　汽车驱动防滑系统

学习目标

1. 了解汽车驱动防滑系统的作用和特点。
2. 熟悉汽车驱动防滑系统的组成。
3. 了解汽车驱动防滑系统的控制方式。
4. 熟悉汽车驱动防滑系统组成部件的工作原理。
5. 掌握汽车驱动防滑系统的检修方法。

一、汽车驱动防滑系统的作用和特点

1. 汽车驱动防滑系统的作用

汽车驱动防滑系统（ASR）是汽车防抱死制动系统（ABS）的延伸和扩展。汽车行驶过程中，不仅要求制动安全、高效和稳定，而且要求汽车在加（减）速、转向状态下仍然具备行驶时的方向稳定性与可操纵性。ASR 的作用就是防止汽车在起步、加速时和在湿滑路面行驶时的驱动轮滑转。汽车行驶时，接通驱动防滑系统控制开关（见图 4-2-1），电子控制单元便对驱动轮进行控制，防止汽车加（减）速或转向过程中出现车轮滑移率增大，进而丧失纵、横向稳定性和操纵性的现象，保证行驶安全。

图 4-2-1　驱动防滑系统控制开关

2. 汽车驱动防滑系统的优点

（1）在汽车起步、行驶过程中提供最佳驱动力，提高汽车的动力性，特别是在附着系数较小的路面上，起步加速能力和爬坡能力良好。

（2）能保持汽车的方向稳定性和前轮驱动汽车的转向控制能力。

（3）减少轮胎磨损，降低发动机油耗。

（4）ASR 工作时，仪表板上的 ASR 指示灯或蜂鸣器起作用，能提醒驾驶员此时汽车正在易滑路面上行驶。

3. ABS 与 ASR 的比较

ABS 在汽车制动时调节制动系统压力，以获得尽可能高的减速度，使驱动轮的驱动力接近轮胎与路面之间的最大附着力，使车轮滑移率保持在 15% ~ 25% 范围内，从而提高制动减速度并缩短制动距离，能有效地提高制动时汽车的操纵性和方向稳定性。

ASR 在汽车驱动加速时发挥作用，以获得尽可能高的加速度，使驱动轮的驱动力不超过轮胎与路面之间的附着力，以防止车轮滑转，从而改善汽车的操纵稳定性和加速性能，提高汽车的行驶平稳性。与 ABS 不同的是，ASR 在整个汽车行驶过程中均起作用，特别是在湿滑路面行驶时，驱动轮防滑性能更佳，如图 4-2-2 所示。

ABS 和 ASR 均以改善汽车行驶稳定性为前提，以控制车轮运动状态为目标。ABS 使车轮转速不为零，防止车轮抱死滑移，一般在车速很低（小于 8 km/h）时不起作用。ASR 使车轮中心平移速度即车速不为零，防止车轮滑转，一般在车速很高（大于 80 km/h）时不起作用。

图 4–2–2　在湿滑路面体验驱动防滑系统

二、汽车驱动防滑系统的组成

汽车驱动防滑系统主要由传感器、电子控制单元、ASR 执行器、驱动轮制动器等组成，有些部件与 ABS 共用，典型 ABS/ASR 的组成示意图如图 4–2–3 所示。

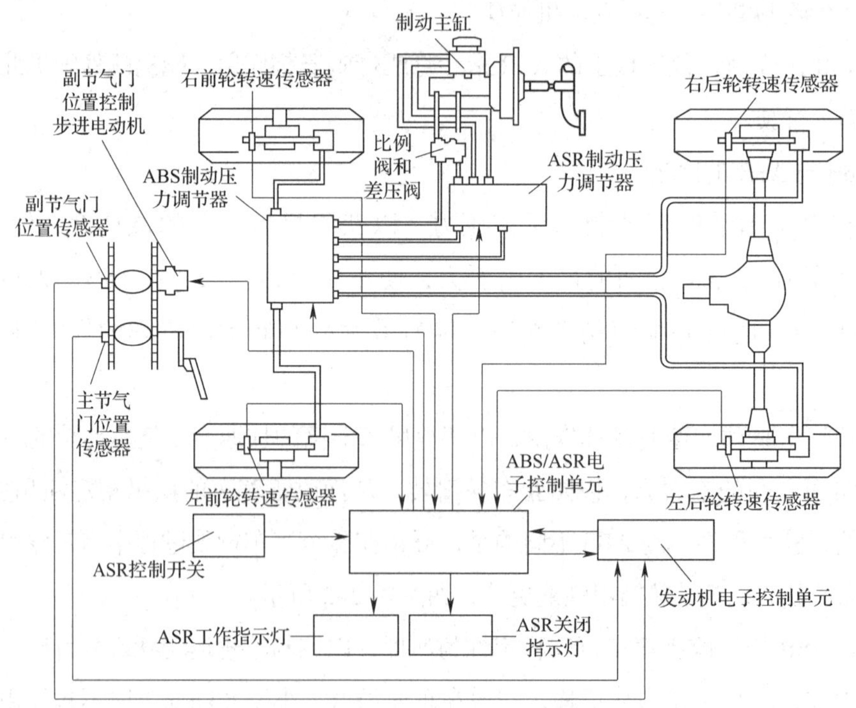

图 4–2–3　典型 ABS/ASR 的组成示意图

1. 传感器

ASR 的传感器主要包括车轮转速传感器和节气门位置传感器。一般 ASR 与 ABS 共用车轮转速传感器，ASR与发动机电子控制系统共用节气门位置传感器。

2. 电子控制单元

ASR的电子控制单元与ABS的电子控制单元相似，都是以微处理器为核心，配以输入、输出电路和电源等组成。ABS和ASR的一些信号输入与处理是相同的，为减少电子器件的数量，提高结构的紧凑性，通常将两者结合起来，组成一个整体。

3. ASR执行器

ASR的执行器主要是ASR制动压力调节器和副节气门位置控制步进电动机。ASR制动压力调节器根据ABS/ASR电子控制单元发送来的信号，为ABS制动压力调节器提供液压；副节气门位置控制步进电动机根据电子控制单元发送来的信号控制副节气门的开度。

三、汽车驱动防滑系统的控制方式

保持驱动轮始终处于最佳滑移率范围的驱动防滑控制方式包括发动机输出转矩控制、驱动轮制动力矩控制、差速器锁止控制、离合器或变速器控制等。这些控制方式均可以使驱动轮上的驱动力矩得到调整。

1. 发动机输出转矩控制

（1）汽油发动机

汽油发动机控制输出转矩是指利用电子控制单元发出指令，分别进行点火参数、燃油供给量和节气门开度的调节。

1）点火参数的调节。减小点火提前角可以减小发动机输出转矩，这是比较迅速的驱动防滑控制方式，反应时间为30~100 ms。

2）燃油供给量的调节。减少或暂停供油可以减小发动机输出转矩，这是比较容易的驱动防滑控制方式。

3）节气门开度的调节。在原节气门通道的基础上，串联一个副节气门，由传动机构控制其开度，以调节发动机输出转矩。这种控制方式工作平稳，反应较慢，需要与其他控制方式配合使用。

（2）柴油发动机

柴油发动机通常是通过调节器调节喷油泵的喷油量来控制输出转矩的，主要有两种方法，一种是采用气缸驱动控制方式自动调节供油量，另一种是采用电动机控制方式自动调节供油量。

发动机输出转矩控制是应用最早的驱动防滑控制方式，在附着系数较小的冰雪路面上或高速下制动时，该控制方式十分有效。

2. 驱动轮制动力矩控制

驱动轮制动力矩控制是指利用制动器对发生滑转的驱动轮施加制动力矩，直接对滑转的车轮进行制动，使车轮转速降至最佳滑移率范围内。驱动轮制动力矩控制响应时间短，是防止滑转最迅速的控制方式。

驱动轮制动力矩控制方式的防滑控制迅速，在驱动轮滑移率增大到超过限制值时，便施加制动力，使驱动轮转速下降，随后减小制动系统压力，直到滑移率接近零，获得充分的驱动力。

在附着系数较小的路面制动时，车轮转速对压力十分敏感，制动力不能太大，驱动轮制动力矩控制方式的制动系统压力比 ABS 要小。在高速下制动时也不宜使用驱动轮制动力矩控制方式，以免制动器过热。通常驱动轮制动力矩控制与发动机输出转矩控制联合使用，以达到制动力矩和发动机输出转矩之间的平衡，保证行驶稳定。

3. 差速器锁止控制

若轮胎两侧附着系数差别较大，当附着系数较小一侧驱动轮发生滑转时，电子控制单元锁止差速器，使附着系数较大一侧驱动轮的驱动力得以充分发挥。

4. 离合器或变速器控制

离合器控制是指当驱动轮发生过度滑转时，降低离合器的接合程度，使离合器压盘和离合器片之间出现部分滑转，从而减小输出到半轴的发动机输出转矩。变速器控制是指通过改变传动比来改变传递到驱动轮的驱动力矩，以减小驱动轮的滑转程度。

由于离合器或变速器控制反应比较慢，变速器控制的变化过于突然，因此一般不作为单独的控制方式，而且由于压力和磨损等问题，离合器或变速器控制的应用也受到一定限制。

综上所述，以上各种控制方式都存在不同的局限性，因此一般不单独采用一种控制方式，而是组合应用。现在广泛采用的驱动防滑控制方式是发动机节气门开度调节和驱动轮制动力矩控制的组合方式。

四、汽车驱动防滑系统组成部件的工作原理

1. 传感器的工作原理

车轮转速传感器主要用于检测车轮转速，并将信号发送给 ABS/ASR 电子控制单元。

主、副节气门位置传感器用于检测主、副节气门的开度，并将这些信号发送给发动机电子控制单元。

2. 电子控制单元的工作原理

ASR 的电子控制单元可根据车轮转速传感器的信号和发动机电子控制单元中的节气门开度信号判断汽车行驶条件后，对副节气门位置控制步进电动机、ASR 制动压力调节器发出指令，使其完成对发动机供油系统或点火时刻的控制和对制动系统压力的调节。

3. ASR 执行器——ASR 制动压力调节器的工作原理

（1）ASR 制动压力调节器的组成

ASR 制动压力调节器由液压泵和液压制动执行器等组成。液压泵用于产生液压，液压

制动执行器用于将液压泵传输来的液压传递给车轮制动轮缸，并从制动轮缸中释放液压。左、右驱动轮制动轮缸中的液压由 ABS 制动压力调节器的电磁阀根据从 ABS/ASR 电子控制单元发送来的信号分别进行控制。

1）液压泵。液压泵（见图 4–2–4）由泵体和蓄压器等组成。其中，泵体结构为柱塞式，由电动机驱动，其作用是从制动主缸储液器中抽取制动液，经压缩升压后，送回蓄压器。蓄压器用于储存加压后的制动液，同时在 ASR 工作时向制动轮缸提供制动液。此外，蓄压器中填充着高压氮气，当制动液体积发生变化时，能起到缓冲作用。

2）液压制动执行器。液压制动执行器（见图 4–2–5）由储液器切断电磁阀、蓄压器切断电磁阀、制动主缸切断电磁阀和压力开关或压力传感器等组成。

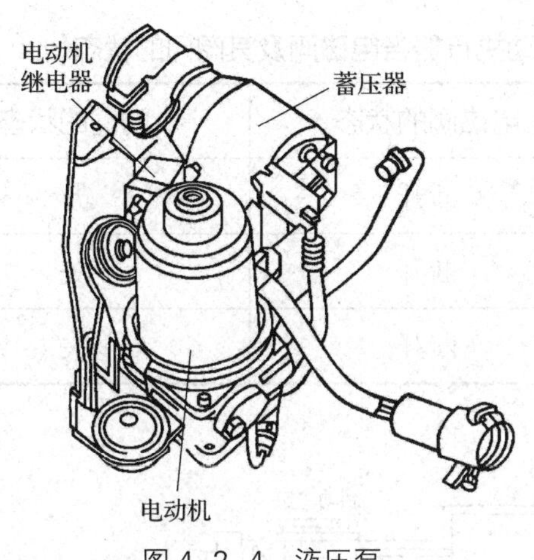

图 4–2–4　液压泵

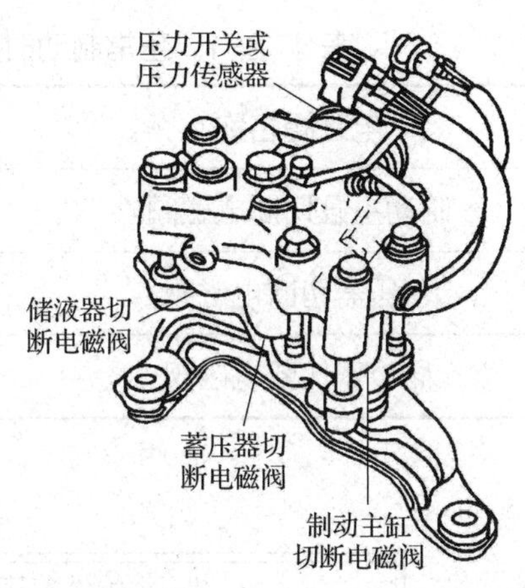

图 4–2–5　液压制动执行器

储液器切断电磁阀不工作时，处于常闭状态，即电磁阀断开时，阀门呈关闭状态。当 ASR 工作时，阀门打开，将制动轮缸中的制动液送回制动主缸。

蓄压器切断电磁阀不工作时，也处于常闭状态。当 ASR 工作时，阀门打开，将制动液从蓄压器送到制动轮缸。

制动主缸切断电磁阀不工作时，处于常开状态，即电磁阀断开时，阀门呈打开状态。通电后，阀门关闭，防止蓄压器的制动液压传递到制动轮缸后，制动液流回制动主缸。

压力开关或压力传感器用于调节蓄压器的压力，并将相关信息发送给 ABS/ASR 电子控制单元，电子控制单元再根据这些信息控制液压泵的运转。压力开关或压力传感器的安装位置如图 4–2–6 所示。

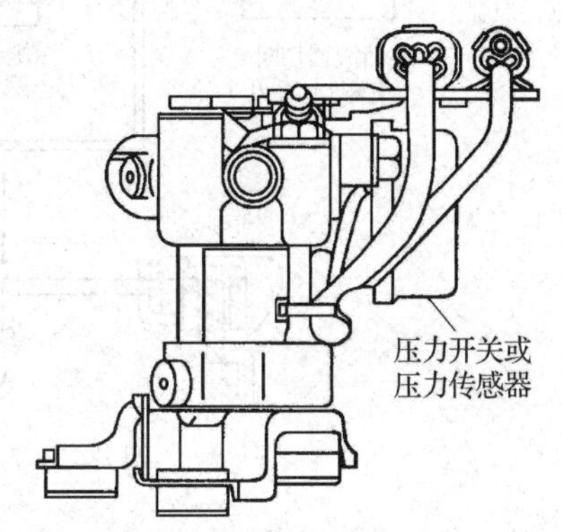

图 4–2–6　压力开关或压力传感器的安装位置

通常左座驾驶车型采用压力开关，当液压高于 13.4 kPa 时，开关断开；液压低于 9.32 kPa 时，开关接通。右座驾驶车型采用压力传感器，以晶体管作为开关，当液压高于 12.75 kPa 时，晶体管导通；当液压低于 8.63 kPa 时，晶体管截止。

（2）ASR 制动压力调节器的工作原理

正常制动时，ASR 不起作用，液压制动执行器的所有电磁阀处于断开状态，但不影响 ABS 的正常工作，此时液压制动执行器各电磁阀及其阀门的状态见表 4-2-1。如果车轮出现抱死现象，则 ABS 起作用，通过制动主缸切断电磁阀和 ABS 制动压力调节器的电磁阀对车轮制动压力进行调节，如图 4-2-7 所示。踩下制动踏板，制动主缸中产生的制动液压通过制动主缸切断电磁阀和 ABS 制动压力调节器的电磁阀对制动轮缸起作用；松开制动踏板，制动液从制动轮缸流回制动主缸。

表 4-2-1　正常制动时液压制动执行器各电磁阀及其阀门的状态

电磁阀名称	电磁阀的状态	阀门的状态
制动主缸切断电磁阀	断开	开
蓄压器切断电磁阀	断开	关
储液器切断电磁阀	断开	关

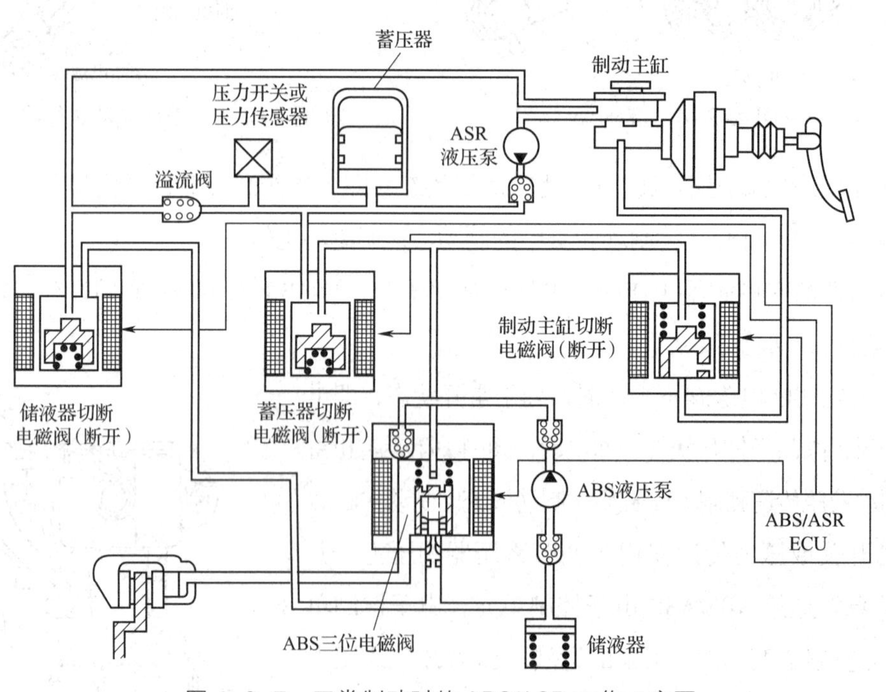

图 4-2-7　正常制动时的 ABS/ASR 工作示意图

当驱动轮出现滑转时，ABS 和 ASR 同时起作用，ABS 制动压力调节器的电磁阀处于加压状态，ASR 液压制动执行器的所有电磁阀全部接通，即制动主缸切断电磁阀接通，其阀门关闭，蓄压器切断电磁阀接通，其阀门打开。蓄压器内被加压的制动液通过蓄压器切断电磁阀和 ABS 制动压力调节器的电磁阀进入制动轮缸，增大制动压力。

当需要保持驱动轮的制动压力时，ASR 正常工作，ABS/ASR 电子控制单元使 ABS 制动压力调节器的电磁阀处于保压状态，控制蓄压器内高压制动液的进出，使驱动轮制动压力保持不变。

当需要减小驱动轮的制动压力时，ASR 正常工作，ABS/ASR 电子控制单元使 ABS 制动压力调节器的电磁阀处于减压状态，驱动轮制动轮缸中的制动液通过 ABS 制动压力调节器的电磁阀和储液器切断电磁阀流回制动主缸的储液器中，使驱动轮制动压力减小。

五、汽车驱动防滑系统的检修

1. 典型汽车驱动防滑系统的认知

以丰田卡罗拉轿车为例，其驱动防滑系统的组成如图 4–2–8 所示，主要由车轮转速传感器、转向力矩传感器、制动执行器总成、带电动机的节气门体总成、制动液液位警报灯开关、驻车制动开关总成、制动灯开关总成、VSC OFF 开关、带各种警报指示灯的仪表板总成和电子控制单元等组成。

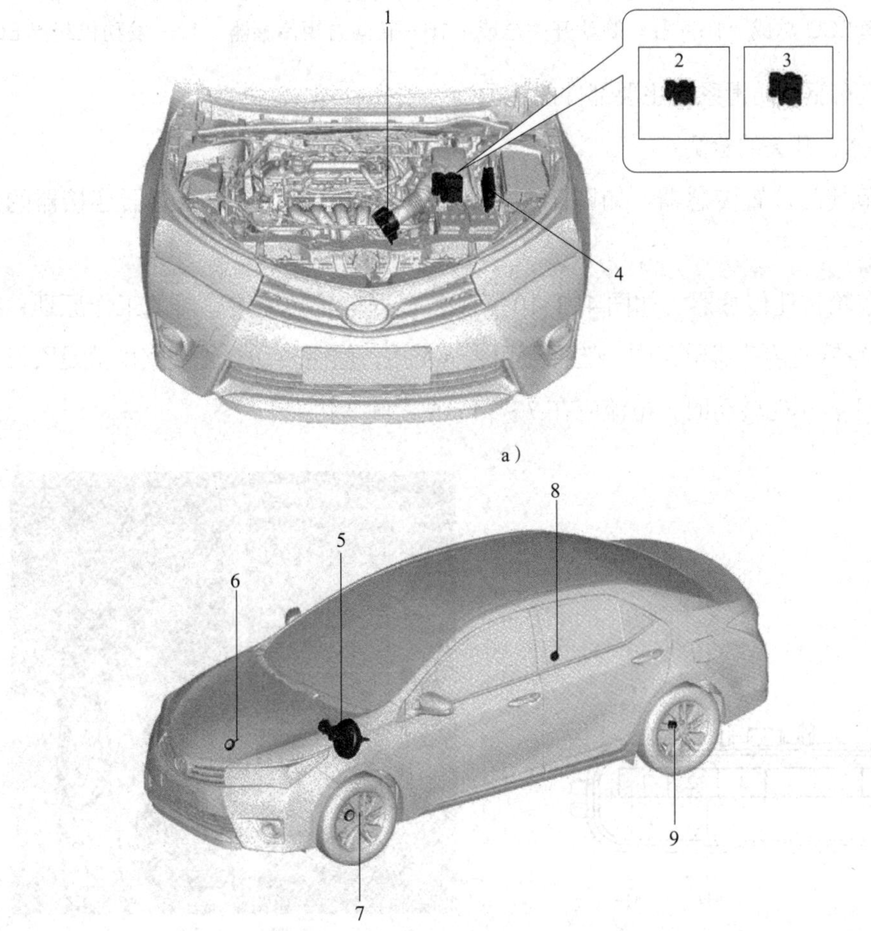

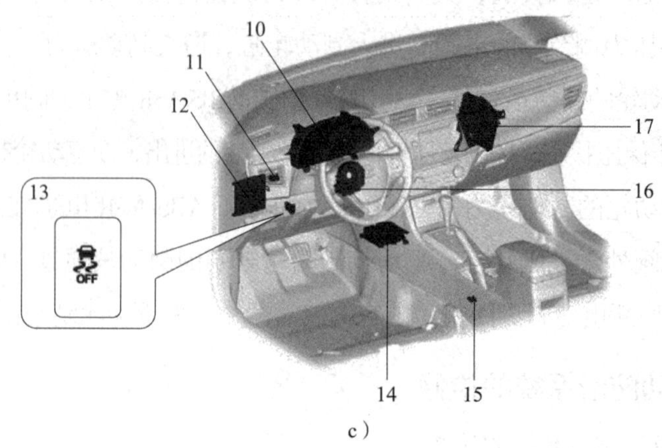

c）

图 4–2–8　丰田卡罗拉轿车驱动防滑系统的组成

a）元件布置图 1　b）元件布置图 2　c）元件布置图 3

1—带电动机的节气门体总成　2—制动执行器总成　3—防滑控制 ECU
4—ECM（发动机电子控制单元）5—制动液液位警报灯开关　6—右前轮转速传感器
7—左前轮转速传感器　8—右后轮转速传感器　9—左后轮转速传感器　10—仪表板总成
11—制动灯开关总成　12—主车身 ECU（多路网络车身 ECU）13—VSC OFF 开关
14—安全气囊 ECU 总成　15—驻车制动开关总成　16—转向力矩传感器　17—发动机起停 ECU

2. 典型汽车驱动防滑系统主要部件的检测

（1）传感器、开关的检测

1）检测节气门位置传感器。如图 4–2–9 所示，检测节气门位置传感器连接器的工作情况。

2）检测车轮转速传感器。如图 4–2–10 所示，根据车轮转速传感器的工作原理，将万用表串联在车轮转速传感器电路中，选择万用表 mA 挡，然后转动车轮观察电流是否发生变化。正常情况下，车轮转动时，电流应在 7 ~ 14 mA 之间变化。

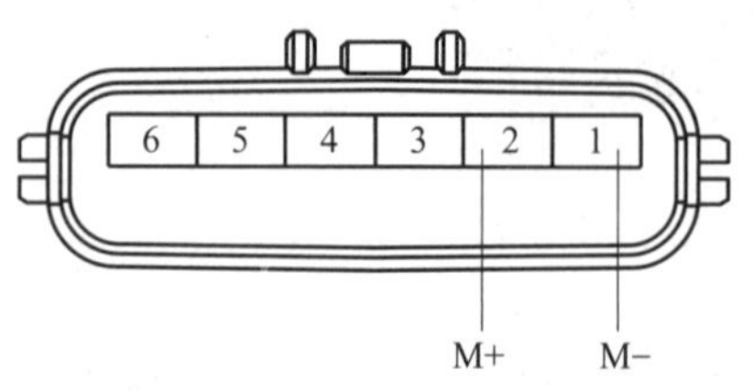

图 4–2–9　节气门位置传感器的检测

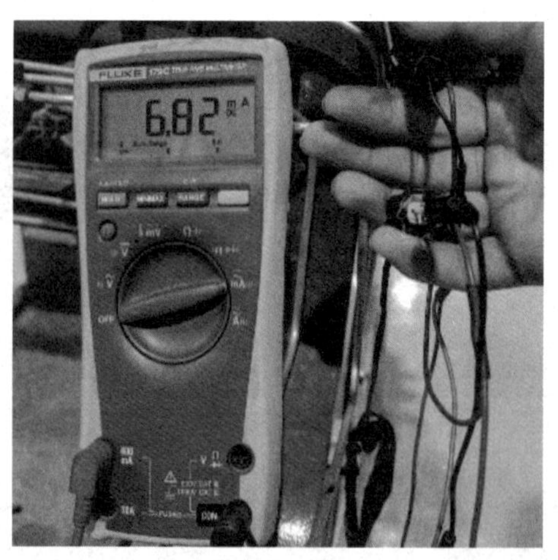

图 4–2–10　车轮转速传感器的检测

3）检测 VSC OFF 开关。如图 4-2-11 所示，检测 VSC OFF 开关接通和断开时，3 号端子与 6 号端子间的连通性。正常情况下，接通开关时，电阻应小于 1 Ω；断开开关时，电阻应为无穷大。

4）检测制动灯开关总成。断开制动灯开关总成连接器，如图 4-2-12 所示，使用万用表电压挡测量连接器 1 号端子与 5 号端子之间的电压，当点火开关处于 ON 位置时，电压应始终处于 11～14 V；再使用万用表欧姆挡测量 3 号搭铁端子与负极之间的电阻，正常应小于 1 Ω。

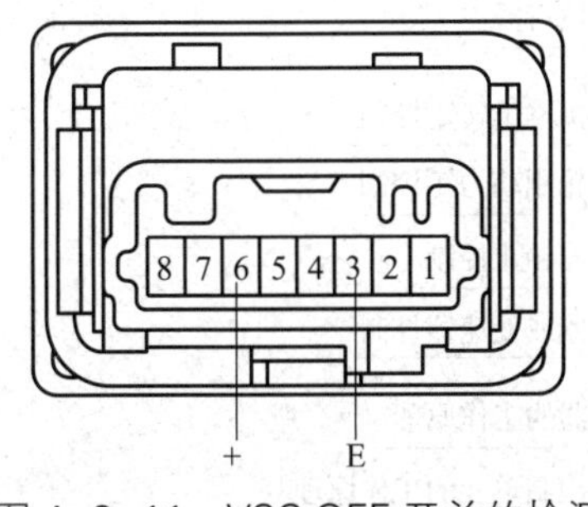

图 4-2-11　VSC OFF 开关的检测

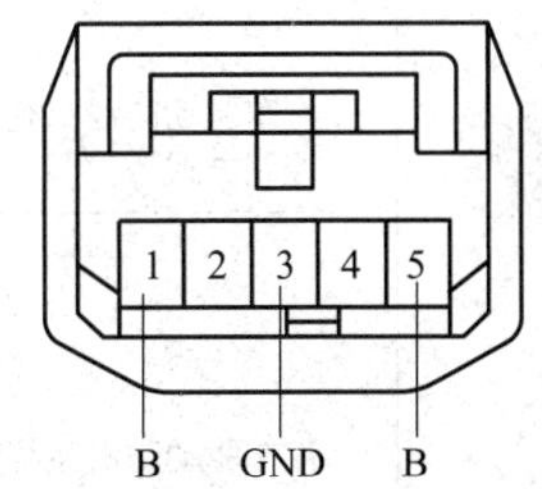

图 4-2-12　制动灯开关总成的检测

（2）ASR 执行器的检测

1）检测制动执行器总成。取下制动执行器总成线束连接器，如图 4-2-13 所示，使用万用表电压挡分别测量连接器 1 号、25 号端子与 28 号端子之间的电压，当点火开关处于 ON 位置时，电压应始终处于 11～14　V；再使用万用表欧姆挡分别测量 13 号、38 号端子与负极之间的电阻，正常应小于 1 Ω。

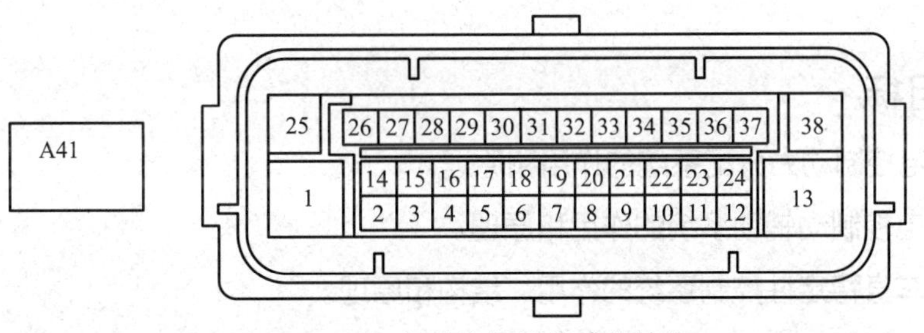

图 4-2-13　制动执行器总成的检测

2）检测节气门体总成电动机。如图 4-2-14 所示，检测节气门位置传感器连接器各端子之间的电阻和连通性，正常状态下，电阻应为 5 Ω 左右。

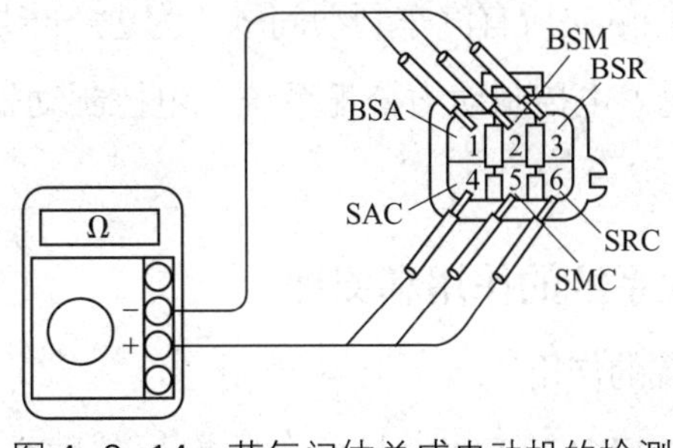

图 4-2-14　节气门体总成电动机的检测

课题小结

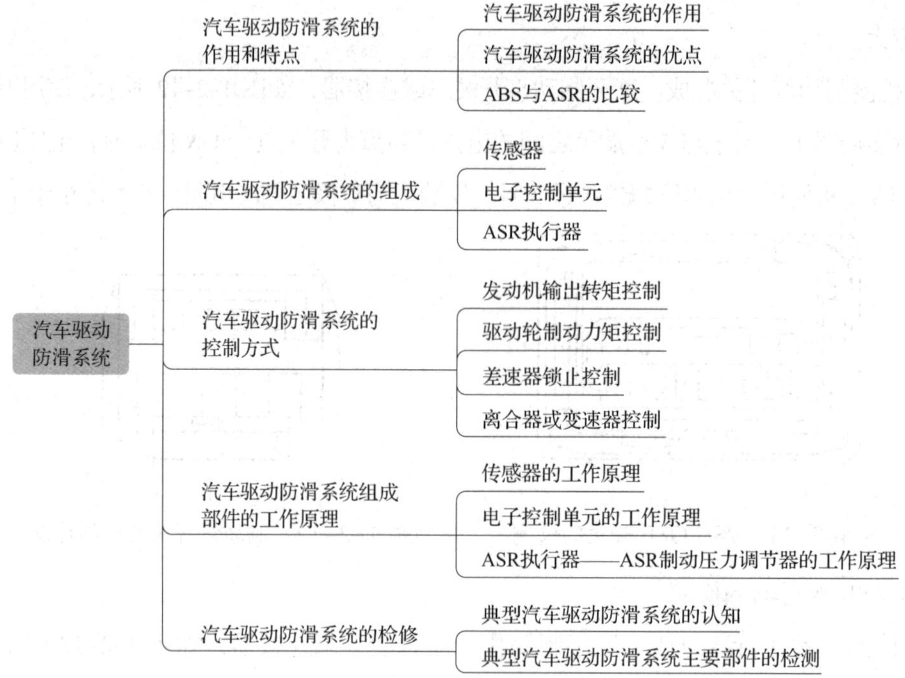

课题3　其他制动辅助电子控制系统

学习目标

1. 熟悉电控制动力分配系统的作用和原理。
2. 熟悉电控制动辅助系统的作用和原理。
3. 熟悉车身稳定性控制系统的作用、结构和原理。
4. 了解汽车制动控制新技术。
5. 掌握车身稳定性控制系统的使用与检修方法。

装备 ABS 和 ASR 并不能解决所有汽车制动问题，为进一步提高制动效能，确保制动时的方向稳定性，于是又出现了电控制动力分配系统、电控制动辅助系统和车身稳定性控制系统等制动辅助电子控制系统。

一、电控制动力分配系统的作用和原理

1. 电控制动力分配系统的作用

电控制动力分配系统（EBD 或 EBS）是汽车防抱死制动系统（ABS）的辅助和补充，

在 ABS 的基础上增加限压阀、比例继动阀、桥控调节阀等部件，并编制相应的软件程序，以实现制动力分配的最佳控制，从而缩短制动距离（见图 4–3–1），提高制动时的方向稳定性。

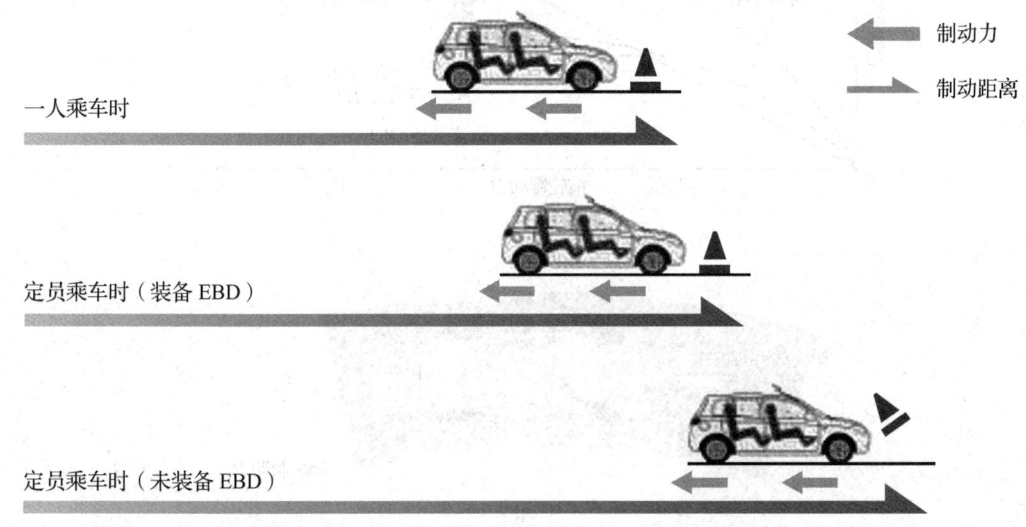

图 4–3–1 电控制动力分配系统对制动距离的影响

2. 电控制动力分配原理

对于前、后轮制动器制动力具有固定比值的制动系统，其实际制动力分配曲线与理想的制动力分配曲线相差很大，制动效能较低，前轮可能因抱死而丧失转向控制能力，后轮也可能出现甩尾现象。为了防止发生上述危险，现代汽车普遍采用电控制动力分配程序，根据制动减速度（由车轮转速传感器提供的速度变化率求得）和车轮载荷变化（紧急制动时，汽车轴荷向前移动），自动改变前、后轮制动力的分配比例。

实际制动力分配曲线是兼顾制动稳定性和最短制动距离并优先考虑制动稳定性的原则进行控制的。汽车制动时，电控制动力分配系统将根据前、后轮载荷的变化和车轮抱死情况，利用制动压力调节器来调节前、后轮制动器的制动力。前、后轮制动力的分配情况如图 4–3–2a 所示，图中阴影范围为前、后轮制动力的可调范围。由图中阴影部分可知，装备电控制动力分配系统时，后轮制动力的大小可在轻载与满载分配曲线之间进行调节，随着前轮制动力的增大，后轮制动力明显增大。此外，当汽车在弯道行驶时，电子控制单元还可以根据转向盘转角传感器的信号，对左、右轮制动力的分配进行调节，如图 4–3–2b 所示，图中箭头长短表示制动力的大小，为保证汽车在弯道行驶时制动的稳定性，电子控制单元分配给外侧车轮的制动力明显大于内侧车轮的制动力，从而保证汽车沿弯道稳定行驶。

a）

b）

图 4-3-2　制动力分配控制

a）前、后轮制动力的分配情况　b）左、右轮制动力的分配情况

二、电控制动辅助系统的作用和原理

电控制动辅助系统（EBA）是在汽车防抱死制动系统（ABS）的基础上，增加制动踏板行程传感器和制动压力传感器，并在 ABS ECU 中增加制动力调节程序（称为 ABS/EBA ECU）而构成的。

1. 电控制动辅助系统的作用

电控制动辅助系统的作用是根据制动踏板行程传感器和制动压力传感器的信号，判断作用于制动踏板的速度和力量，增大汽车紧急制动时的制动力，从而缩短制动距离。

制动踏板行程传感器用于检测驾驶员操作制动踏板的速度，制动压力传感器用于检测制动压力的高低，ECU 根据制动踏板的速度信号和制动压力信号来计算和判断本次制动属于常规制动还是紧急制动，并向 ABS 制动压力调节器的电磁阀发送不同占空比的控制脉冲信号，以调节制动力的大小。

2. 电控制动辅助控制原理

在汽车紧急制动时，由于驾驶技术水平和精神紧张等原因，有的驾驶员不能使车轮制动器产生足够的制动力。

装备电控制动辅助系统后，ECU 根据制动踏板行程传感器和制动压力传感器的信号，计算确定驾驶员踩下制动踏板的速度和力量，从而判断本次制动属于常规制动还是紧急制动。当 ECU 判断为紧急制动时，即使驾驶员踩下制动踏板的力量很弱，ECU 也能自动控制 ABS 制动压力调节器使车轮制动器产生较大的制动力（见图 4–3–3），从而缩短制动距离（见图 4–3–4）。

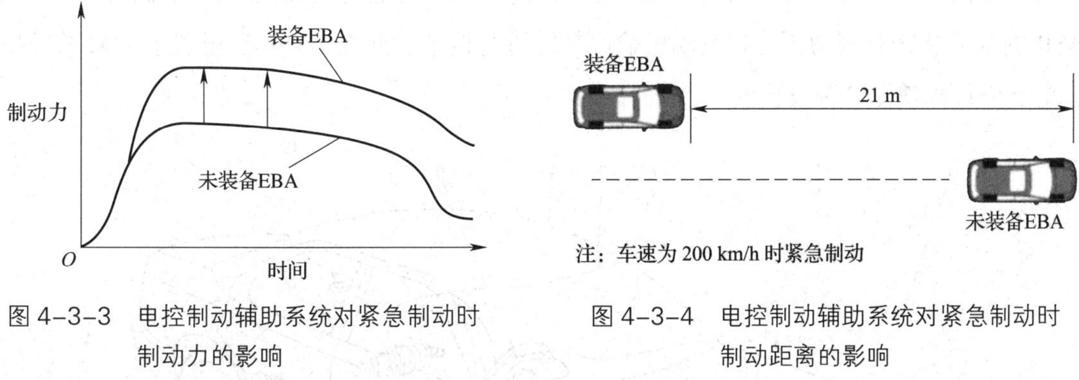

图 4–3–3　电控制动辅助系统对紧急制动时制动力的影响

图 4–3–4　电控制动辅助系统对紧急制动时制动距离的影响

三、车身稳定性控制系统的作用、结构和原理

车身稳定性控制系统（VSC）又称为电子稳定程序（ESP）控制系统，其作用是当汽车在湿滑、多变的路面上行驶或转向过快，导致车轮受到侧向力的作用而发生侧滑时，自动调节各车轮的驱动力和制动力，确保车辆行驶稳定，如图 4–3–5 所示。

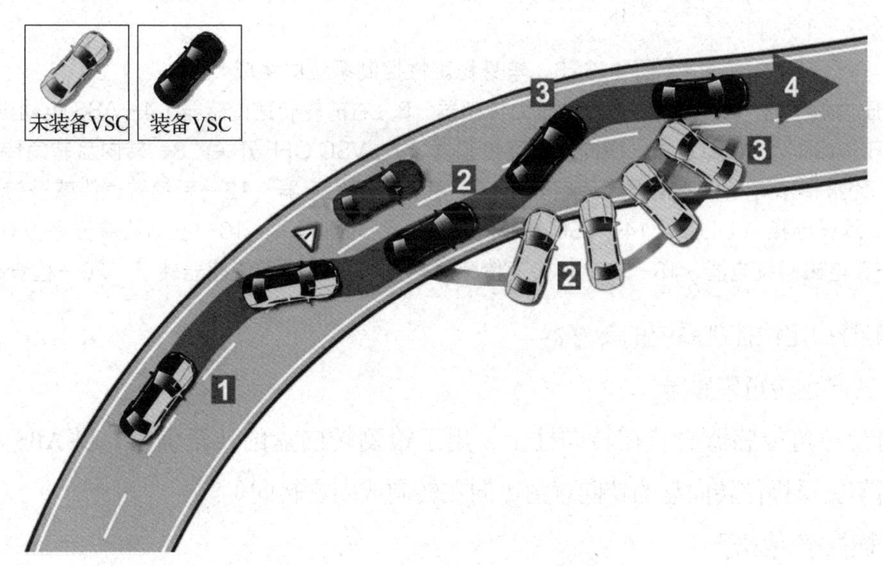

图 4–3–5　车身稳定性控制系统的作用

车身稳定性控制系统主要由传感器、电子控制单元（VSC ECU）和执行器三部分组成，如图 4–3–6 所示。由于 VSC 是 ABS 和 ASR 的完善和补充，因此，VSC 的大部分控制部件都可以与 ABS 和 ASR 共用。为了实现防止车轮侧滑的功能，VSC 在 ABS 和 ASR 的基础上，传感器部分增加了用于检测汽车状态的横摆率传感器、转向盘转角传感器、横向加速度传

感器和检测制动压力的制动压力传感器。电子控制单元（VSC ECU）需要增强运算能力，增加了相应的信号处理电路、驱动放大电路和软件程序等。VSC ECU 一般与 ABS/ASR ECU 组合为一体，称为 ABS/ASR/VSC ECU。执行器部分既可以像 ABS 和 ASR 那样单独设置制动压力调节器和发动机输出转矩调节器，也可以对液压通道进行适当改进，直接利用 ABS 和 ASR 的调节装置对制动压力和发动机输出转矩进行调节。此外，VSC 还设置了 VSC 故障指示灯、VSC 蜂鸣器等警报装置。

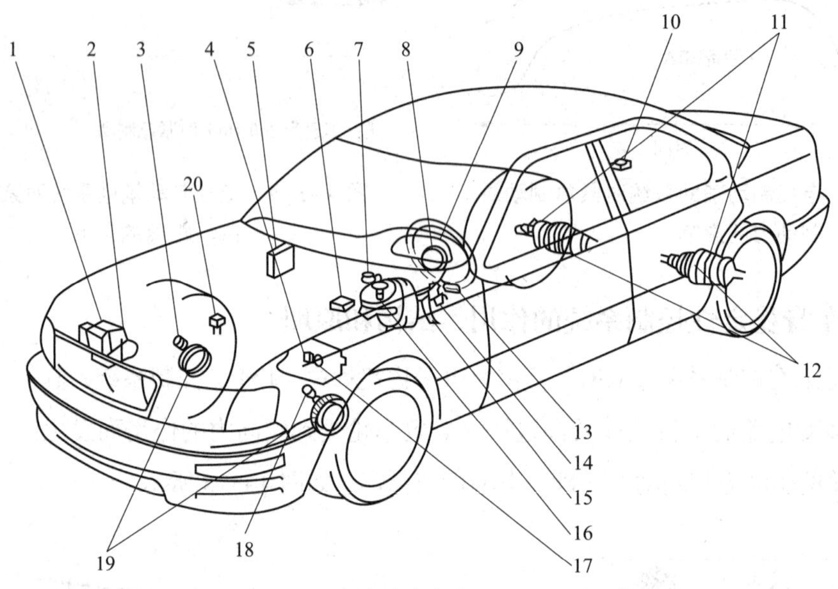

图 4-3-6　车身稳定性控制系统的组成

1—制动压力调节器　2—制动主缸制动压力传感器　3—右前轮转速传感器　4—ABS 电动机继电器　5—ABS/ASR/VSC ECU　6—横向加速度传感器　7—VSC OFF 开关　8—转向盘转角传感器　9—警报指示灯　10—横摆率传感器　11—后轮转速传感器　12—后轮转速传感器转子　13—故障诊断接口 DLC3　14—VSC 蜂鸣器　15—制动灯开关　16—制动液液位警报灯开关　17—ABS 电磁阀继电器　18—左前轮转速传感器　19—前轮转速传感器转子　20—检查连接器

1. 车身稳定性控制系统的传感器

（1）转向盘转角传感器

转向盘转角传感器安装在转向柱上，用于检测转向盘的转角信号，供 ABS/ASR/VSC ECU 判断驾驶员操作转向盘的转向意图（向左转向或向右转向）。

（2）横摆率传感器

横摆率传感器又称为偏航率传感器，安装在行李舱内后轴上部中央位置，并与汽车车身中心垂直轴线平行，用于检测后轴绕车身中心垂直轴线旋转的角速度（横摆率）信号。横摆率传感器是反映后轮是否发生侧滑的关键部件。当横摆率传感器有信号输入 ABS/ASR/VSC ECU 时，说明后轮出现侧滑现象。一般横摆率传感器的信号为正时表示后轮向右侧滑，横摆率传感器的信号为负时表示后轮向左侧滑。

（3）横向加速度传感器

横向加速度传感器的功能与横摆率传感器的功能相同。横向加速度传感器安装在汽车重心上部中央位置的地板下方，用于检测前轴的横向加速度信号，供 ABS/ASR/VSC ECU 判断车身状态以及前轮是否发生侧滑。

（4）车轮转速传感器

车轮转速传感器安装在每个车轮上，用于检测车轮转速，供 ABS/ASR/VSC ECU 计算车轮滑移率和滑转率并采取相应的控制措施。

（5）制动压力传感器

制动压力传感器安装在制动压力调节器的上部，用于检测制动主缸的制动压力，ABS/ASR/VSC ECU 根据制动压力的高低向制动压力调节器的电磁阀发送不同占空比的控制脉冲信号，以调节车轮制动力的大小。

（6）节气门位置传感器

节气门位置传感器安装在节气门体上，用于检测驾驶员操纵加速踏板的速度和力量以及由 VSC 执行器调节发动机输出转矩时的节气门开度。

2. 车身稳定性控制系统的执行器

（1）制动压力调节器

车身稳定性控制系统一般都直接利用 ABS 制动压力调节器来调节制动力。某些车型将 ABS 制动压力调节器、ASR 制动压力调节器和 VSC 制动压力调节器组合成一体，安装在发动机舱内右前侧。当汽车制动减速使车轮发生滑移时，制动压力调节器执行 ABS 功能；当车轮发生滑转时，制动压力调节器执行 ASR 功能；当车轮发生侧滑时，制动压力调节器执行 VSC 功能。

这种形式的制动压力调节器主要由蓄压器、储液器、回液泵、电动机、选择电磁阀和控制电磁阀等组成。选择电磁阀在 VSC、ASR 或 ABS 工作时，接通或关闭制动主缸与控制电磁阀之间的液压管路。控制电磁阀在 VSC、ASR 或 ABS 工作时，升高、保持或降低每个车轮制动轮缸的制动压力，调节每个车轮的制动力或驱动力，从而实现 VSC、ASR 或 ABS 的功能。

（2）节气门执行器

车身稳定性控制系统一般采用步进电动机与扇形齿轮配合对发动机副节气门的位置进行控制。副节气门位置控制步进电动机安装在发动机节气门体旁边，与 ASR 共用。当 VSC 调节发动机输出转矩时，ABS/ASR/VSC ECU 向步进电动机发出控制指令，步进电动机步进转动，电动机轴一端的驱动齿轮驱动副节气门轴上的扇形齿轮转动，使副节气门开度减小（副节气门在 ASR、VSC 不起作用时处于全开状态），减少发动机的进气量，使发动机的输出转矩减小。

3. 车身稳定性控制原理

汽车前轮侧滑会导致汽车失去路径跟踪能力（循迹能力），后轮侧滑会导致汽车发生甩尾或掉头现象，失去行驶稳定性。车身稳定性控制主要是指侧滑控制，控制内容包括两个方面：一是抑制前轮侧滑，保持汽车跟踪能力，防止转向不足；二是抑制后轮侧滑，防止车身出现甩尾或掉头现象，防止转向过度，确保行驶稳定。VSC 抑制车轮侧滑的原理是利用左、右两侧车轮制动力之差产生的横摆力矩（或称为补偿力矩），使车身产生一个与侧滑相反的旋转运动，从而防止前、后轮侧滑，如图 4–3–7 所示。

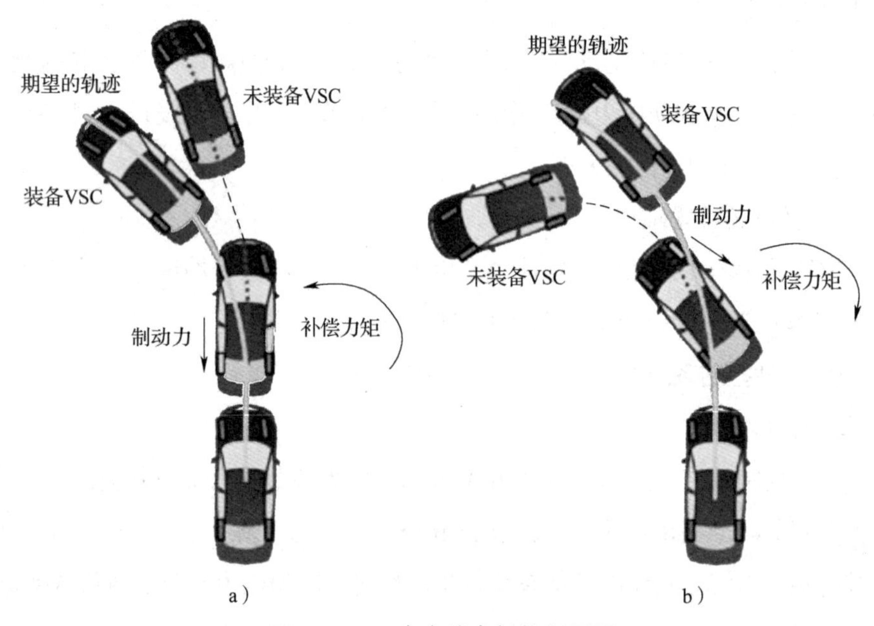

图 4–3–7　车身稳定性控制原理
a）转向不足时　b）转向过度时

（1）抑制前轮侧滑

为抑制前轮侧滑，首先需要通过减小发动机输出转矩使汽车减速，同时额外增加一个制动力使车身产生向内旋转的运动。因此，抑制前轮向右侧滑时，必须先向左后轮施加一个制动力，以便产生向内旋转的运动，然后再对两前轮施加制动力，使车速降低到某一水平，以保证汽车的路径跟踪能力和稳定行驶。同理，抑制前轮向左侧滑时，必须先向右后轮施加一个制动力，以便产生向内旋转的运动，然后再对两前轮施加制动力，使车速降低到某一水平，保证汽车的路径跟踪能力和稳定行驶。

（2）抑制后轮侧滑

为抑制后轮侧滑，首先需要通过减小发动机输出转矩使汽车减速，同时额外增加一个制动力使车身产生向外旋转的运动，以平衡侧滑引起的向内运动，防止车身出现甩尾或掉头现象。因此，抑制后轮向右侧滑时，必须向右前轮额外施加一个制动力，使车身产生向外旋转的运动，防止发生甩尾或掉头现象。同理，抑制后轮向左侧滑时，必须向左前轮额外施加一个制动力，使车身产生向外旋转的运动，防止发生甩尾或掉头现象，保证汽车稳定行驶。

4. 车身稳定性控制过程

在汽车行驶特别是在湿滑的路面上转向过程中，前轮发生侧滑时会产生较大的横向加速度，导致转向不足；后轮发生侧滑时会产生较大的侧偏角，导致转向过度。横向加速度传感器和横摆率传感器分别将这两种侧滑发生的信号发送给 ABS/ASR/VSC ECU 后，ABS/ASR/VSC ECU 向发动机输出转矩调节装置（副节气门位置控制步进电动机）发出控制指令，使发动机的输出转矩减小，降低车速。与此同时，ABS/ASR/VSC ECU 根据制动压力的高低向制动压力调节器的电磁阀发送不同占空比的控制脉冲信号，调节相应车轮的制动力，使车身产生一个与侧滑相反的运动，从而防止前、后轮侧滑，如图 4-3-8 所示。

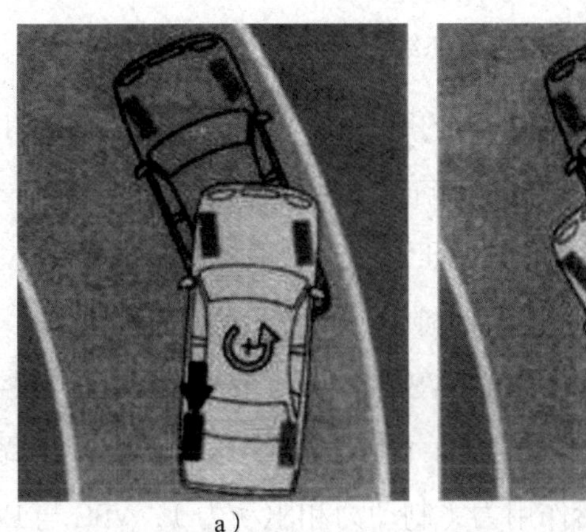

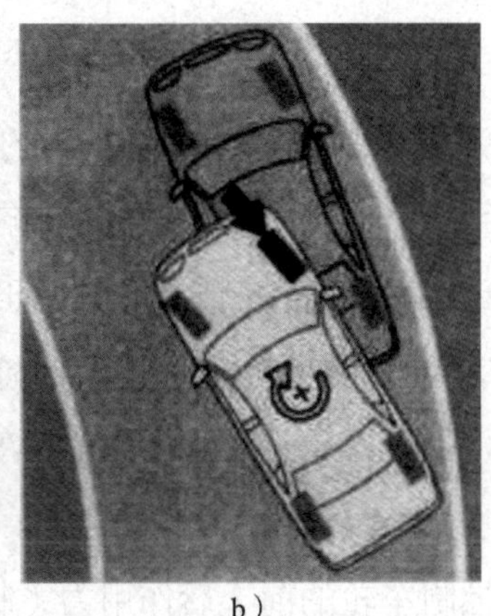

a） b）

图 4-3-8 车身稳定性控制过程
a）转向不足时 b）转向过度时

四、汽车制动控制新技术

为了确保行车安全并获得更好的驾驶性能，汽车制动控制技术的发展趋势是将 ABS、EBD、EBA、ASR 和 VSC（ESP）等控制制动力和驱动力的主动安全系统，与电控动力转向系统（EPS）和电子控制悬架系统（EMS）等组合成为车身动态综合管理系统（VDIM）。

1. 车身动态综合管理系统的组成

车身动态综合管理系统的组成如图 4-3-9 所示。

2. 车身动态综合管理系统的特点

（1）VDIM 将 ABS、EBD、EBA、ASR 和 VSC 等主动安全系统组合成一体，制动压力调节装置也组合成为一体，称为电子控制制动系统（ECB）制动压力调节器，由电子控制制动系统电子控制单元（ECB ECU）进行控制。

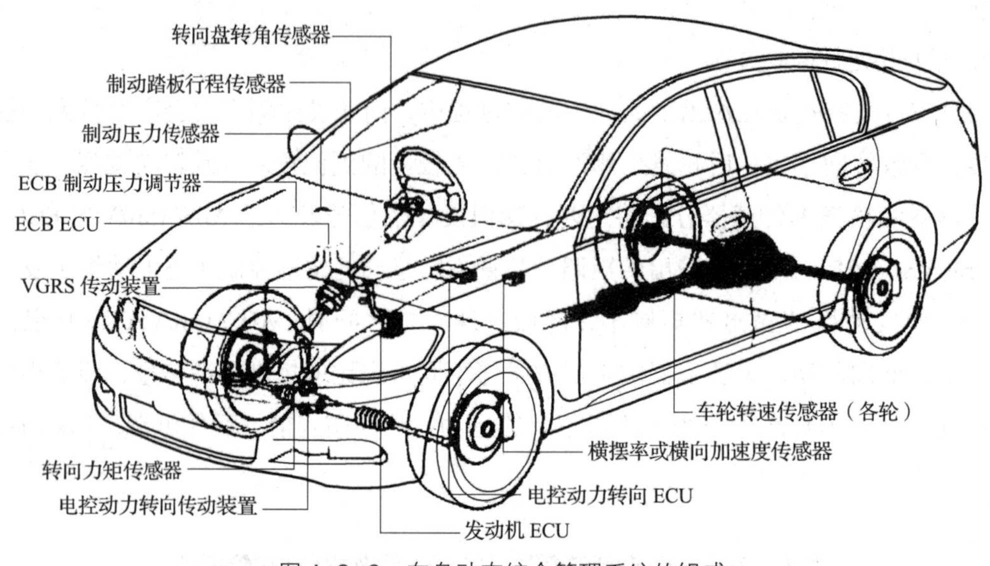

图 4-3-9　车身动态综合管理系统的组成

（2）VDIM 对车辆的操控性作了进一步的改进。传统的 ABS、ASR 和 VSC 均为各自独立的功能，改进后的 VDIM 除了能对包括转向在内的各系统功能进行统一管理，还能在发生侧滑之前就开始对车辆实行控制，不仅保证了更高的预防安全性能，还能使行进、转向、停止等车辆的基本运动性能迈上一个更高的台阶。

（3）VDIM 将 ABS、EBD、EBA、ASR、VSC 等主动安全系统与电控动力转向系统（EPS）、电子控制悬架系统（EMS）等组合，能对车身姿态进行全方位调节。ABS、EBD、EBA 和 ASR 可以控制车轮的前、后作用力（制动力和驱动力），VSC 与 EPS 配合可以控制侧向作用力，防止侧滑；在转向控制方面，通过与转向助力的协调来控制转向力矩的辅助力量，实现更好的行驶安全性和操控性；EMS 可以调节车身前后左右的姿态。因此，将这些系统组合成一体对车身姿态进行综合控制，不仅能够提高车身的动态稳定性，还能大大提高汽车的行驶安全性和乘坐舒适性。

（4）在转向控制方面，可变传动比转向系统（VGRS）可使转向盘转角与车轮转角的关系发生灵活变化，电控动力转向系统可以调节转向盘的转向力矩，形成主动转向功能对转向轮转角和转向盘转向力矩进行最佳控制，从而可以根据制动力、发动机输出转矩和转向功能对转向轮转角实行最恰当控制，同时将驾驶员对转向的修正量控制在最小范围内，实现更好的预防安全性能和更理想的车辆运动性能。

（5）为使车辆真正达到人车一体的境界，VDIM 采用了智能识别与判断技术，并将在今后对这些技术作更进一步的改进。

五、车身稳定性控制系统的使用与检修

1. 车身稳定性控制系统的使用

以丰田卡罗拉轿车为例，在起动发动机时，VSC会自动打开并执行自检程序。一般情况下，每次行车都要打开VSC。仅在某些特殊情况下，如带防滑链行车时，在深雪中或松软的路面上行车时，需要让车轮打滑，可以关闭VSC。特殊情况过后，应重新打开VSC。

VSC不可能超越物理规律的界限。即使汽车装备了VSC，也应随时使驾驶方式与路况和交通情况相适应。这一点对于在光滑和潮湿的路面上行车时特别重要。不允许凭借此系统提高了安全性而冒险行车，否则就会存在发生事故的风险。

2. 车身稳定性控制系统的检修

（1）VSC自诊断

VSC出现故障后，电子控制单元可存储相应的故障码。使用故障诊断仪（GTS）可以读取、清除故障码，还可以阅读数据流并进行制动压力调节器电磁阀测试、车身稳定性控制系统液压回路测试、制动系统排气测试等。GTS为菜单提示操作，上述功能按屏幕的提示即可完成。在对VSC进行检修之前，应先排除常规制动系统故障。

（2）VSC校准

当更换防滑控制ECU（制动执行器总成）时，需要对VSC进行校准，具体操作步骤如下：

1）将点火开关置于OFF位置。

2）将GTS连接到DLC3，然后将点火开关置于ON位置。

3）使用GTS将防滑控制ECU（制动执行器总成）切换至测试模式。进入菜单“Chassis/ABS/VSC/TRC/Utility”，故障诊断仪显示“Test Mode”，单击执行。

4）检查并确认ABS故障指示灯和打滑指示灯以测试模式的闪烁模式闪烁。进入测试模式后，打滑指示灯开始以测试模式的闪烁模式闪烁前可能会持续点亮约7 s，然后将点火开关置于OFF位置并断开GTS。

（3）车轮转速传感器的检查

丰田卡罗拉轿车的4个车轮转速传感器均采用主动式转速传感器，该传感器包含霍尔集成电路。检查车轮转速传感器时，由于该传感器内部集成有电子电路，因此使用万用表测量传感器电阻时，传感器电阻较大，不可作为诊断参数。可基于传感器工作原理对传感器自身进行检测，将万用表串联在传感器电路中，选择万用表mA挡，然后转动车轮，观察电流是否发生变化。正常情况下，车轮旋转时，电流应在7～14 mA之间变化。

课题小结

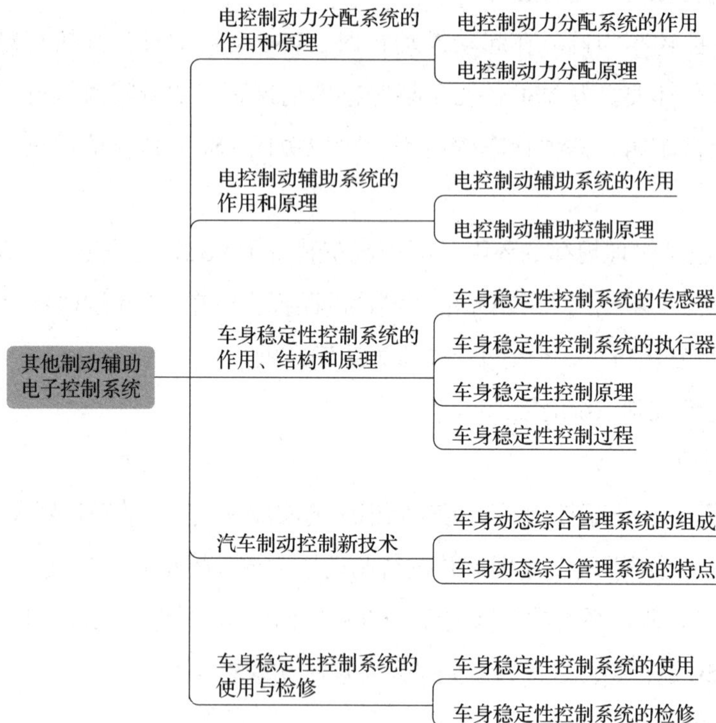
其他制动辅助电子控制系统
电控制动力分配系统的作用和原理
电控制动力分配系统的作用
电控制动力分配原理
电控制动辅助系统的作用和原理
电控制动辅助系统的作用
电控制动辅助控制原理
车身稳定性控制系统的作用、结构和原理
车身稳定性控制系统的传感器
车身稳定性控制系统的执行器
车身稳定性控制原理
车身稳定性控制过程
汽车制动控制新技术
车身动态综合管理系统的组成
车身动态综合管理系统的特点
车身稳定性控制系统的使用与检修
车身稳定性控制系统的使用
车身稳定性控制系统的检修

模块五 汽车车身安全性电子控制系统

课题❶ 汽车安全气囊系统

学习目标

1. 了解汽车安全气囊系统的性能要求和组成。
2. 熟悉汽车安全气囊系统的工作原理和工作过程。
3. 熟悉汽车安全气囊系统主要部件的结构和原理。
4. 掌握汽车安全气囊系统的检修方法。

一、汽车安全气囊系统的性能要求和组成

安全气囊系统（SRS）（见图 5-1-1）是一种汽车上常见的、行之有效的辅助安全装置，在汽车发生碰撞事故时能为驾乘人员上身特别是头部和颈部提供有效的保护。安全气囊能在汽车受到正面碰撞的瞬间（约 0.03 s）充满气体，挡在驾乘人员与汽车转向盘和仪表板之间，形成一道柔软的弹性屏障，以保护驾乘人员上身免受伤害或减轻伤害。有些汽车不仅装有正面安全气囊系统，还装有侧面安全气囊系统，在汽车发生侧向碰撞时，也能使侧面安全气囊充气，以减小侧向碰撞时的伤害。

图 5-1-1　安全气囊系统

1. 汽车对安全气囊系统的性能要求

（1）高可靠性。在汽车未发生碰撞事故的情况下，安全气囊系统的使用年限为 7 ~ 15 年。在汽车发生重大碰撞事故时，能迅速打开气囊。

（2）安全稳定。安全气囊系统要能正确区分制动减速度和碰撞减速度。

（3）高灵敏度。当汽车发生碰撞时，安全气囊系统要在二次碰撞（驾驶员或乘客与转向盘、仪表板或风窗玻璃碰撞）前正确、快速打开气囊，并能正确泄气，起到缓冲作用。

（4）具有防误爆功能。

（5）具有自诊断功能。

2. 安全气囊系统的组成

安全气囊系统主要由安全气囊组件、安全气囊传感器、安全气囊电子控制单元（SRS ECU）、安全气囊故障指示灯（SRS 故障指示灯）等组成，如图 5-1-2 所示。

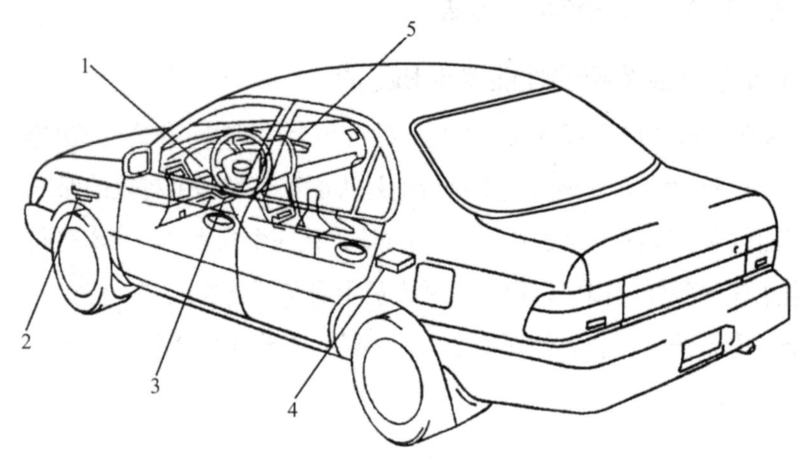

图 5-1-2　安全气囊系统的组成

1—安全气囊故障指示灯　2、5—安全气囊传感器

3—安全气囊组件　4—安全气囊电子控制单元

（1）安全气囊组件

安全气囊组件包括充气系统（气体发生器、点火器）、气囊、气囊饰盖等。

充气系统与气囊组合为一体，安装在转向盘支架上，气囊安装在充气系统上部，用气囊饰盖护住，如图 5-1-3 所示。气囊一般由尼龙制成，上面有一排气口，汽车猛烈碰撞结束后，排气口立即排气使气囊变软，这样就能起到缓冲作用，减轻对驾乘人员的伤害。

（2）安全气囊传感器

安全气囊传感器包括碰撞传感器、安全传感器（中央传感器），用来检测碰撞减速度和碰撞强度，作为电子控制单元计算气囊是否动作的参数。

图 5-1-3 安全气囊组件

（3）安全气囊电子控制单元（SRS ECU）

SRS ECU 是安全气囊系统的控制中心，其功能是接收传感器输入的信号，判断是否启动安全气囊系统，并进行故障自诊断。

（4）安全气囊故障指示灯（SRS 故障指示灯）

SRS 故障指示灯的作用是指示安全气囊系统功能是否处于正常状态。当点火开关置于 ON 或 ACC 位置后，如果 SRS 故障指示灯点亮或闪烁数秒后自动熄灭，表示安全气囊系统功能正常；如果 SRS 故障指示灯不亮、常亮或在汽车行驶途中突然点亮或闪烁，表示自诊断系统发现安全气囊系统出现故障，应及时排除。

二、汽车安全气囊系统的工作原理和工作过程

1. 安全气囊系统的工作原理

安全气囊系统的工作原理示意图如图 5-1-4 所示。

当汽车受到前方一定角度范围内的高速碰撞时（汽车行驶中受到正面或侧面碰撞时，安全气囊系统的工作原理基本相同），车体会发生强烈的振动，同时车速急剧下降。安装在汽车前部的碰撞传感器和安装在汽车中间的安全传感器（中央传感器）就会检测到汽车突然减速和碰撞强度的信号，当达到规定的强度时，传感器即向 SRS ECU 发出信号。SRS ECU 接收到信号后，与其原存储信号进行比较，若达到气囊的展开条件，则由驱动电路向安全气囊组件中的气体发生器发送启动信号。气体发生器接收启动信号后，点火器引燃点火剂迅速产生大量热量，使充气剂（叠氮化钠）受热分解并释放出大量高温气体（氮气），经过滤并冷却后进入气囊，使气囊在极短的时间内突破气囊饰盖迅速展开，在驾驶员或乘

客的前部形成弹性气垫，并及时泄气、收缩，将人体与车内构件之间的碰撞转变为弹性碰撞，通过气囊产生的变形吸收人体碰撞产生的动能，从而有效地保护人体头部和身体上部，使之免于伤害或减轻伤害程度。

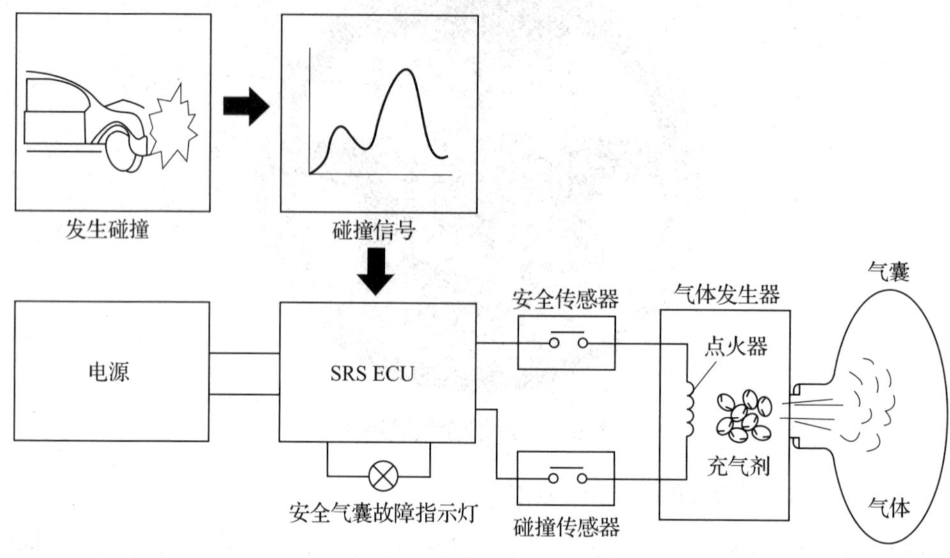

图 5-1-4　安全气囊系统的工作原理示意图

2. 安全气囊系统的工作过程

当行驶速度为 50 km/h 的汽车与前方障碍物发生碰撞时，安全气囊系统的工作过程示意图如图 5-1-5 所示。

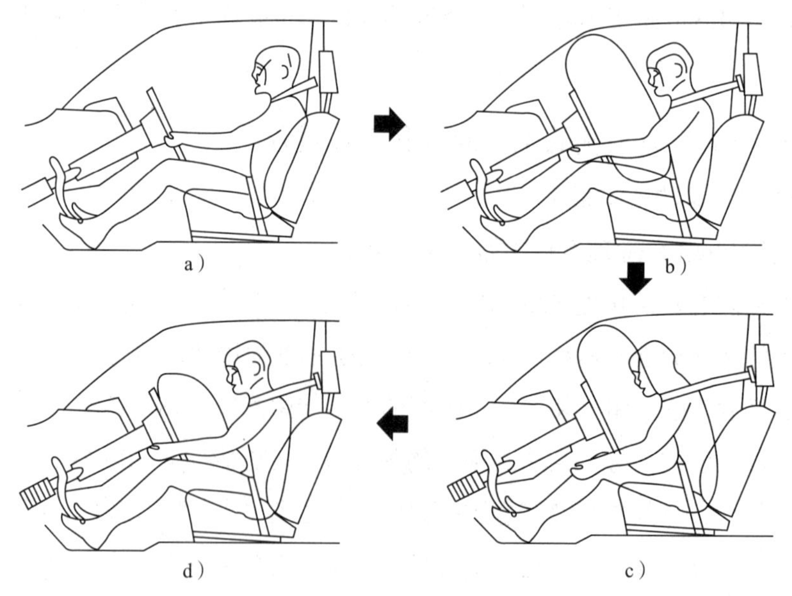

图 5-1-5　安全气囊系统的工作过程示意图
a）尚未启动　b）气囊充满　c）能量吸收　d）气体排出

（1）发生碰撞约 10 ms 后，安全气囊系统达到启动条件，点火器引燃点火剂，使充气剂受热分解并释放大量高温气体。此时，人体由于惯性尚未向前移动，如图 5–1–5a 所示。

（2）发生碰撞约 20 ms 后，人体开始向前移动，但还没有到达气囊。

（3）发生碰撞约 40 ms 后，气囊完全充满涨起，体积达到最大，安全带被拉长，人体的部分冲击能量已被吸收，如图 5–1–5b 所示。

（4）发生碰撞约 60 ms 后，人体的头部已经开始压向气囊。

（5）发生碰撞约 80 ms 后，人体的头部和身体上部都压向气囊。气囊的排气口打开，在气囊内部的气体压力和人体压力作用下排气，利用排气口的节流作用吸收能量，如图 5–1–5c 所示。

（6）发生碰撞约 100 ms 后，车速已接近零，对车内人员来说，危险期已接近结束。

（7）发生碰撞约 110 ms 后，人体已经向前移动到最大距离，随后身体开始向后移回到座椅靠背上。此时，大部分气体已经从气囊中排出，汽车前方视野恢复，如图 5–1–5d 所示。

（8）发生碰撞约 120 ms 后，碰撞危害全部解除，车速降至零。

3. 安全气囊系统的有效作用范围

安全气囊系统并非在所有碰撞情况下都能起作用。正面安全气囊系统只有在汽车正前方 ±30° 范围内发生碰撞（见图 5–1–6）且其纵向减速度达到设定值时，才能工作。侧面安全气囊系统只有在汽车受到侧面碰撞（±30° 范围内）且其横向加速度达到设定值时，才能工作。

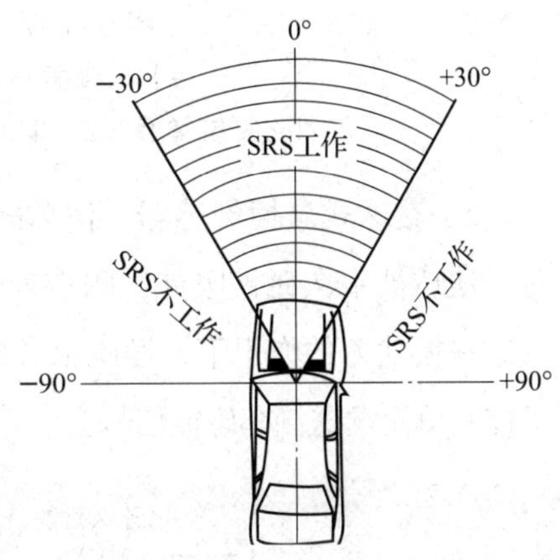

图 5–1–6 正面安全气囊系统的有效作用范围

三、汽车安全气囊系统主要部件的结构和原理

1. 安全气囊传感器

安全气囊传感器包括碰撞传感器和安全传感器。它们相当于控制开关，决定是否启动安全气囊系统。碰撞传感器直接向 SRS ECU 发送汽车碰撞强度信号，由 SRS ECU 决定是否向点火器供电；安全传感器直接串联在点火器电路中，其接通与否同样决定点火器能否点火。二者均达到要求时，安全气囊系统才会启动。

（1）碰撞传感器

碰撞传感器可分为机电式和电子式两种类型。常见的机电式碰撞传感器包括偏心锤式、滚球式、滚柱式等类型；常见的电子式碰撞传感器包括压敏电阻式和压电式等类型。

1）偏心锤式碰撞传感器。偏心锤式碰撞传感器的工作原理如图 5–1–7 所示。汽车未碰撞时，在复位弹簧作用下，偏心锤靠在挡块上，转动触点静止，转动触点与固定触点处于断开状态。当汽车发生碰撞且减速度达到设定值时，偏心锤在惯性力的作用下，克服复位弹簧的弹力而带动转动触点转动，使两触点接通，向安全气囊电子控制单元发送汽车碰撞信号。

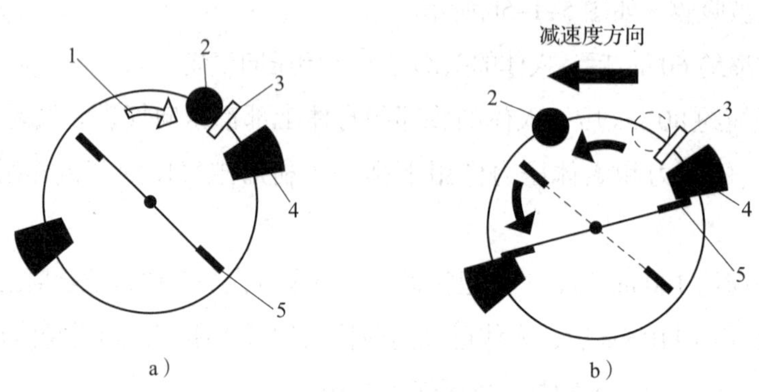

图 5-1-7　偏心锤式碰撞传感器的工作原理

a）未碰撞时，触点断开　b）碰撞时，触点接通

1—复位弹簧　2—偏心锤　3—挡块　4—固定触点　5—转动触点

2）滚球式碰撞传感器。滚球式碰撞传感器的工作原理如图 5-1-8 所示。汽车未碰撞时，滚球被永久磁铁吸住，触点处于断开状态。当汽车发生碰撞且减速度达到设定值时，滚球在惯性力的作用下，摆脱永久磁铁的磁力而滚向触点端，将触点接通，向安全气囊电子控制单元发送汽车碰撞信号。

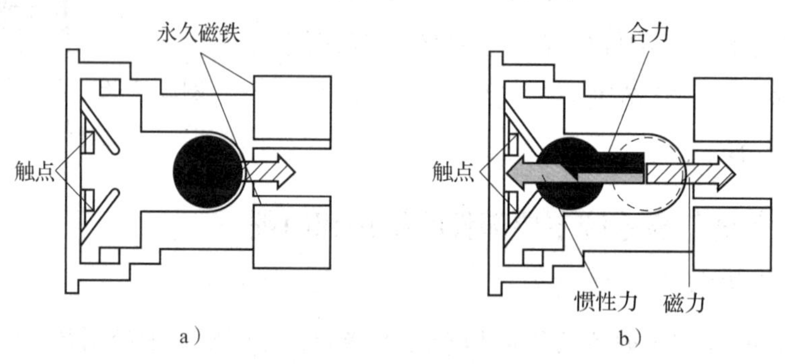

图 5-1-8　滚球式碰撞传感器的工作原理

a）未碰撞时，触点断开　b）碰撞时，触点接通

3）滚柱式碰撞传感器。与滚球式碰撞传感器相比，滚柱式碰撞传感器采用滚柱替代滚球，其工作原理与滚球式碰撞传感器的工作原理基本相同。

4）压敏电阻式碰撞传感器。压敏电阻式碰撞传感器的结构和检测电路如图 5-1-9 所示，其敏感元件是受力变形后电阻会相应改变的电阻应变片，被固定在传感器测量悬臂端部。当汽车发生碰撞时，测量悬臂端部受减速惯性力的作用而变形，测量悬臂端部的电阻应变片产生变形而使其电阻相应改变。电阻应变片连接在传感器检测电路（电桥）中，当其电阻发生改变时，就使得电桥输出端有相应的电压信号（U_S）输出。

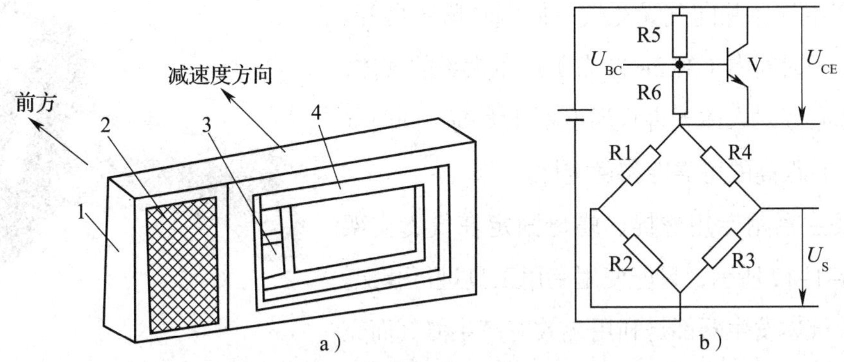

图 5-1-9　压敏电阻式碰撞传感器的结构和检测电路

a）结构　b）检测电路

1—测量悬臂　2—集成电路　3—电阻应变片　4—悬臂架

（2）安全传感器

安全传感器和安全气囊电子控制单元一起安装在汽车的中间位置时，又称为中央传感器。

安全传感器一般为水银式传感器，其工作原理如图 5-1-10 所示。当汽车发生碰撞时，传感器内下方的水银在惯性力的作用下向上移动，将上方的两个电极接通，发出汽车碰撞信号，接通点火器电源电路，使安全气囊系统启动；在汽车正常行驶或故障检修时，由于两个电极断开，即使碰撞传感器或有关电路短路而造成电子控制单元误判，安全气囊系统也会因点火器未接通电源而不能被启动。

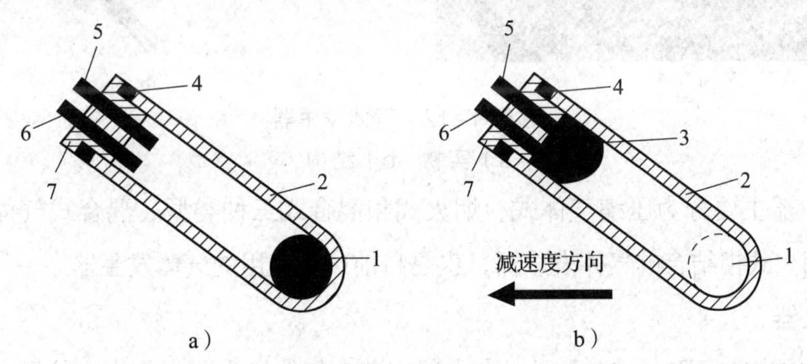

图 5-1-10　安全传感器的工作原理

a）未碰撞时　b）碰撞时

1—未碰撞时水银位置　2—壳体　3—碰撞时水银位置

4—O 形圈　5、6—电极　7—盖

2. 安全气囊组件

安全气囊组件由充气系统（气体发生器、点火器）、气囊、气囊饰盖等组成，如图 5-1-11 所示。

（1）气体发生器

气体发生器又称为充气器，用于在点火器引燃点火剂时，产生气体并向气囊充气，使气囊膨胀展开。要求在较短的时间内（30 ms 左右）产生大量的气体，产生的气体必须对人体无害且温度不能太高，同时气体发生器应有很高的可靠性和稳定性。

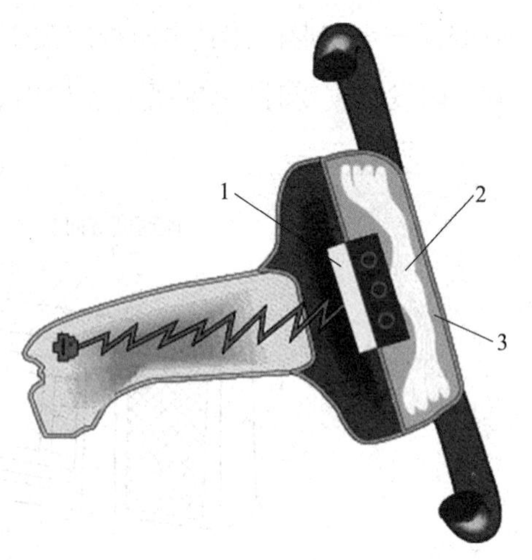

图 5–1–11　安全气囊组件
1—充气系统
2—气囊　3—气囊饰盖

气体发生器用专用螺栓、螺母固定在气囊支架上，如图 5–1–12 所示，只能使用专用工具进行装配。目前大多数气体发生器都是利用热效应产生氮气而充入气囊的。在点火器引燃点火剂的瞬间，点火剂产生大量热量，叠氮化钠受热分解并释放氮气，经过滤器过滤后从充气孔充入气囊。

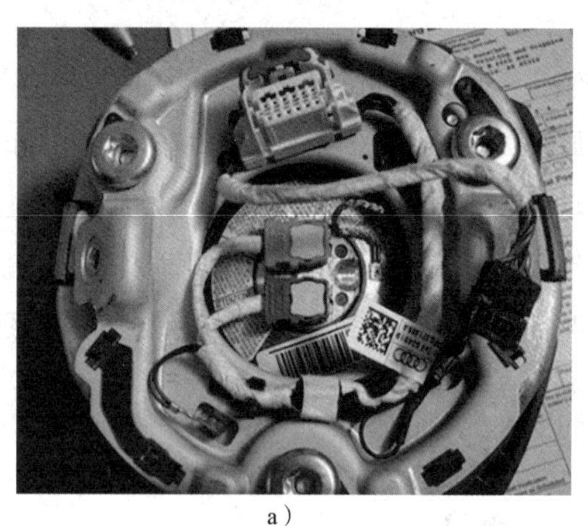

a）

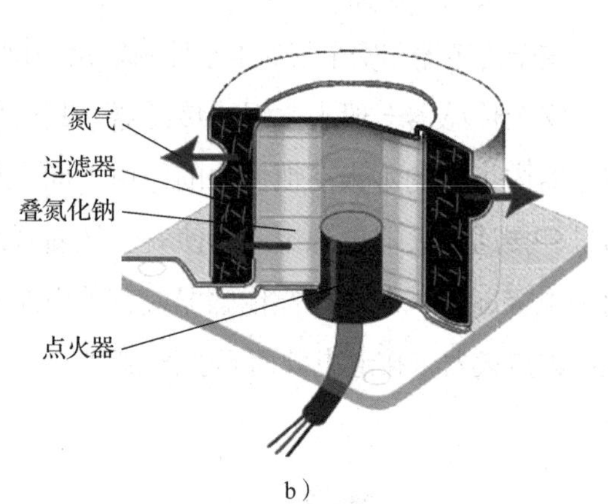

b）

图 5–1–12　气体发生器
a）实物　b）结构

气体发生器主要分为压缩气体式、烟火式和混合式三种类型。混合式气体发生器是压缩气体式和烟火式相结合的气体发生器，也是目前广泛应用的气体发生器。

（2）点火器

点火器的结构如图 5–1–13 所示。点火器安装在气体发生器内部中央位置，用于接收安全气囊电子控制单元的小电流点火信号，引燃点火剂。

当 SRS ECU 发出点火指令时，点火器电路接通，电热丝迅速红热引燃点火剂的引药，点火剂瞬间爆炸产生热量，药筒内的温度和压力急剧升高并冲破药筒，使叠氮化钠受热分解并释放氮气充入气囊。

（3）气囊

气囊一般采用尼龙织物制成，内层涂有聚氯丁二烯以密封气体，如图 5–1–14 所示。

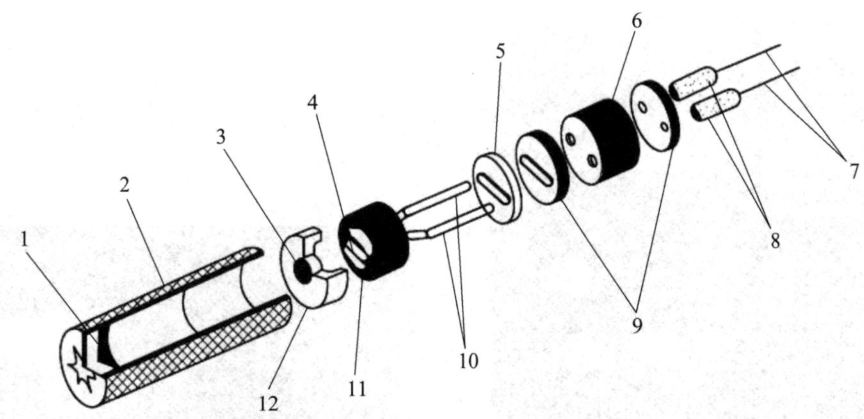

图 5-1-13 点火器的结构

1—引爆炸药 2—药筒 3—引药 4—电热丝 5—陶瓷片 6—永久磁铁 7—引出导线 8—绝缘套管 9—绝缘垫片 10—电极 11—电热头 12—药托

气囊静止时被折叠成包，安放在气体发生器上部和气囊饰盖之间。气囊饰盖表面模压有浅印，以便气囊充气展开时撕裂气囊饰盖，并减小冲出气囊饰盖的阻力。气囊背面或顶部设置有排气口，当驾乘人员压在气囊上时，气囊中的气体从排气口排出。

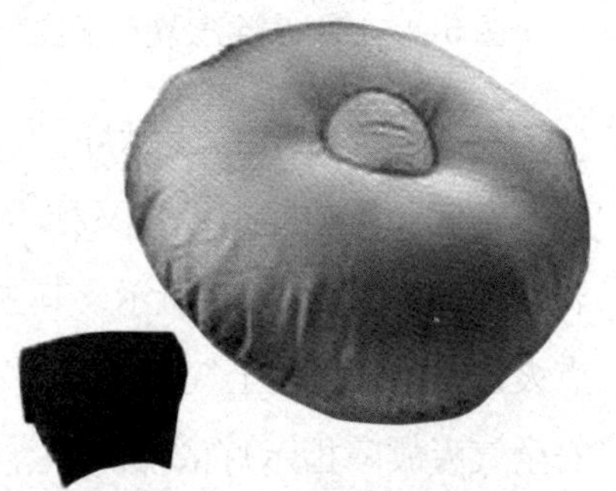

图 5-1-14 气囊

（4）气囊饰盖

气囊饰盖平时作为转向盘的上表面，将气囊与外界隔开，起保护、修饰作用。气囊展开时，气囊饰盖在气囊爆发力的作用下快速裂开，对安全气囊展开过程毫无阻碍。

3. 安全气囊电子控制单元

安全气囊电子控制单元如图 5-1-15 所示。

安全气囊电子控制单元和安全传感器通常安装在驾驶室变速杆前、后的装饰板下面，如图 5-1-16 所示。

安全气囊电子控制单元的功能是接收碰撞传感器及其他相关传感器的输入信号，判断是否发出点火指令，并对安全气囊系统的故障进行自诊断。

安全气囊系统采用双电源，即汽车电源（蓄电池、发电机）和备用电源，备用电源电路由电源控制电路和若干电容器组成。当汽车发生碰撞导致蓄电池和发电机与安全气囊系统断开时，备用电源在一定时间内（一般为 6 s）可以维持安全气囊系统供电。在维修安全气囊系统时，断开蓄电池电源后需要等待一段时间，以使备用电源放电，具体等待时间可参阅相关维修手册。

图 5-1-15　安全气囊电子控制单元

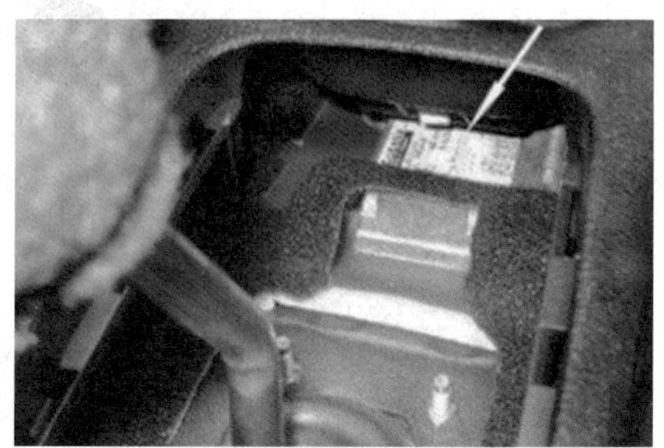

图 5-1-16　安全气囊电子控制单元的安装位置

4. 安全气囊故障指示灯

安全气囊故障指示灯又称为安全气囊警告灯或安全气囊警示灯，通常安装在驾驶室仪表板上，如图 5-1-17 所示，其主要作用是指示安全气囊系统功能是否处于正常状态。接通点火开关时，若安全气囊故障指示灯点亮约 6 s 后熄灭，表示安全气囊系统正常；若 6 s 后，安全气囊故障指示灯依然闪烁、一直不熄灭或者熄灭后又点亮，表示安全气囊系统出现故障，应及时进行维修。

图 5-1-17　安全气囊故障指示灯

5. 安全气囊系统线束

为了便于将安全气囊系统的线束与其他电气系统的线束区别开来，目前大多数汽车的安全气囊系统线束采用黄色连接线（见图 5–1–18），也有采用深蓝色或橘红色的。连接器采用导电性能和耐久性能良好的镀金端子，并设计有防止气囊误爆的机构，以确保安全气囊系统可靠工作。

从安全气囊电子控制单元到点火器之间的连接器采用防止气囊误爆的短路片机构（铜质弹簧片，又称为短路弹簧片）。当连接器断开（插头拔下或插头与插座未完全接合）时，短路片自动将靠近点火器一侧插头或插座的两个引线端子短接，防止静电或误通电造成气囊误爆。

为了保证转向盘具有足够的转动角度且不损伤驾驶员侧安全气囊组件的连接线束，在转向盘与转向柱管之间采用了螺旋电缆（见图 5–1–19），即将线束安装在螺旋弹簧内，再将线束、螺旋弹簧放入螺旋弹簧壳体内，如图 5–1–20 所示。

在转向盘和转向柱之间安装螺旋电缆时，需要注意安装位置和方向，应保证不影响转向盘的转动。

当拆卸和安装转向盘时，应将转向柱固定在使转向轮朝向正前方的位置，以免损坏螺旋电缆。

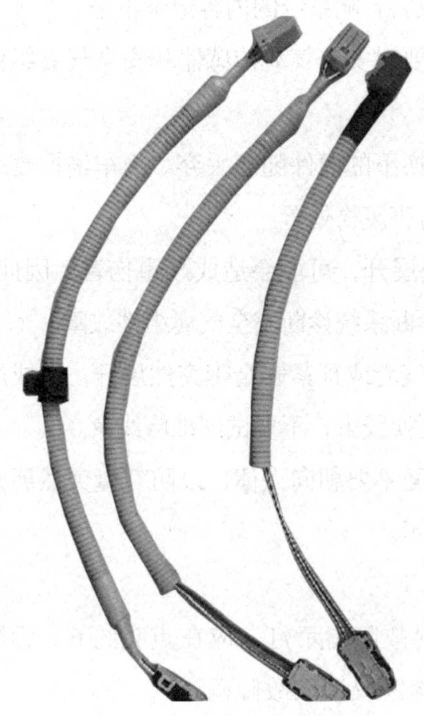

图 5–1–18　安全气囊系统线束

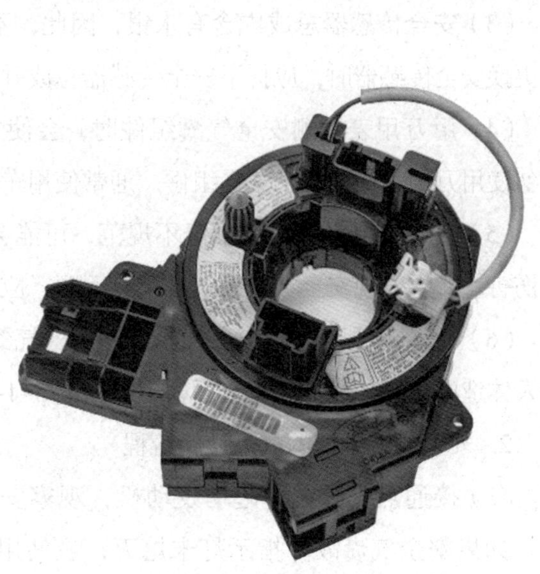

图 5–1–19　螺旋电缆

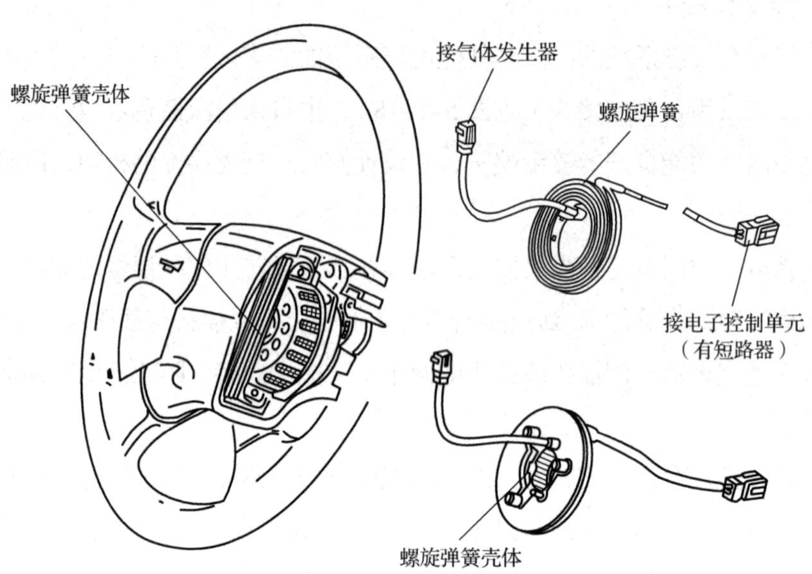

图 5-1-20　带连接器的螺旋电缆及其安装位置

四、汽车安全气囊系统的检修

1. 安全气囊系统的检修注意事项

（1）检修工作必须在断开点火开关、拆下蓄电池负极电缆并等待一段时间以使备用电源放电完毕才能开始。在拆下蓄电池负极电缆之前，应将音响系统的内容记录下来。

（2）即使汽车只发生轻微碰撞而气囊未展开，也要对安全气囊传感器和安全气囊组件进行检查。

（3）安全传感器总成内含有水银，因此，不要将换下的旧件随意丢弃。当车辆报废或只更换安全传感器时，应拆下安全传感器总成并作为有害废物处置。

（4）用万用表检测安全气囊组件时，会使气囊误展开，可能会造成严重伤害，因此，切勿使用万用表检测安全气囊组件。通常使用车载自诊断系统诊断安全气囊组件故障。

（5）安全气囊系统线束维修不规范，可能会导致气囊或预紧安全带突然展开，造成严重伤害。如果发现安全气囊系统线束有问题，应及时更换线束，不要试图维修线束。

（6）搬运未展开过的安全气囊组件时，气囊的正面不要朝向人体，以防气囊突然展开对人体造成伤害，通常应将正面朝上，如图 5-1-21 所示。

2. 安全气囊系统的故障诊断流程

（1）接通点火开关，起动发动机，观察安全气囊故障指示灯，应在点亮约 6 s 后熄灭。如果安全气囊故障指示灯未熄灭，应使用故障诊断仪读取故障码。

（2）使用故障诊断仪读取 SRS 故障码，然后对照 SRS 故障码列表解析 SRS 故障码，并进行检修。如果需要更换新的气囊，应先关闭安全气囊系统，然后对故障气囊进行处置。

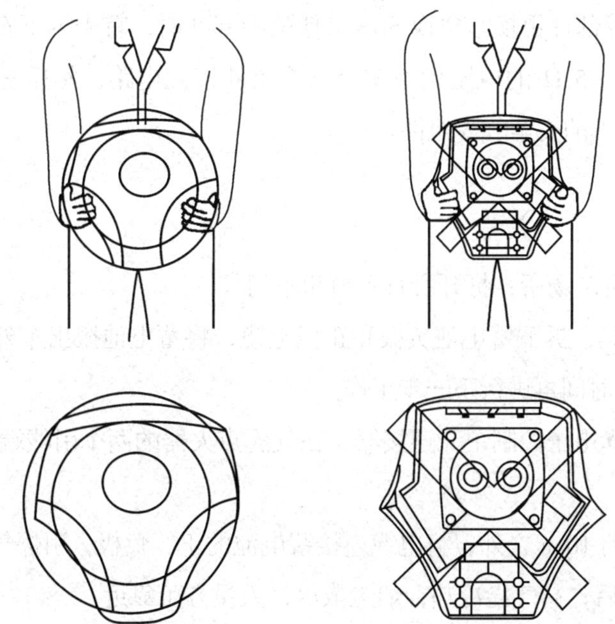

图 5-1-21 安全气囊组件的搬运

（3）关闭安全气囊系统

在检修安全气囊系统部件时应关闭系统，以防止气囊误展开。关闭过程如下：

1）断开点火开关。

2）断开蓄电池负极电缆，按照维修手册的规定等待一段时间，待备用电源放电完毕。

3）断开安全气囊组件连接器。

4）在安全气囊系统接口安装临时负载。通常车辆配置有检修用的临时负载。

5）重新接上蓄电池负极电缆。

（4）检测安全气囊系统部件

检查安全气囊传感器外观是否损坏、SRS ECU 线束及连接器等连接是否松动，检测安全气囊传感器的电阻、电压和 SRS ECU 的输入、输出电压是否正常，检查各线路是否断路、短路等。

（5）安全气囊系统维修完工后复检

接通点火开关，安全气囊故障指示灯点亮约 6 s 后熄灭，说明安全气囊系统恢复正常，否则应继续进行检修。

3. 安全气囊系统的故障检修

（1）故障检修项目

SRS 的故障检修项目包括清除记忆故障码、检修 SRS 线路、更换 SRS 故障部件等。

（2）故障部件更换

1）安全气囊组件更换。更换安全气囊组件时，首先用 4～5 Ω 的电阻代替安全气囊组件接入电路，然后进行解码诊断，确认 SRS 正常后，安装新的安全气囊组件。

2）SRS 其他故障部件更换。更换 SRS 其他故障部件时，首先拆下安全气囊组件，更换其他故障部件，用 4 ~ 5 Ω 的电阻代替安全气囊组件接入电路，然后进行解码诊断，确认 SRS 正常后，装回拆下的安全气囊组件。

4. 气囊的处置

（1）车内引爆

1）将汽车移到空旷场所，打开所有车窗和车门。

2）断开点火开关，拆下蓄电池负极和正极电缆，将蓄电池搬出车外。注意：拆下蓄电池电缆后应等待一段时间再进行下一步工作。

3）断开安全气囊电子控制单元连接器，在气囊点火器的两个引线端子上各接一条 10 m 长的电缆。

4）在场人员退到 10 m 之外，将电缆连接蓄电池的正、负极，引爆气囊。

5）等待 10 min 后，待气囊冷却，烟尘散尽，人员方可靠近。

（2）车外引爆

按维修手册的说明将气囊拆下取出，将气囊正面朝上放在空旷的平地上；在气囊点火器的两个引线端子上各接一条 10 m 长的电缆；在场人员退到 10 m 之外，将电缆连接蓄电池的正、负极，引爆气囊；等待 10 min 后，待气囊冷却，烟尘散尽，人员方可靠近。

课题小结

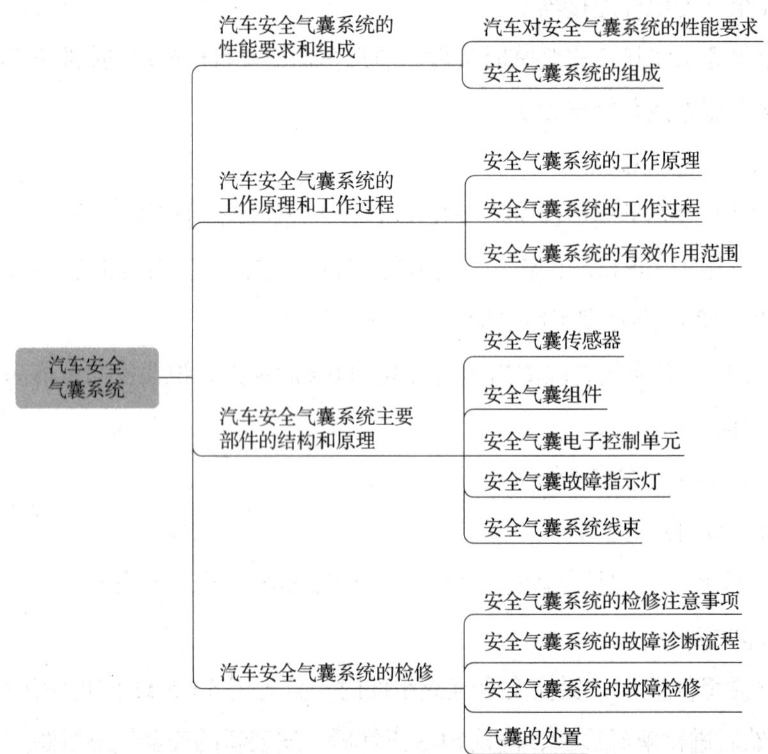

课题❷ 汽车防盗电子控制系统

学习目标

1. 了解汽车防盗系统的分类。
2. 熟悉汽车防盗电子控制系统的组成、原理和防盗措施。
3. 了解典型汽车防盗电子控制系统的工作原理。
4. 掌握汽车防盗电子控制系统的检修方法。

一、汽车防盗系统的分类

汽车防盗系统实质上是一种用来增加盗车难度、延长盗车时间的装置。如图 5–2–1 所示，当外人进入车内触发防盗系统后，防盗系统发出刺耳的声音并闪光，增加盗贼的心理压力，使其主动放弃盗窃行动，同时提示路人和车主以便采取相应措施；当盗贼企图起动车辆时，防盗系统使起动机或发动机电子控制系统处于锁止状态，使其无法起动车辆，延长盗车时间。

汽车防盗系统可分为机械式、电子式、网络式、生物识别式四种类型。

1. 机械式防盗系统

机械式防盗装置是采用金属材料制作的各种防盗锁具，包括转向柱锁、转向盘锁、变速杆锁、踏板锁（离合器踏板锁、制动踏板锁）、车轮锁等。这些防盗锁具可以锁住汽车的操纵部件，使窃贼无法将汽车开走。机械式防盗装置操作简便、价格便宜，但不能报警。

2. 电子式防盗系统

电子式防盗技术是给汽车车门门锁加上电子识别的防盗方式。电子式防盗系统（见图 5–2–2）主要通过电子设备控制汽车的起动、点火等电路，当系统开启后，如果有人非法移动汽车，打开车门、油箱门、发动机罩、行李舱盖或接通点火线路时，防盗装置立刻发出警报，外部灯光闪烁，同时切断起动电路、点火电路、喷油电路、供油电路甚至自动变速器电路，使汽车处于完全瘫痪状态。电子防盗系统安装隐蔽，功能齐全，采用无线遥控方式，操作简便。此外，电子式防盗系统还增加了许多附加功能，如遥控中控门锁、遥控送放冷暖风、遥控电动门窗和遥控开启行李舱等。

虽然电子式防盗系统安全性能较好，但是也有一些缺点：

（1）无线电信号干扰或屏蔽可能导致系统失效。

（2）因电源中断或其他原因造成系统失效，需要使用专用仪器或特殊程序恢复性能。

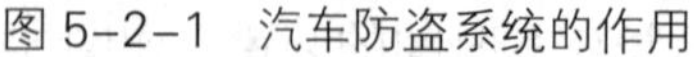
图 5-2-1　汽车防盗系统的作用

图 5-2-2　电子式防盗系统

（3）对于具备专业知识或拥有专用仪器的盗贼，盗窃车辆反而更加简便。

（4）如果采用拖吊等方式盗取车辆，车辆仍然逃脱不了被盗的命运。

3. 网络式防盗系统

网络式防盗系统是目前比较流行且比较实用的汽车防盗系统。网络式防盗系统（其示意图见图 5-2-3）除了通过锁定汽车的起动或发动机电子控制系统达到防盗的目的，还可以通过卫星导航系统将报警车辆所在位置和警报信息发送到指挥中心。此外，还可以附加交通事故、防盗系统意外失效、抢劫等自动报警功能。

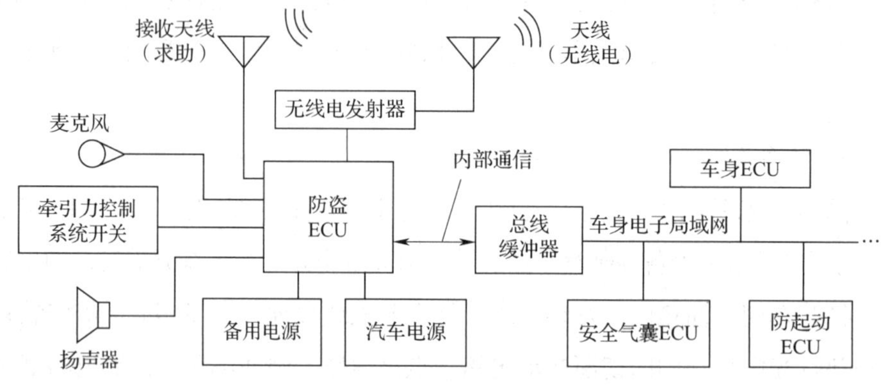

图 5-2-3　网络式防盗系统示意图

网络式防盗系统从技术上来说是可靠的，但效果不尽如人意，因为这些系统要构成网络、消除盲区（少数接收不到信号的地区），需要政府的支持和社会各方面的配合，需要完善的配套设施等。

4. 生物识别式防盗系统

生物识别是指通过身体特征进行验证的方式，如识别指纹、面孔、声音、虹膜等。通过识别这些个人特征可以解锁车门、行李舱或者起动车辆。以指纹识别解锁车门为例，当车主需要解锁车门时，只需将手指往门锁上一按，若指纹相符，则车门解锁，如图 5–2–4 所示。

安装在转向盘、驾驶员斜上方或车窗等驾驶员临近位置的指纹识别装备可以方便驾驶员通过指纹识别方式起动车辆，如图 5–2–5 所示。

图 5–2–4 指纹识别解锁车门

图 5–2–5 指纹识别起动车辆

目前常用的生物识别式防盗系统主要是指纹识别防盗系统，即指纹防盗器，一般由指纹采集器、主机、键盘、警报喇叭、连接线等组成，如图 5–2–6 所示。该系统由微电脑控制，采用半导体指纹识别技术，采集并保存车主或驾驶员的活体指纹信息，用先进的特殊加密方式传输数据，通过准确可靠的指纹识别算法，与预先录入的指纹比对，对车辆使用人员进行指纹识别、身份鉴别，若身份不符，则车辆无法起动。该系统可以控制汽车发动机 ECU、车门门锁、发动机的点火装置和供油供电线路以及电控变速器锁、电控发动机罩锁、电控行李舱盖锁等。即使砸破车门玻璃进入车内改动线路或使用汽车钥匙也无法解锁车门和起动发动机。若非法解锁或打开车门，系统就会自动报警，从而达到防盗的目的。指纹识别防盗系统具有识别率高、误识别率低、功耗低、机密性好、记忆性好、耐用性好、防抢劫、防丢失等优点。

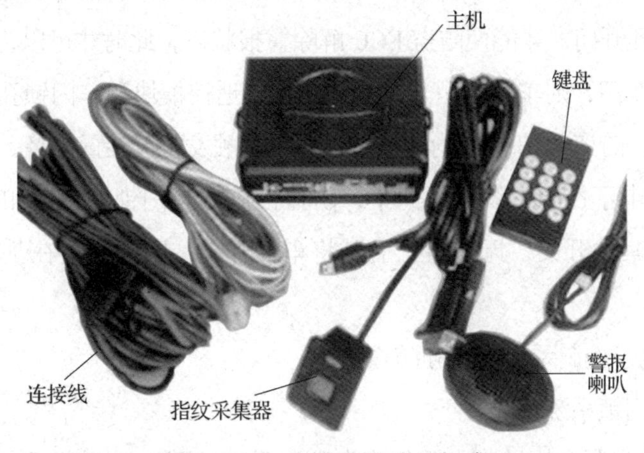

图 5–2–6 指纹防盗器的组成

二、汽车防盗电子控制系统的组成、原理和防盗措施

1. 汽车防盗电子控制系统的基本组成和工作原理

汽车防盗电子控制系统主要由开关、防盗 ECU、警报装置三部分组成，如图 5-2-7 所示。

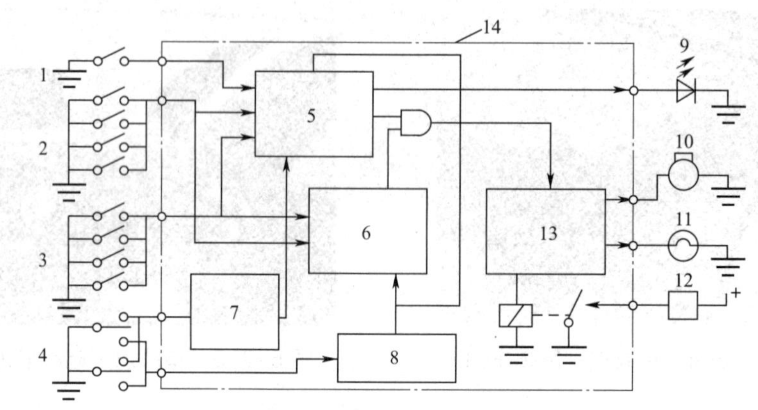

图 5-2-7 汽车防盗电子控制系统的组成

1—钥匙存在开关 2—开门开关 3—锁门开关 4—钥匙操作开关 5—警报状态设置
6—是否盗贼检测 7—30 s 定时器 8—解除警报状态 9—防盗指示灯
10—警报器 11—警报灯 12—起动断电器 13—警报控制 14—防盗 ECU

当使用钥匙锁止所有车门时，汽车防盗电子控制系统处于 30 s 检测时间警报状态。之后，系统中的防盗指示灯（一般为发光二极管）开始闪烁，表明系统处于警报状态。

当第三方试图非法解锁车门或打开车门时（所有输入开关均设定为关闭状态），系统发出警报。警报一般以警报灯闪烁或警报器鸣响形式发出。警报持续时间约 1 min，但起动电路在采用钥匙开启门锁之前始终处于断路状态。

当车主用钥匙开启门锁时，这种警报状态或警报运转将被解除。

当汽车防盗电子控制系统启动后，只有遥控钥匙发出的解锁信号被遥控模块接收到，或用机械钥匙插入锁孔开门，才能使防盗 ECU 解除警报状态，此时才可以正常解锁车门。若不采用上述方式解锁车门，则车门微型开关线路闭合，遥控模块和车门锁孔开关不会将解锁信号发送给防盗 ECU，防盗 ECU 判断为非法解锁，于是触发警报装置报警。

上述汽车防盗电子控制系统极为简单，防盗措施只有门锁、钥匙和微型开关，只能防止非法解锁车门和其他开关，无法防止盗贼将车辆开走，因此需要在基本组成的基础上增强系统的防盗功能。

2. 汽车防盗电子控制系统的增强防盗措施

（1）强化中控门锁系统功能

1）检测钥匙的电阻。钥匙带电阻的汽车防盗系统如图 5-2-8 所示。每一把钥匙内部均

带有一定的电阻，车辆的中控门锁电子控制单元将记住该电阻。若用齿形相同但电阻不同的钥匙解锁车门或起动发动机，则汽车防盗系统认为是非法的。

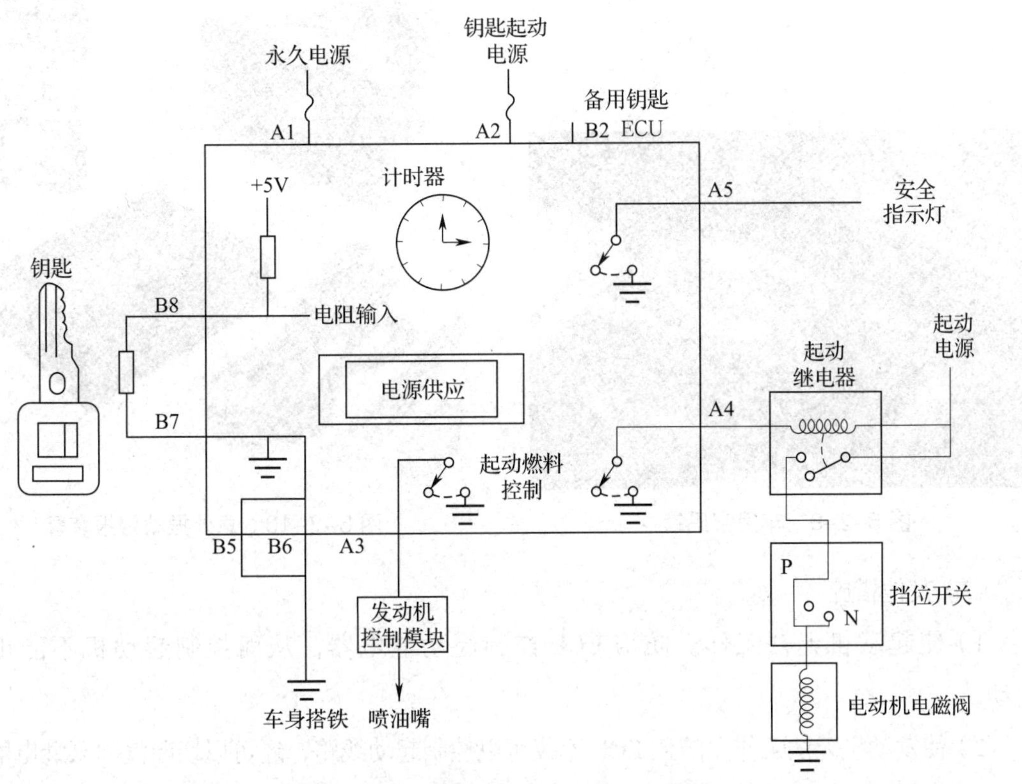

图 5–2–8　钥匙带电阻的汽车防盗系统

复制上述钥匙时，必须先使用专用仪器读取钥匙内部电阻的挡位，然后向原厂购买相同挡位的钥匙模，再进行加工。这种系统有一个缺点，当重新拆装蓄电池后，需要向中控门锁电子控制单元重新输入钥匙内部的电阻，因此维修人员需要掌握重新设定钥匙电阻的技术，而且给汽车防盗系统留下了一个漏洞。

2）加装密码锁。车用密码锁如图 5–2–9 所示，密码锁有 10 位键，而密码一般取 5 位数，已设定的密码可以由车主任意改变。

3）增加遥控钥匙的保险功能。为防止盗贼复制遥控钥匙而轻松解锁车门，遥控钥匙与防盗 ECU 配合，由固化程序设定频率，即每次车主重新锁止车门后，遥控钥匙与接收器均按设定好的程序同时改变为另一频率，这样遥控钥匙便无法复制。

（2）安装意外振动警报装置

为了防止盗贼将车辆拉走或开走，有些车辆使用了意外振动警报装置，如图 5–2–10 所示，其工作原理是在汽车内部安装振动传感器，若汽车非法移动、受到碰撞，使振动传感器反馈信号大于标准值，警报喇叭、警报灯将启动工作，提示车主注意。

图 5-2-9 车用密码锁

图 5-2-10 意外振动警报装置

（3）其他措施

1）使起动机无法工作。防盗 ECU 控制起动继电器，从而控制起动机不能正常起动。

2）使发动机无法工作。防盗 ECU 不仅可以控制起动线路，还可以切断汽油泵继电器控制线路，使发动机处于无油供给状态，也可以控制自动变速器继电器控制线路，使变速器液压油路控制板中的电磁阀无法打开，从而使变速器无法工作。

此外，某些车型可以切断发动机 ECU 中的某些搭铁线路，使点火系统不工作，喷油嘴电磁阀处于切断位置，从而使发动机无法工作。

3）使发动机 ECU 处于非工作状态。防盗 ECU 通过连线使用某一特定频率的信号控制发动机 ECU。当防盗警报解除后，防盗 ECU 发出信号，发动机 ECU 才能正常工作；若防盗警报未解除或直接切断防盗 ECU 电源，则信号不存在，发动机 ECU 停止工作，发动机无法起动。

三、典型汽车防盗电子控制系统的工作原理

1. 丰田雷凌轿车防盗系统的组成

以丰田雷凌轿车为例，其防盗系统主要由点火开关、安全指示灯（危险警告信号灯总成）、仪表板总成、认证 ECU（智能钥匙 ECU 总成）、主车身 ECU（多路网络车身 ECU）、驾驶员侧接线盒总成、继电器盒等组成，各组成部件在车上的分布位置如图 5-2-11 所示。

2. 丰田雷凌轿车防盗系统（带智能上车和起动系统）的电路图

点火开关至主车身 ECU 的控制电路如图 5–2–12 所示，主车身 ECU 至车门门锁的控制电路如图 5–2–13 所示，主车身 ECU 至喇叭的控制电路如图 5–2–14 所示。

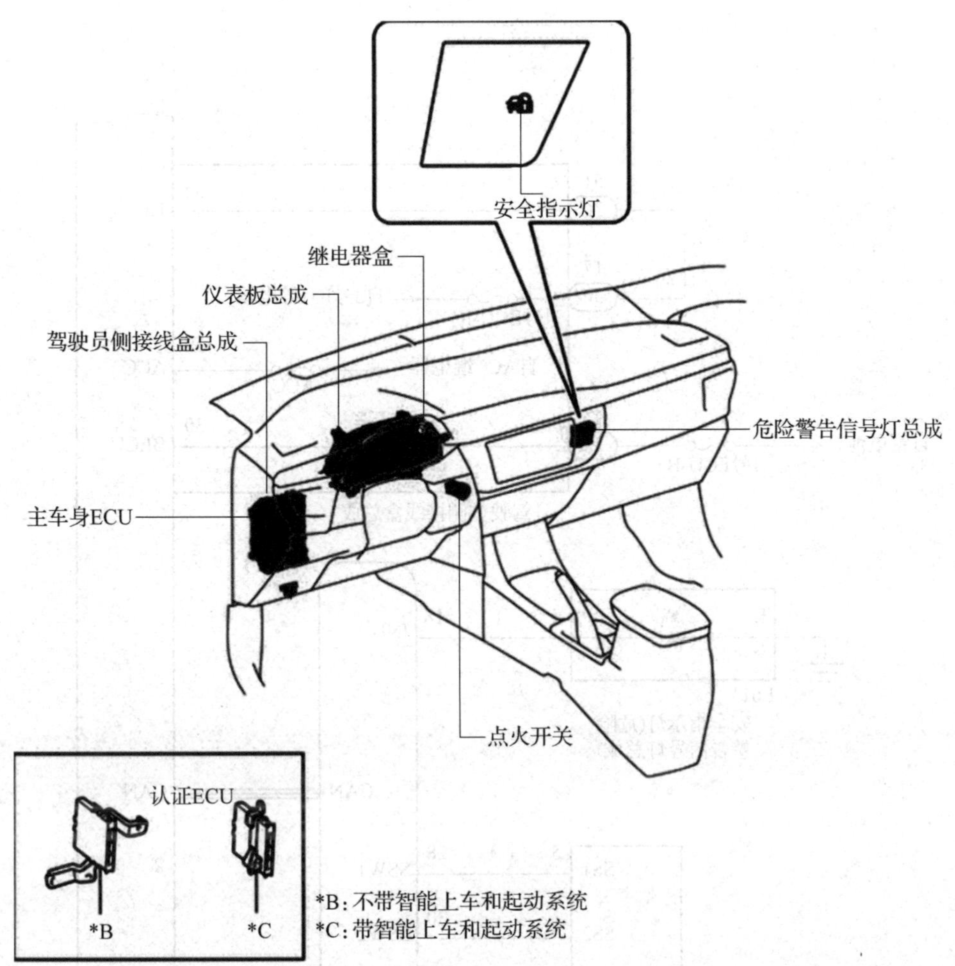

图 5–2–11　丰田雷凌轿车防盗系统各组成部件在车上的分布位置

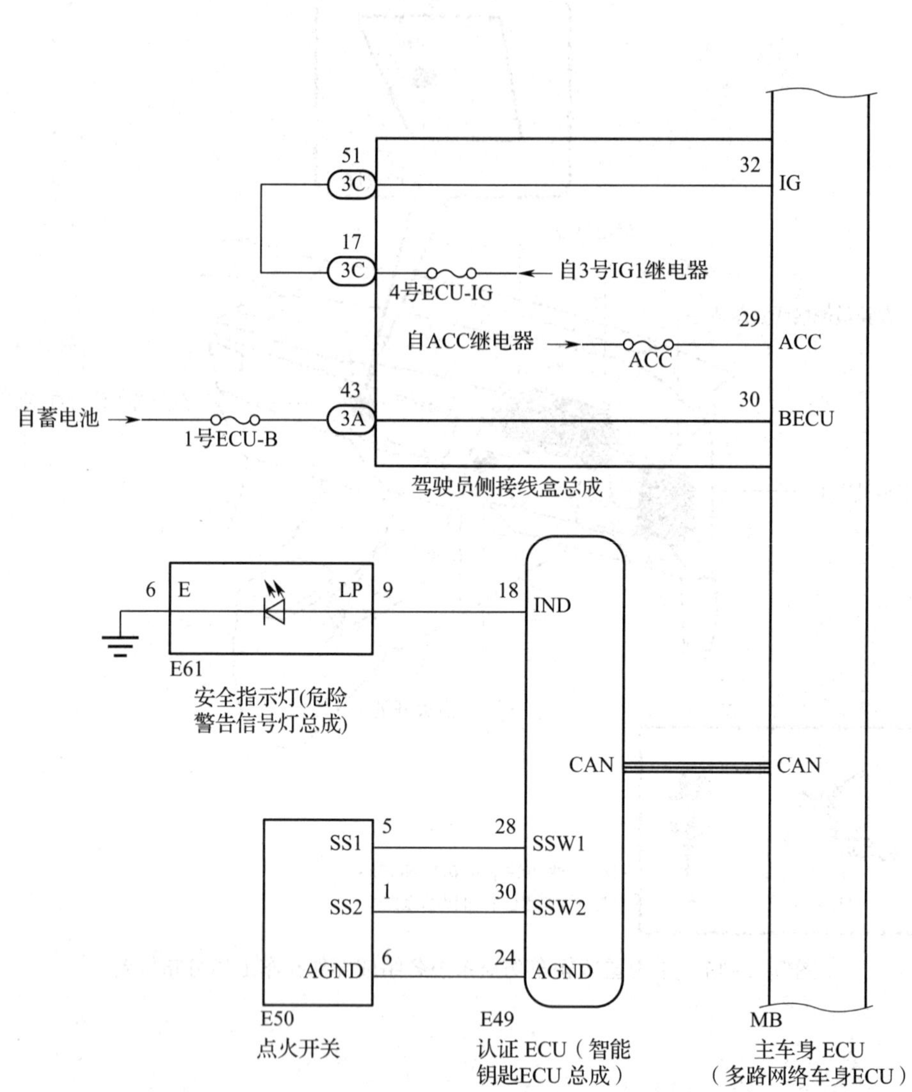

图 5-2-12　点火开关至主车身 ECU 的控制电路

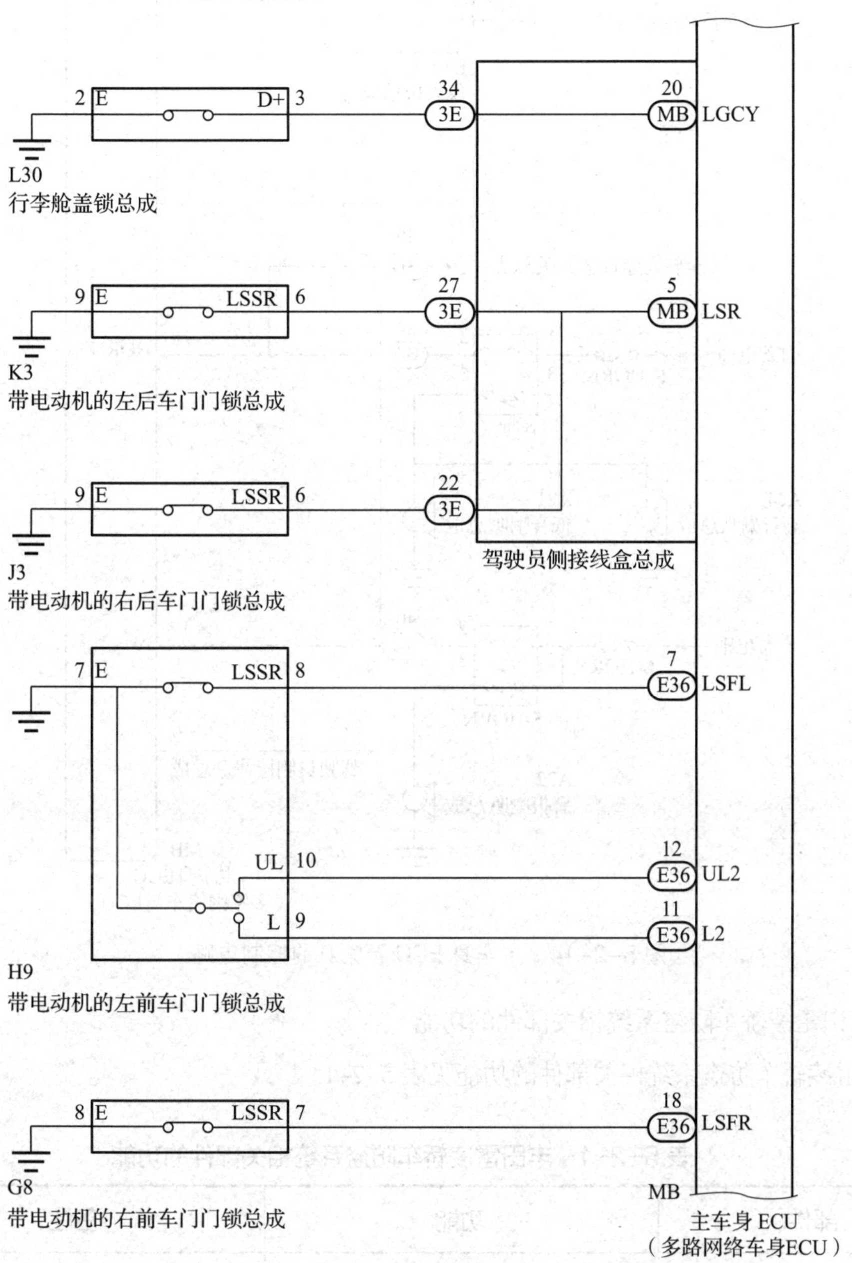

图 5-2-13 主车身 ECU 至车门门锁的控制电路

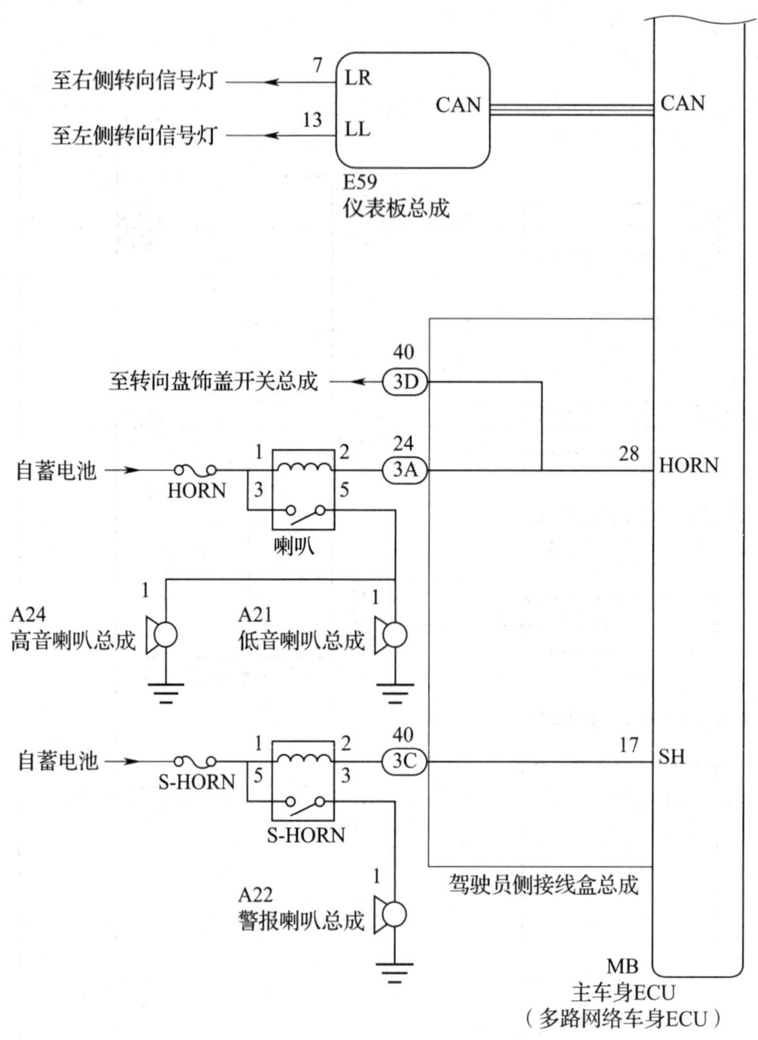

图 5–2–14　主车身 ECU 至喇叭的控制电路

3. 丰田雷凌轿车防盗系统相关部件的功能

丰田雷凌轿车防盗系统相关部件的功能见表 5–2–1。

表 5–2–1　丰田雷凌轿车防盗系统相关部件的功能

部件	功能	备注
安全指示灯（危险警告信号灯总成）	指示防盗系统的状态	
警报喇叭总成	检测到试图闯入或盗窃时鸣响	
转向信号灯	检测到试图闯入或盗窃时闪烁	

续表

部件	功能	备注
喇叭	检测到试图闯入或盗窃时鸣响	
车门门锁总成	检测车门状态（打开或关闭）	
行李舱盖锁总成	检测行李舱盖状态（打开或关闭）	
认证 ECU（智能钥匙 ECU 总成）	接收遥控车门锁止 / 解锁信号 接收上车车门锁止 / 解锁信号	带智能上车和起动系统
主车身 ECU（多路网络车身 ECU）	接收遥控车门锁止 / 解锁信号	不带智能上车和起动系统

4. 丰田雷凌轿车防盗系统的工作原理

（1）防盗系统的设定与取消

可通过下列任意一项操作设定或取消防盗系统：

1）上车锁止 / 解锁车门（带智能上车和起动系统）。

2）遥控锁止 / 解锁车门。

在警戒状态下，如果满足下列任意一个条件，则警报功能激活：

1）解锁任一车门。

2）打开任一车门、发动机罩或行李舱盖。

在警报鸣响状态下，系统使转向信号灯闪烁，同时使车辆喇叭和警报喇叭鸣响以阻止非法闯入和盗窃。

（2）防盗系统的主动警戒模式

防盗系统的主动警戒模式见表 5-2-2，该模式下有四种状态：解除警戒状态、警戒准备状态、警戒状态和警报鸣响状态。

表 5-2-2 防盗系统的主动警戒模式

状态	说明
解除警戒状态	警报功能不工作，防盗系统不工作
警戒准备状态	系统进入警戒状态之前的时间，防盗系统不工作
警戒状态	防盗系统正在工作
警报鸣响状态	警报功能工作

主动警戒模式下四种状态的工作原理如图 5-2-15 所示。

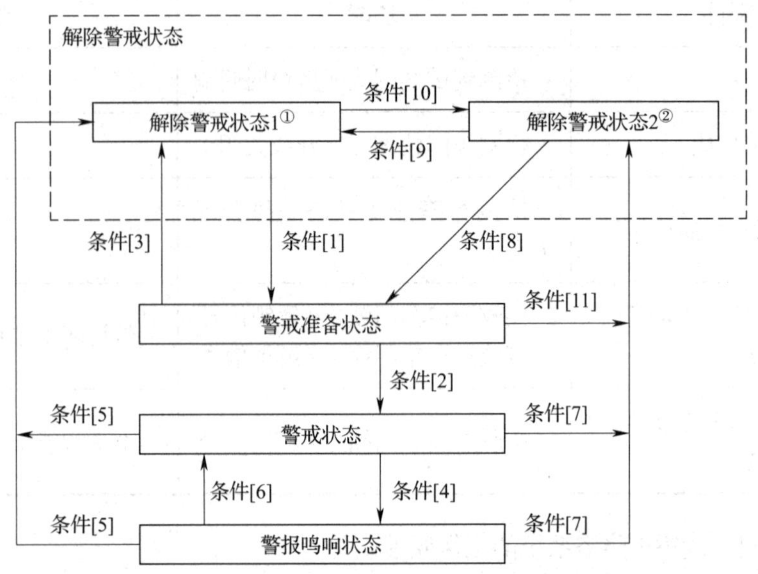

①：解除警戒状态1为正常解除警戒状态。
②：从解除警戒状态1、警戒准备状态、警戒状态或警报鸣响状态设定解除警戒状态2。

图 5-2-15　主动警戒模式下四种状态的工作原理

图 5-2-15 中的工作条件说明（带智能上车和起动系统）见表 5-2-3。

表 5-2-3　工作条件说明（带智能上车和起动系统）

条件	说明
条件［1］	在解除警戒状态 1 下，将点火开关置于 OFF 位置时，如果满足以下条件，则可切换系统状态：在所有车门、发动机罩和行李舱盖关闭的情况下，通过遥控操作或智能上车和起动系统锁止所有车门
条件［2］	等待约 9 s
条件［3］	通过遥控操作或智能上车和起动系统解锁所有车门 任一车门解锁 任一车门打开 按下点火开关 点火开关置于 ON（ACC）或 ON（IG）位置 重新连接蓄电池
条件［4］	发动机罩关闭时打开发动机罩 行李舱盖关闭时打开行李舱盖 重新连接蓄电池 所有车门关闭时打开任一车门 所有车门锁止时解锁任一车门

续表

条件	说明
条件［5］	点火开关置于 ON（IG）位置且发动机以 550 r/min 的转速运转 2 s 或更长时间 通过遥控操作或智能上车和起动系统解锁所有车门
条件［6］	约 27.5 s 后警报停止，且 5 s 后系统恢复警戒状态
条件［7］	通过遥控操作或智能上车和起动系统打开行李舱盖
条件［8］	发动机罩关闭时关闭行李舱盖 行李舱盖关闭时关闭发动机罩
条件［9］	所有车门锁止时解锁任一车门 任一车门打开 按下点火开关 点火开关置于 ON（ACC）或 ON（IG）位置 重新连接蓄电池 通过遥控操作或智能上车和起动系统解锁所有车门
条件［10］	在解除警戒状态 1 下，将点火开关置于 OFF 位置时，如果满足以下条件，则可切换系统状态：在所有车门关闭、发动机罩和行李舱盖打开的情况下，通过遥控操作或智能上车和起动系统锁止所有车门
条件［11］	发动机罩打开 行李舱盖打开 通过遥控操作或智能上车和起动系统打开行李舱盖

四、汽车防盗电子控制系统的检修

以丰田雷凌轿车为例，中控门锁控制系统和遥控门锁控制系统功能正常是进行防盗系统检修的前提，因此，在对防盗系统进行检修之前，应先确认中控门锁控制系统和遥控门锁控制系统工作正常。

丰田雷凌轿车防盗系统故障现象表见表 5-2-4。

表 5-2-4 丰田雷凌轿车防盗系统故障现象表

故障现象	可能的故障部位
防盗系统无法设定	安全指示灯电路
	车门门锁控制电路
	行李舱盖锁控制电路

续表

故障现象	可能的故障部位
防盗系统无法设定	带电动机的车门门锁总成
	行李舱盖锁总成
	发动机罩锁控制电路
	点火开关电路（不带智能上车和起动系统）
	解锁警报开关电路（不带智能上车和起动系统）
	认证 ECU（智能钥匙 ECU 总成）
	对以上部位进行检查并确认正常后，如果故障仍出现，则更换主车身 ECU（多路网络车身 ECU）
设定防盗系统时，安全指示灯不闪烁	安全指示灯电路
点火开关置于 ON（IG）位置时，警报鸣响不能取消（带智能上车和起动系统）	智能上车和起动系统（起动功能）
	认证 ECU（智能钥匙 ECU 总成）
	对以上部位进行检查并确认正常后，如果故障仍出现，则更换主车身 ECU（多路网络车身 ECU）
点火开关置于 ON 位置时，警报鸣响不能取消（不带智能上车和起动系统）	点火开关电路
	解锁警报开关电路
	对以上部位进行检查并确认正常后，如果故障仍出现，则更换主车身 ECU（多路网络车身 ECU）
车门打开时，仍可设定防盗系统	车门门锁控制电路
	行李舱盖锁控制电路
	对以上部位进行检查并确认正常后，如果故障仍出现，则更换主车身 ECU（多路网络车身 ECU）
发动机罩打开时，仍可设定防盗系统	发动机罩锁控制电路
防盗系统报警时，车辆喇叭不鸣响	喇叭电路

续表

故障现象	可能的故障部位
防盗系统报警时，危险警告信号灯不闪烁	仪表板总成
	对以上部位进行检查并确认正常后，如果故障仍出现，则更换主车身 ECU（多路网络车身 ECU）
防盗系统报警时，警报喇叭不鸣响	警报喇叭电路
未设定防盗系统时，危险警告信号灯也会闪烁	仪表板总成
	对以上部位进行检查并确认正常后，如果故障仍出现，则更换主车身 ECU（多路网络车身 ECU）

课题小结

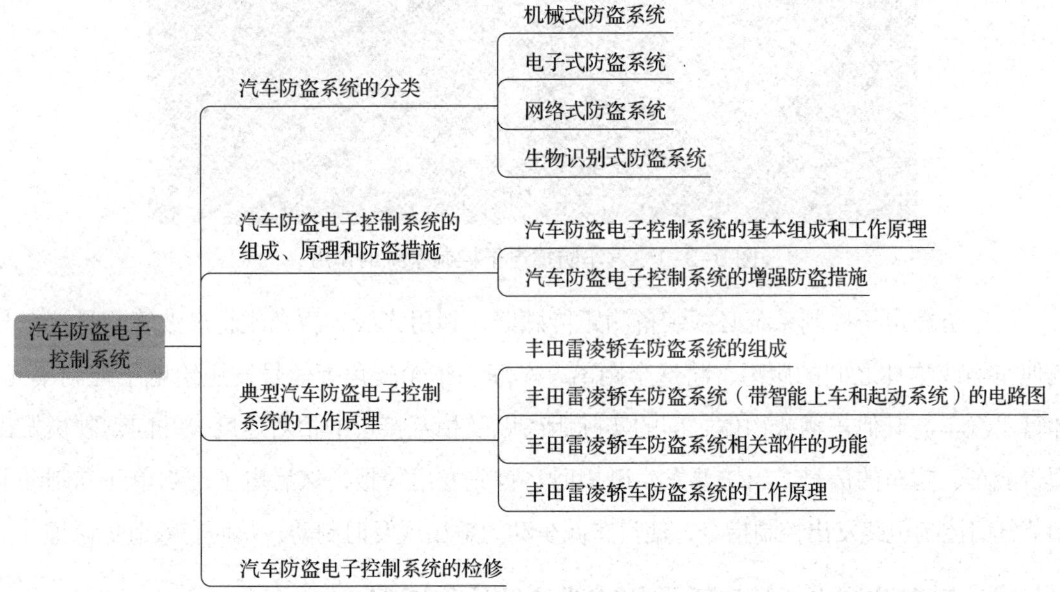

课题❸ 汽车防撞电子控制系统

学习目标

1. 了解汽车防撞电子控制系统的作用。
2. 熟悉汽车防撞电子控制系统传感器的结构和原理。

3. 熟悉典型汽车防撞电子控制系统的原理。

4. 掌握汽车防撞电子控制系统的检修方法。

一、汽车防撞电子控制系统的作用

汽车防撞电子控制系统是由各种传感器、电子控制单元和执行机构（控制发动机动力和制动装置）组成的安全系统，其作用是防止行驶车辆与其他车辆或物体发生碰撞。汽车正常行驶时，该系统处于非工作状态；当汽车车头非正常接近前车车尾时，该系统发出防撞警报信号，如图 5-3-1 所示，发出警报后，如果驾驶员没有采取减速制动措施，该系统将启动紧急制动装置，以避免发生追尾事故。

图 5-3-1 汽车防撞电子控制系统的作用

汽车防撞电子控制系统必须装备测距传感器，利用光线、激光或超声波等测量汽车与其他车辆或物体之间的距离，将这个距离、车速、车轮转角等信号发送给电子控制单元，计算出汽车与其他车辆或物体之间的实际距离以及相互接近的相对速度，并向驾驶员发出预告会车、超车的信号，当快要发生碰撞时，首先发出警报，然后电子控制单元向制动器和节气门控制电路发出控制指令，使汽车减少动力输出或及时制动，从而有效避免碰撞。

二、汽车防撞电子控制系统传感器的结构和原理

1. 视觉传感器

（1）视觉传感器的组成

视觉传感器是指利用光学元件和成像装置获取外部环境图像信息的仪器。视觉传感器在汽车上的应用主要是以摄像头的形式出现的，同时搭载先进的人工智能算法，以实现目标检测和图像处理等功能。视觉传感器主要由光学镜头、图像传感器、图像信号处理器、串行器、连接器等组成，如图 5-3-2 所示。

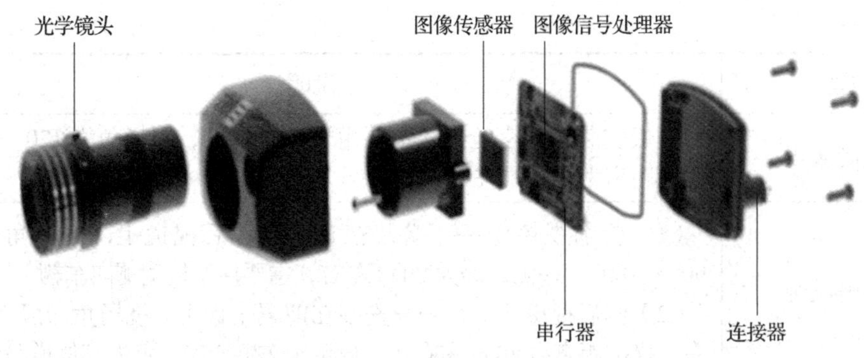

图 5-3-2　视觉传感器的结构组成

视觉传感器主要组成部件的功能见表 5-3-1。

表 5-3-1　视觉传感器主要组成部件的功能

部件	功能
光学镜头	负责聚焦光线，将视野中的物体投射到成像介质表面。镜头内的滤光片可以将人眼看不到的光波段进行滤除，只留下人眼视野范围内的实际景物的可见光波段
图像传感器	利用光电器件的光电转换功能将感光面上的光像转换为与光像成相应比例关系的电信号
图像信号处理器	主要完成图像传感器输入的图像视频源 RAW 格式数据的前处理，可转换为 YCbCr 等格式；还可以实现图像缩放、自动曝光、自动白平衡、自动聚焦等多种功能
串行器	将处理后的图像数据进行传输，可用于传输 RGB、YUV 等多种图像数据种类
连接器	用于连接、固定视觉传感器

（2）视觉传感器的分类

根据安装位置的不同，汽车上的视觉传感器（摄像头）可分为前视摄像头、环视摄像头、后视摄像头、侧视摄像头、内置摄像头五种类型，见表 5-3-2。

表 5-3-2　视觉传感器的分类

类型	说明
前视摄像头	主要安装在风窗玻璃上，用于实现行车的视觉感知和识别功能，根据功能又可分为前视主摄像头、前视窄角摄像头和前视广角摄像头
环视摄像头	主要安装在车身四周，一般用于全景环视功能的显示，以及融合泊车功能的视觉感知和目标检测

续表

类型	说明
后视摄像头	一般安装在行李舱上，主要用于泊车辅助，视场角为 120° ~ 140°，探测距离为 50 m 左右
侧视摄像头	（1）侧前视摄像头，安装在 B 柱或者后视镜上，视场角一般为 90° ~ 100°，探测距离为 80 m 左右，主要用于检测侧向车辆 （2）侧后视摄像头，一般安装在前翼子板上，视场角一般为 90° 左右，探测距离为 80 m 左右，主要用于车辆变道、汇入其他道路等
内置摄像头	主要用于监测驾驶员状态，实现疲劳提醒等功能

根据摄像头数目的不同，汽车上的视觉传感器（摄像头）可分为单目摄像头、双目摄像头、三目摄像头等类型。

1）单目摄像头。单目摄像头（见图 5–3–3）通过摄像头拍摄的平面图像来感知和判断周边环境，识别车辆、路标、行人等固定物体和移动物体，依靠复杂算法进行测距。其优点是探测信息丰富，观测距离远；缺点是探测容易受环境影响。

2）双目摄像头。双目摄像头（见图 5–3–4）通过模仿人眼的功能实现对物体距离和大小的感知，进而感知周边环境，可通过视差和立体匹配计算精准测距。

图 5–3–3　单目摄像头

图 5–3–4　双目摄像头

3）三目摄像头。三目摄像头（见图 5–3–5）通过三个摄像头覆盖不同范围的场景，可以解决摄像头无法切换焦距的问题，相比于单目摄像头和双目摄像头，拥有更好的视野广度和精度。但是，由于计算量大，对处理器的数据处理能力要求高，因此，其成本相对较高。

2. 激光雷达

激光雷达是工作在光波频段的雷达，其工作原理如图 5–3–6 所示，首先利用激光器向目标发射激光束探测信号，然后将接收到的从目标反射回来的回波信号与发射信号进行比较，从而获得目标的位置（距离、方位和高度）、运动状态（速度、姿态）等信息，实现对目标的探测、跟踪和识别。

图 5-3-5　三目摄像头

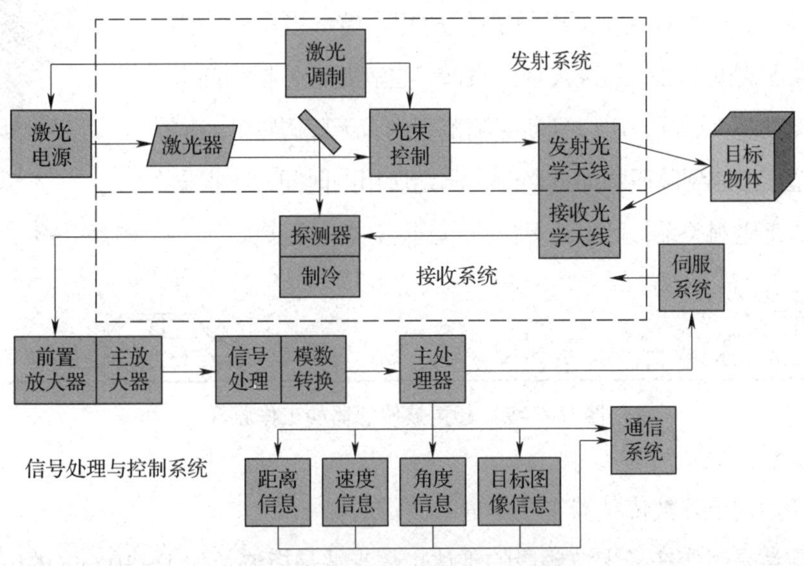

图 5-3-6　激光雷达的工作原理

由于需要对前方多辆车进行辨识，因此，目前车用激光雷达通常采用扫描式激光雷达，如图 5-3-7 所示，不但可以测量到前方车辆的距离，还可以测量其方位。

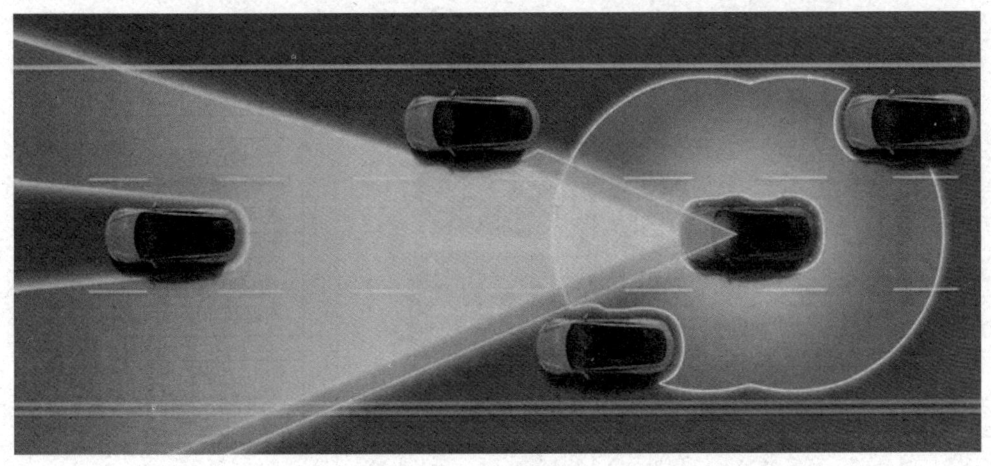

图 5-3-7　扫描式激光雷达

3. 超声波传感器

超声波是指人耳无法听到的高频声波。超声波传感器的主要作用是在车辆倒车时，利用超声波检测车辆后方的障碍物，并通过显示器、指示灯和蜂鸣器等把车辆到障碍物的距离和位置等通知驾驶员，确保安全。

超声波传感器（见图 5-3-8）一般采用压电陶瓷锆钛酸铅（PZT）制成，其特点是具有方向性，传感器用蜂鸣器的纸盆为椭圆形，可以使传感器的水平方向特性变宽，而垂直方向受到限制。

超声波传感器的工作原理与人对着大山呼喊能产生回声类似，如图 5-3-9 所示，超声波传感器向车后发射超声波，当车后无障碍物时，随着距离的增加，超声波逐渐衰减，也就是说，根据向车后发射的超声波是否返回，可以判断探测范围内有无障碍物。当向车后发射的超声波遇到障碍物而返回时，测定所用的时间，再根据距离与时间的正比例关系，可以计算出汽车到障碍物的距离。

图 5-3-8 超声波传感器

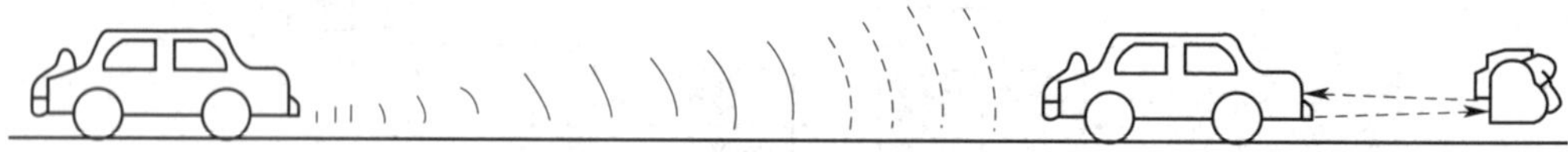

图 5-3-9 超声波传感器的工作原理

4. 电磁波传感器

汽车上使用的电磁波传感器主要是毫米波雷达。

毫米波雷达是工作在毫米波频段的雷达，毫米波是指波长为 1 ~ 10 mm 的电磁波，对应的频率范围为 30 ~ 300 GHz。

毫米波雷达主要由天线、外壳、信号处理模块、发射模块和接收模块等组成，如图 5-3-10 所示。

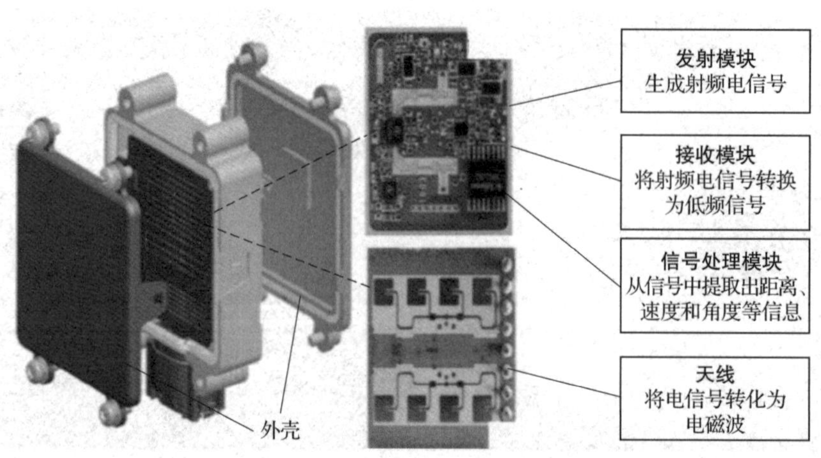

图 5-3-10 毫米波雷达的结构组成

毫米波雷达的工作原理如图 5-3-11 所示，发射模块通过天线将射频电信号转换为电磁波发出，接收模块接收射频电信号并转换为低频信号，最后由信号处理模块从信号中获取距离、速度和角度等信息。

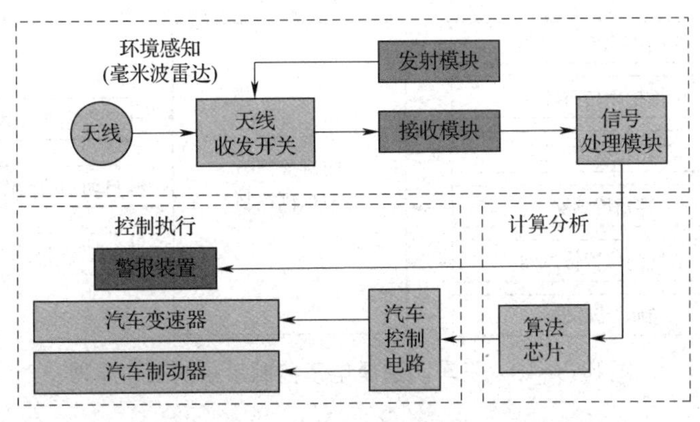

图 5-3-11　毫米波雷达的工作原理

三、典型汽车防撞电子控制系统的组成和工作原理

1. 汽车防追尾电子控制系统的组成和工作原理

汽车防追尾电子控制系统主要由行车环境监测、防碰撞判断和车辆控制三部分组成，如图 5-3-12 所示，其工作原理如图 5-3-13 所示。

（1）行车环境监测

行车环境监测部分由激光雷达和能够判定路况的路面状况传感器组成。激光雷达安装在车辆前部的中央位置，用于测量前方物体的距离和方位，并将测量数据发送给防碰撞判断部分。

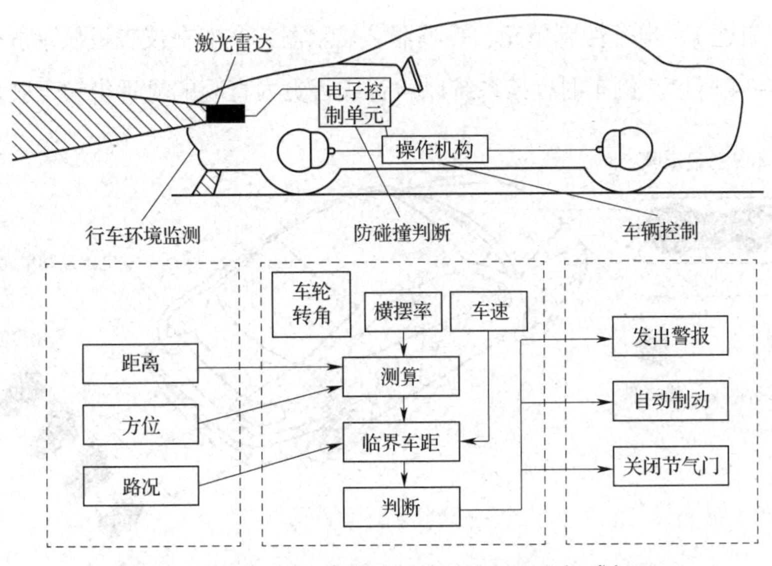

图 5-3-12　汽车防追尾电子控制系统的组成框图

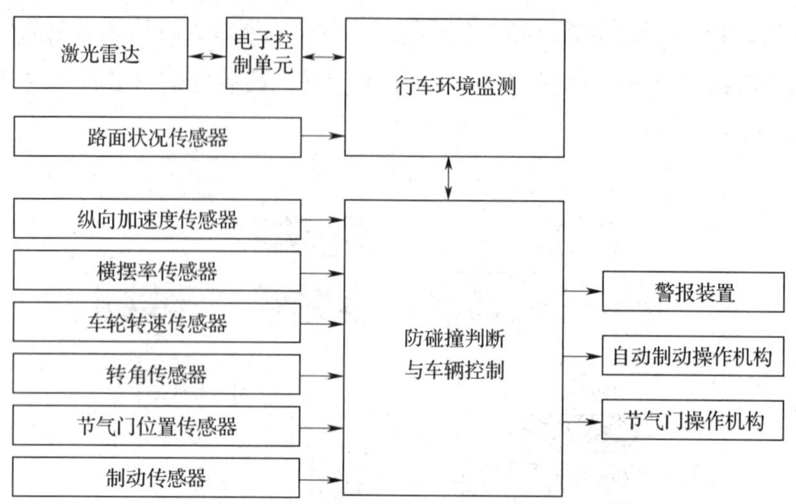

图 5-3-13　汽车防追尾电子控制系统的工作原理

（2）防碰撞判断

防碰撞判断部分从前方物体的距离和方位以及路况信号中提取有用数据进行测算、分析，进而进行危险性判断，发出必要的警报信号或车辆控制指令。

（3）车辆控制

根据防碰撞判断部分发出的控制指令，实现对制动系统或转向系统的自动操作。

当自动制动操作机构处于工作状态时，如果驾驶员的操作制动力大于自动制动操作机构的制动力，则驾驶员的操作制动有效，这样可以保证自动制动操作机构失灵时，驾驶员的操作制动并不受影响。

2. 汽车倒车防撞系统的组成和工作原理

汽车倒车防撞系统是汽车倒车时的安全辅助装置。超声波倒车防撞系统一般由超声波传感器（倒车雷达）、电子控制单元、蜂鸣器、显示器（一般在仪表板显示屏中显示）等组成，如图 5-3-14 所示。倒车时，该系统以声音或者更为直观的显示告知驾驶员周围障碍物

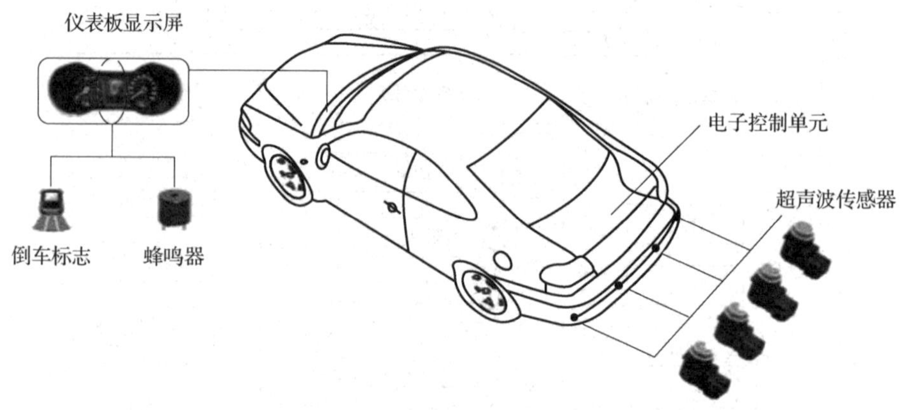

图 5-3-14　超声波倒车防撞系统的组成

的情况；如果倒车过程中突然有移动物体靠近车辆后方，而驾驶员没有发现或未及时制动，该系统甚至能够主动、智能地使车辆自动制动，以避免发生事故，提高车辆驾驶的安全性。

超声波传感器既是发射器，又是接收器，既发射信号，又接收信号，一般有 4 个，通常安装在汽车后保险杠内，如图 5–3–15 所示。

图 5–3–15　超声波传感器的安装位置

超声波倒车防撞系统采用超声波测距原理，如图 5–3–16 所示，在电子控制单元的控制下，超声波传感器发射超声波信号（发射波），当遇到障碍物时，产生回波信号（反射波），超声波传感器接收到回波信号后经电子控制单元进行数据处理、判断出障碍物的位置，通过警报装置显示距离并发出警报信号。

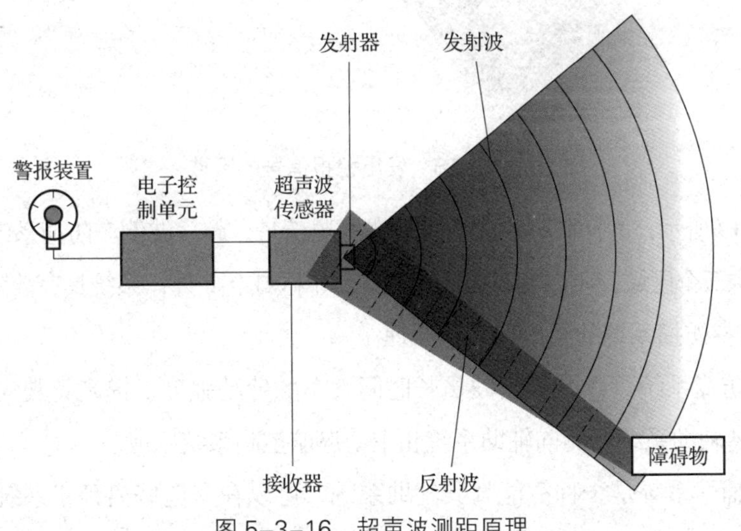

图 5–3–16　超声波测距原理

超声波倒车防撞系统的工作原理如图 5–3–17 所示，当挂入倒挡后，超声波倒车防撞系统即开始工作，发出“嘟嘟”的声音，说明该系统状态良好；当汽车与障碍物相距约 1.5 m 时，系统发出间歇警报信号（离障碍物越近，声音越急促）；当汽车与障碍物的距离小于

0.4 m 时，系统发出连续警报信号。注：以上具体数值与车型相关。发出警报信号的区域如图 5-3-18 所示。

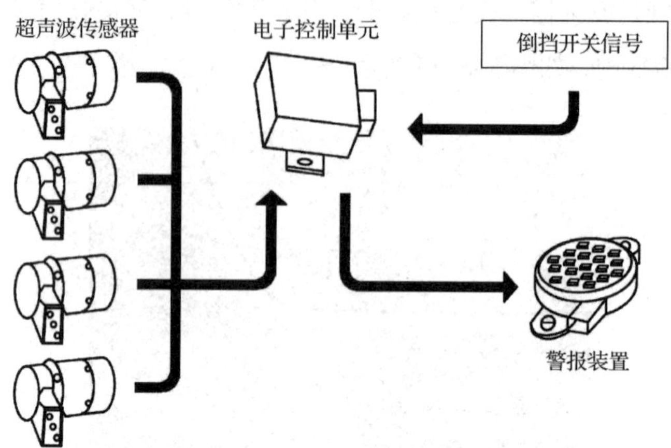

图 5-3-17　超声波倒车防撞系统的工作原理

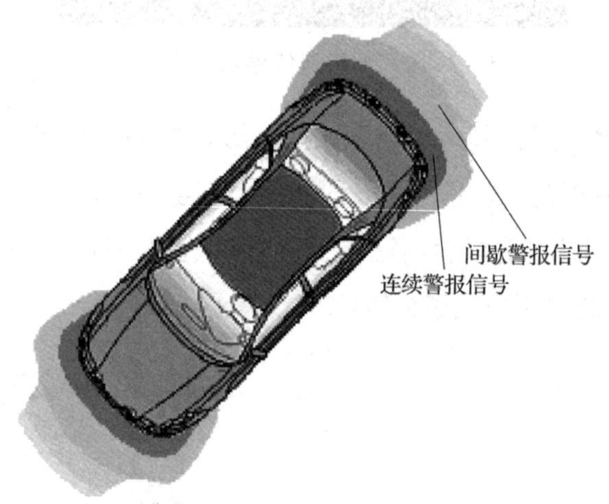

图 5-3-18　发出警报信号的区域

如图 5-3-19 所示，为使障碍物位置能分辨得更清楚，超声波倒车防撞系统将车辆后方划分为左、右、中三个区域，可以判断出障碍物在哪个区域。此外，系统具有故障自诊断功能。

3. 车距监控防撞系统的组成和工作原理

车距监控防撞系统可以减轻驾驶员长时间驾车的劳动强度，提高驾驶安全性。该系统主要由车道保持辅助系统、侧向辅助系统和主动巡航控制系统组成。

车道保持辅助系统是一种智能驾驶辅助系统，可以在车道偏离预警系统的基础上对转向系统进行控制，借助激光雷达、摄像头等传感器对车道线进行检测。当检测到车辆偏离预定车道轨迹时，系统会通过声音或转向盘的振动来提示驾驶员，并轻微转动转向盘以修正行驶方向，若检测到转向盘无人干预，则发出警报提醒驾驶员，使驾驶员及时修正行驶路线，从而控制车辆按照预定的车道轨迹行驶，如图 5-3-20 所示。

图 5-3-19 超声波的检测范围

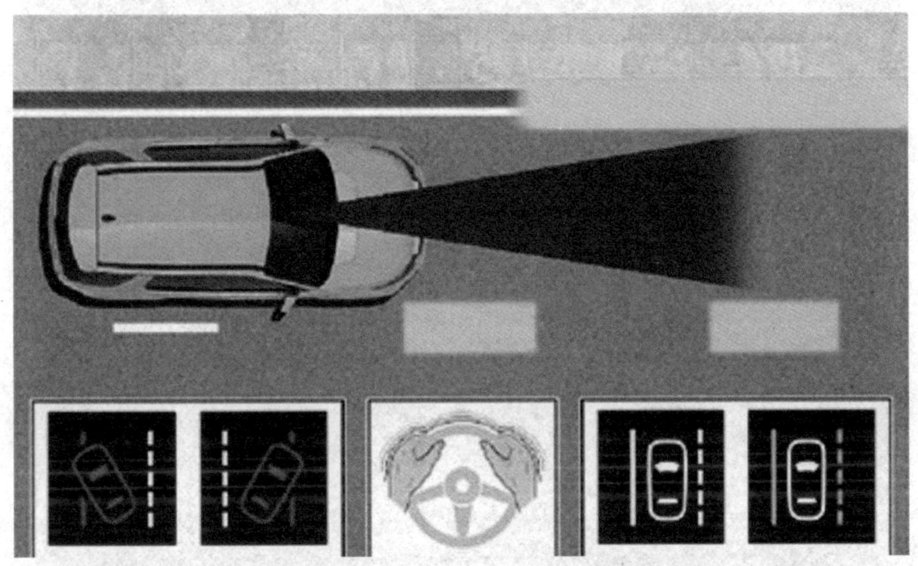

图 5-3-20 车道保持辅助系统的功能

侧向辅助系统又称为盲区监测系统，主要用于车辆盲区监测。车速较低时，侧向辅助系统一般不会启动；当车速超过一定值（约 60 km/h）且车辆准备变道时，系统自动启动。该系统可探测到侧后方最远 50 m 处的车辆，如果系统探测到有其他车辆，判断变道存在潜在危险，就会点亮后视镜上的警示灯。如果驾驶员在警示灯点亮之后仍然开启了转向指示灯，警示灯就会增加亮度并开始闪烁来提醒驾驶员，如图 5-3-21 所示。

主动巡航控制系统即自适应巡航系统。该系统通过传感器（激光雷达或红外线探测器）测量前车或其他障碍物到本车的距离以得到前车或其他障碍物的确切位置，并在显示屏上显示，如图 5-3-22 所示，当发现前车减速或监测到新目标时，系统就会给发动机或制动系统发送控制信号以降低车速，使本车和前车保持一个安全的行驶距离，同时自动控制车速以

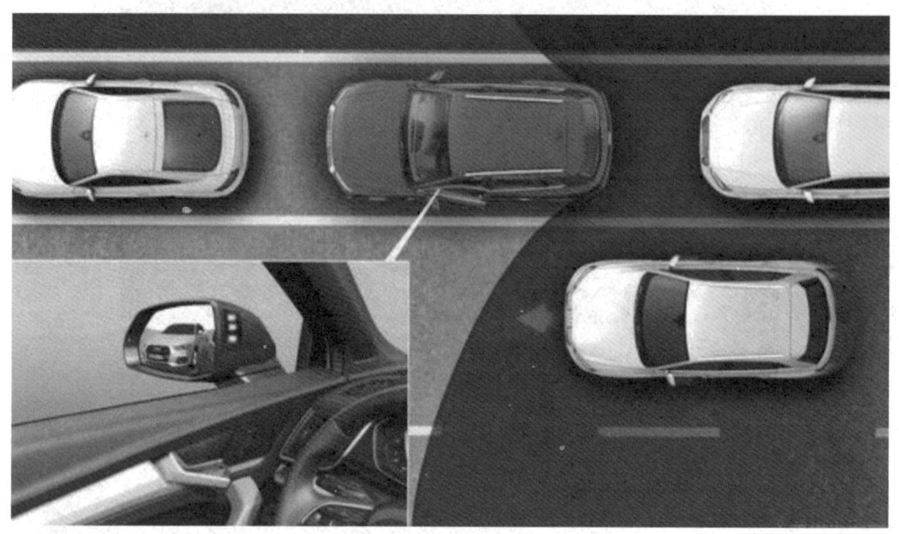

图 5-3-21 侧向辅助系统的功能

图 5-3-22 主动巡航控制系统的功能

便继续跟踪行驶。该系统不仅可以代替驾驶员控制车速，避免频繁地取消和设定巡航状态，使巡航控制系统适合于更多的路况，还能大大提高车辆在大雾、沙尘等恶劣天气下行驶的安全性，适应更多复杂环境。

四、汽车防撞电子控制系统的检修

汽车防撞电子控制系统的常见故障及其排除方法见表 5-3-3。

表 5-3-3 汽车防撞电子控制系统的常见故障及其排除方法

序号	故障现象	故障原因	故障诊断	排除方法
1	尚未挂入倒挡，但蜂鸣器长鸣	电源线与非倒挡电源并接	检查电源线是否与倒挡电源并接	将电源线与倒挡电源并接
2	挂入倒挡时，蜂鸣器未发出声音（倒车灯亮）	（1）蜂鸣器连接器未接上或损坏 （2）电子控制单元损坏	（1）检查蜂鸣器连接器输入电压是否为 12 V，电子控制单元输入电压是否正常 （2）检查电子控制单元	（1）接上或更换相应连接器 （2）更换电子控制单元
3	挂入倒挡时，蜂鸣器发出两短声	（1）传感器未与线束连接 （2）其中一组传感器损坏	（1）检查线束连接 （2）检查传感器	（1）将传感器拔出后重新插入 （2）先更换其中一组传感器，若仍为两短声，则更换另一组传感器
4	挂入倒挡时，虽车后有障碍物，但蜂鸣器未发出声音	（1）传感器损坏 （2）电子控制单元损坏 （3）障碍物反射面积小	（1）检查传感器 （2）检查电子控制单元 （3）检查反射面积是否小于 25 cm^2	（1）更换传感器 （2）更换电子控制单元 （3）用反射面积大于 25 cm^2 的反射物检查
5	挂入倒挡后，虽车后无障碍物，但蜂鸣器长鸣	（1）传感器上沾有泥、水滴等异物 （2）传感器损坏	（1）检查传感器上是否沾有异物 （2）检查传感器	（1）将传感器擦拭干净 （2）更换传感器
6	挂入倒挡后，虽车后无障碍物，但蜂鸣器间断鸣响	（1）传感器未安装在指定位置 （2）传感器检测到凹凸不平地面	（1）检查传感器安装是否正确 （2）检查地面是否凹凸不平	（1）重新安装传感器 （2）移动车辆到平整地面
7	某些情况下系统工作不正常，其他情况正常	传感器受到其他声波的干扰	此情况下系统是好的	排除干扰源

课题小结

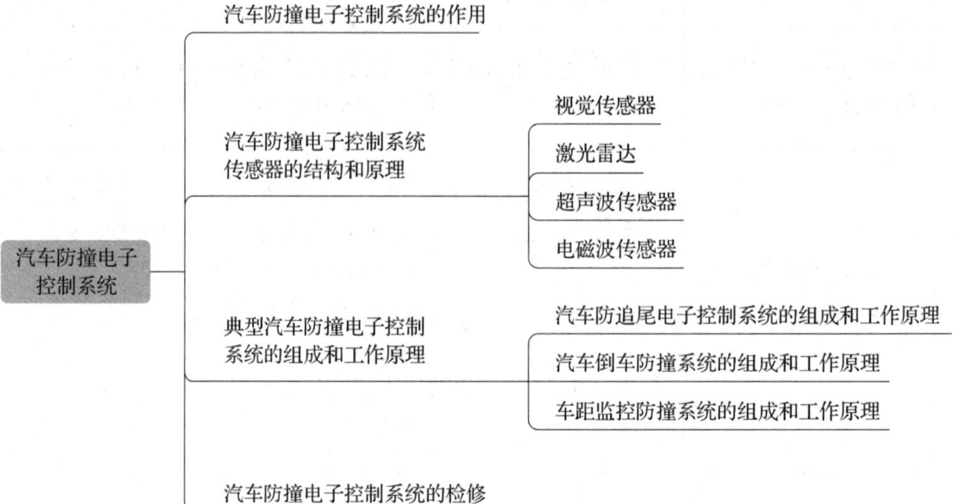
汽车防撞电子控制系统
汽车防撞电子控制系统的作用
汽车防撞电子控制系统传感器的结构和原理
视觉传感器
激光雷达
超声波传感器
电磁波传感器
典型汽车防撞电子控制系统的组成和工作原理
汽车防追尾电子控制系统的组成和工作原理
汽车倒车防撞系统的组成和工作原理
车距监控防撞系统的组成和工作原理
汽车防撞电子控制系统的检修

模块六
汽车车身舒适性及其他电子控制系统

课题1 汽车监测显示系统

学习目标

1. 了解汽车监测显示系统的组成。
2. 熟悉车辆状况监测系统的组成和工作原理。
3. 熟悉汽车电子仪表的结构和工作原理。
4. 掌握汽车监测显示系统的检修方法。

一、汽车监测显示系统的组成

汽车监测显示系统（见图 6–1–1）是驾驶员了解汽车运行状况的重要途径，对保证汽车行驶的动力性、经济性和安全性起重要作用。

图 6–1–1　汽车监测显示系统

汽车监测显示系统主要由车辆状况监测系统和汽车电子仪表两部分组成。

1. 车辆状况监测系统

车辆状况监测系统实际上是传统仪表警报功能的改进和发展。它在汽车行驶前和行驶中可以监测多种变量，如蓄电池供电情况、发动机转速、照明系统工作情况、制动摩擦片厚度、机油液位、轮胎气压等，还能使驾驶员获得车辆的有关信息，如平均油耗、瞬时油耗、平均车速、可行驶里程、行驶时间等，可以提高行驶安全性、乘坐舒适性和燃油经济性。这些信息在不需要时不显示，需要时可通过按键和按钮调出。

2. 汽车电子仪表

汽车电子仪表为驾驶员提供汽车行驶时最基本的工况信息，如汽车行驶速度、行驶里程、发动机转速、机油压力和温度、发动机冷却液温度、燃油量等，这些信息在仪表上连续显示出来。常用的显示方法包括模拟显示和数字显示两种类型。

（1）模拟显示

信息在刻度盘上显示出指针连续运动的模拟值。模拟显示可分为指针摆动式（见图 6–1–2）和直线滑动式两种形式，适用于车速表、转速表、燃油油量表、发动机冷却液温度表等。

图 6–1–2　指针摆动式模拟显示

（2）数字显示

信息以数字形式显示在仪表上，如图 6–1–3 所示。随着汽车技术的不断发展，数字显示仪表的使用日益普及，数字显示比模拟显示读数更精确、读取时间更短。

二、车辆状况监测系统的组成和工作原理

1. 车辆状况监测系统的组成

车辆状况监测系统主要由传感器、电子控制单元、显示器件三部分组成。

（1）传感器

传感器主要用于监测汽车状态参数和极限参数的瞬时值。车辆状况监测系统常用的传感器包括液位传感器、速度传感器、汽车空调传感器、车身高度传感器等。

图 6–1–3　数字显示

（2）电子控制单元

点火开关接通后，电子控制单元连续读取传感器信号，通过计算和分析，判断有无被监测的参数超出设定阈值。

（3）显示器件

当测量的瞬时值达到设定阈值时，就会通过显示器件进行显示。车辆状况监测系统的显示器件有多种结构和形式，包括灯泡、发光二极管、液晶显示器等，是仪表板的重要组成部分。

2. 车辆状况监测系统的工作原理

（1）照明系统监测

照明系统监测装置在汽车上应用很广泛，主要用于监测照明系统的工作情况。当灯泡或照明电路出现故障时，监测装置使仪表板上相应指示灯点亮，以提醒驾驶员。也有的监测装置的显示方式是工作正常时指示灯点亮，不亮则表示出现故障。

差动继电器式灯光监测装置是一种常用的照明系统监测装置，它使用两个极性相反的线圈形成差动式继电器，可以同时监测两个车灯。当两个车灯都工作正常时，由于两个线圈产生的磁通方向相反，触点断开。如果其中一个车灯损坏，则该车灯连接的线圈内的电流将减小或消失，触点在磁通作用下闭合，受到负载电阻控制的电流通到电子控制单元，使指示灯点亮，如图 6–1–4 所示。

（2）制动摩擦片磨损监测

制动器是制动系统的主要部件，制动摩擦片磨损监测是指在制动摩擦片内装上传感器，当制动摩擦片使用到极限厚度时，发出警报信号。

图 6–1–5 所示为制动摩擦片磨损监测开环系统，在每个摩擦片表面都埋进一个绝缘触点，当摩擦片磨损达到极限时，触点和制动鼓或制动盘接触，仪表板上相应指示灯点亮。开环系统可靠性比较差，如果系统出现开路，即使摩擦片磨损达到极限，系统也不能指示。

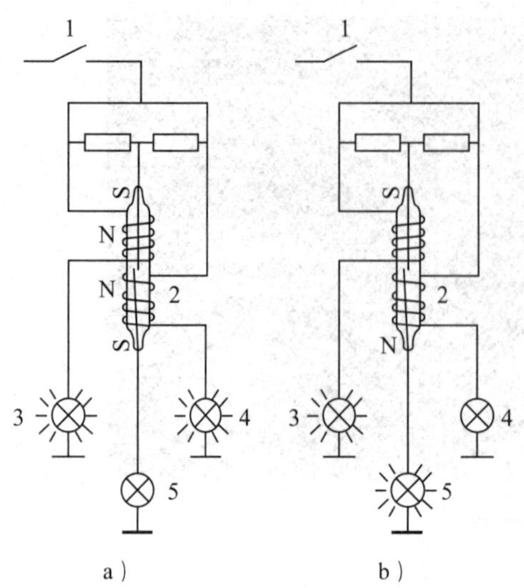

图 6-1-4　差动继电器式灯光监测装置的工作原理
a）两个车灯都正常　b）一个车灯损坏
1—灯光开关　2—差动舌簧开关
3、4—车灯　5—指示灯

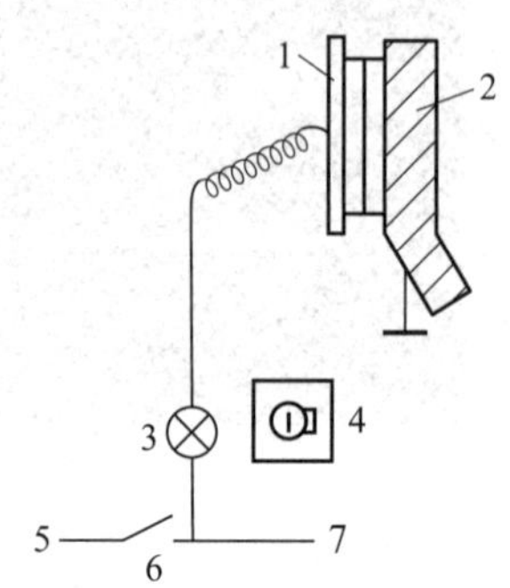

图 6-1-5　制动摩擦片磨损监测开环系统
1—摩擦片　2—制动盘　3—指示灯
4—警报标志　5—接蓄电池
6—点火开关　7—接点火系统

目前应用较多的是制动摩擦片磨损监测闭环系统，如图 6-1-6 所示，闭环系统是在摩擦片中埋入一根导线，当摩擦片磨损达到极限时，导线被磨断，电路中断，发出警报信号。

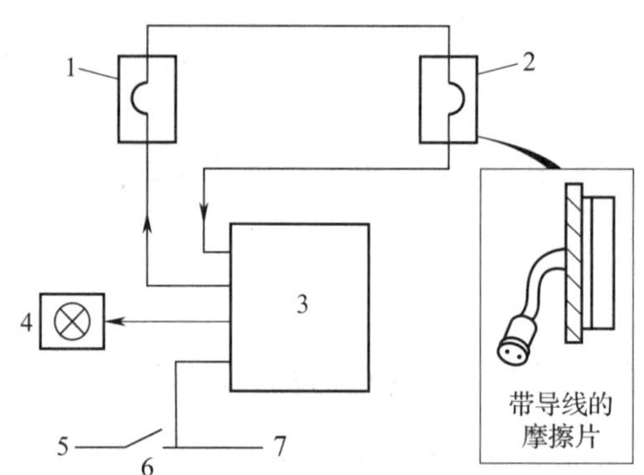

图 6-1-6　制动摩擦片磨损监测闭环系统
1—左摩擦片　2—右摩擦片　3—电子控制单元　4—指示灯
5—接蓄电池　6—点火开关　7—接点火系统

（3）机油液位监测

机油液位监测装置是在一个空心塑料筒内安装一根电阻丝，塑料筒上带有和普通机油尺一样的液位标记，可看作机油尺，通过两根导线与电子控制单元相连接，如图 6-1-7 所示。在初始接通点火开关或发动机停转 3 min 以上后再次接通点火开关时，会有大约 0.2 A 的电流通过电阻丝，当这个小电流通过电阻丝约 1.5 s 后，电阻丝的电阻增大，指示灯点亮。如果电阻丝浸在机油中，则小电流通过时，电阻丝的热量会扩散到机油中，温度不会明显升高，电阻也不会增大，电子控制单元接收到低电阻信号后，使指示灯熄灭。当机油液位低于机油液位“低”标记 3 mm 以上时，电阻丝的温度升高、电阻增大，电子控制单元接收到高电阻信号后，使指示灯常亮。

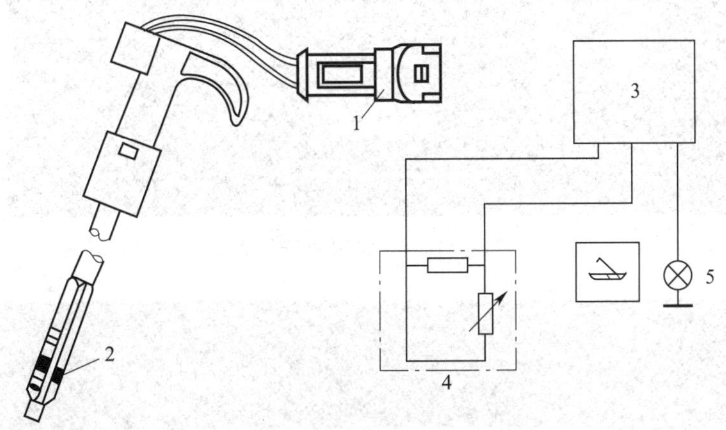

图 6-1-7 机油液位监测装置

1—连接器 2—电阻丝 3—电子控制单元 4—带电阻丝的塑料筒 5—指示灯

（4）轮胎气压监测

轮胎气压监测是指持续监测轮胎气压，并将气压值与基准值进行对比，当相差较大时，发出警报信号，或在仪表板上显示，如图 6-1-8 所示。

图 6-1-8 轮胎气压监测

三、汽车电子仪表的结构和工作原理

汽车电子仪表采用微处理器采集、处理不同传感器的信号，显示汽车行驶速度、行驶里程、发动机转速和燃油量等多种信息。数字显示仪表比模拟显示仪表更精确，模拟显示仪表（见图 6-1-9）显示的是来自传感器的信息平均值，数字显示仪表（见图 6-1-10）显示的是即时值。大多数数字显示仪表都有自诊断功能，每当点火开关置于 ACC 或 ON 位置时，仪表便进行一次自检，若发现故障，便显示一个故障码。

图 6-1-9　模拟显示仪表

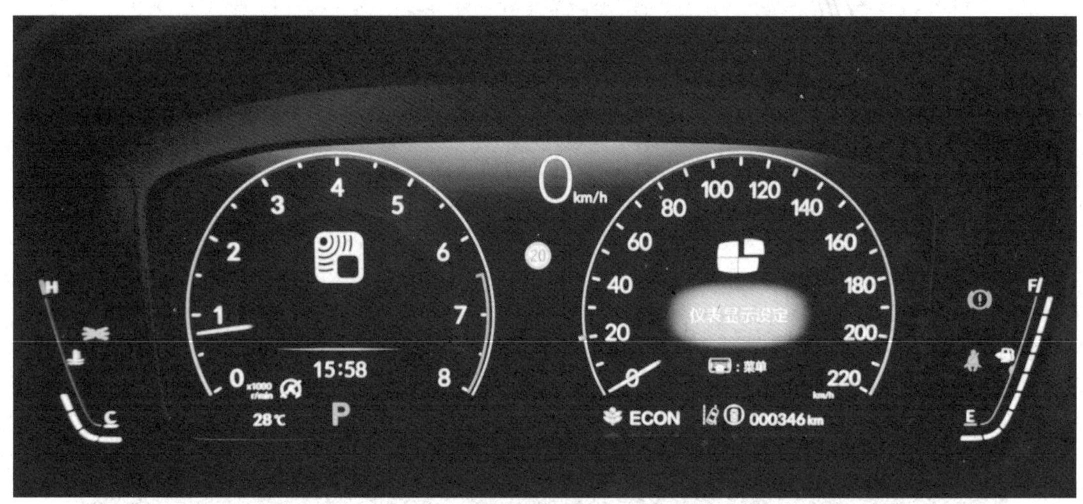

图 6-1-10　数字显示仪表

1. 车速表

车速表接收车速传感器的信号，这里的车速传感器一般使用光电式。

光电式车速传感器（见图 6-1-11）由车速表软轴驱动，软轴带动开有方孔的叶轮在发光二极管和光电晶体管之间旋转。由于叶轮轮流遮挡发光二极管发射的光束，光电晶体管

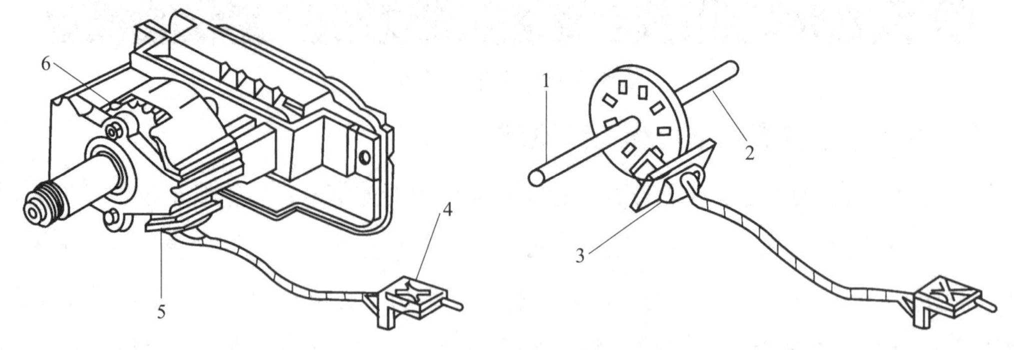

图 6-1-11　光电式车速传感器

1—车速表软轴　2—接车速表　3、5—光电式传感器　4—从光电式传感器接至仪表的连接器　6—叶轮

便将一连串的电脉冲信号发送给发动机ECU，主车身ECU共享此信号。主车身ECU计算车速，然后经串行数据口将此信息提供给车速表，显示当前车速。

图 6-1-12　机械式车速里程表

2. 车速里程表

车速里程表用来显示汽车行驶速度和行驶里程。

机械式车速里程表由车速表和里程表等组成，通过变速器或分动器接软轴来驱动仪表，如图 6-1-12 所示。

电子式车速里程表利用安装在变速器上的车速传感器获取车速信号，并通过导线传输信号，能够克服机械式车速里程表用软轴传输转矩带来的磨损等缺点。

电子式车速里程表的结构如图 6-1-13 所示，主要由车速传感器、电子电路、车速表和里程表四部分组成，既能指示汽车行驶速度，又能记录行驶里程（包括累计里程和单程里程），还具有清零功能。

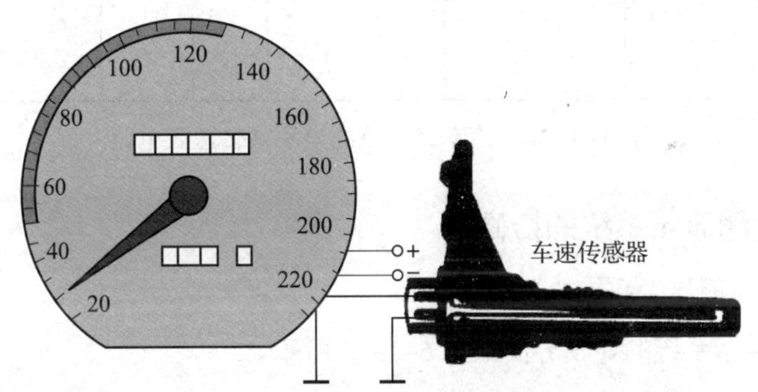

图 6-1-13　电子式车速里程表的结构

（1）车速传感器

车速传感器一般采用电磁感应式或霍尔式，由变速器驱动，能够产生与汽车行驶速度成正比的脉冲信号。

（2）电子电路

电子电路的作用是将由车速传感器输入的、与车速成正比的脉冲信号，经过整形、触发，输出一个与车速成正比的电流信号。电子电路主要包括稳压电路、单稳态触发电路、恒流源驱动电路、64 分频电路和功率放大电路等。

（3）车速表

车速表实际上是一个磁电式电流表。汽车以不同车速行驶时，从电子电路输出与车速成正比的电流信号，驱动车速表指针偏转，从而指示相应的车速。

（4）里程表

里程表主要由一个步进电动机和两个十进位计数器等构成。由车速传感器输入的脉冲信号经电子电路分频、放大后，驱动步进电动机，带动十进位计数器工作，从而记录行驶里程。

3. 转速表

图 6-1-14 所示为汽车上常见的电子式转速表电路。当发动机正常工作时，断电器触点不断开、闭，其变化次数与发动机转数成正比。因此，仪表读数可直接反映出发动机的转速。

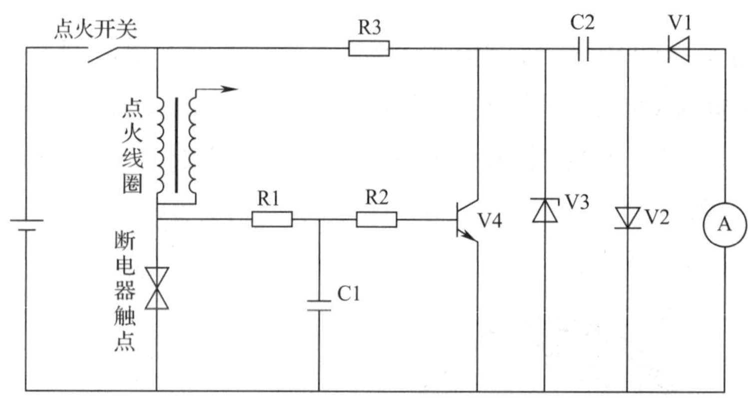

图 6-1-14　汽车上常见的电子式转速表电路

四、汽车监测显示系统的检修

1. 典型汽车监测显示系统的认知

某汽车监测显示系统的显示界面如图 6-1-15 所示。

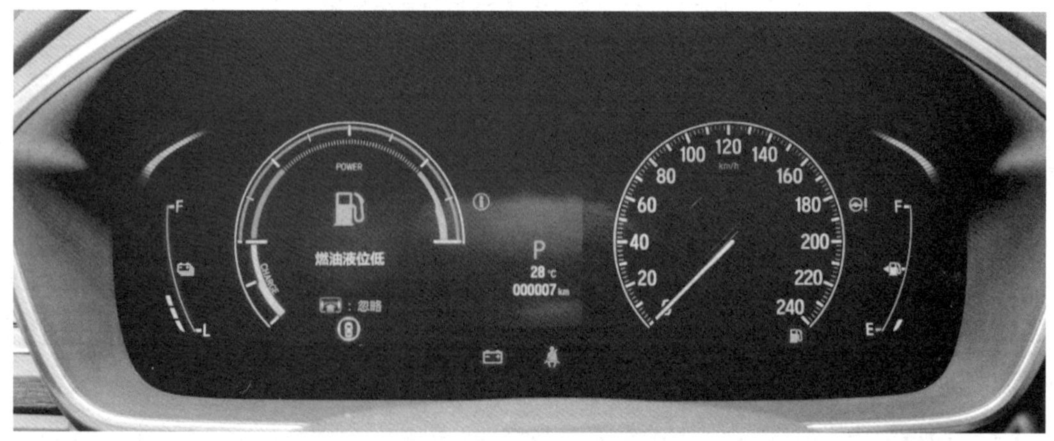

图 6-1-15　某汽车监测显示系统的显示界面

（1）电子节气门故障指示灯

此灯用于监控汽油发动机电子节气门控制系统的工作状态。在接通点火开关进行功能检查时，此灯亮起。如果在行驶中此灯常亮，则表示发动机电子节气门控制系统出现故障，必须立即检查发动机。

（2）发电机故障指示灯

此灯用于显示发电机故障或汽车电气设备故障。在接通点火开关时，此灯亮起。如果发动机已经起动，则此灯必须熄灭。如果在行驶中此灯常亮，一般情况下仍可以将汽车开到就近的服务站，此时汽车由蓄电池供电，因此，必须关闭那些非必需的电器。

（3）ESP 故障指示灯

此灯用于监控 ESP 的工作状态。在接通点火开关时，此灯亮起约 2 s，表示进行功能检查。在行驶中，ESP 工作正常时，此灯闪烁；如果 ESP 出现故障，此灯常亮，由于 ESP 与 ABS 一起工作，因此 ABS 出现故障时，此灯也会常亮。

（4）安全气囊故障指示灯

此灯用于监控安全气囊系统的工作状态。在接通点火开关时，此灯亮起数秒后熄灭。如果此灯一直不熄灭，或者在行驶时常亮、闪烁，则表示安全气囊系统出现故障。如果接通点火开关时此灯不亮，也表示安全气囊系统出现故障。

（5）转向指示灯

在转向信号装置已接通的情况下，此灯一起闪烁。根据转向灯的接通方向，左侧或右侧的转向指示灯相应闪烁。在接通危险警告信号时，两个转向指示灯同时闪烁。

（6）废气监控系统故障指示灯

此灯亮起表示废气监控系统出现故障，应尽快排除故障。

（7）悬架系统指示灯

在接通点火开关进行功能检查时，此灯亮起数秒后熄灭。如果此灯一直不熄灭，则表示悬架系统出现故障或 ESP 某项功能失灵。如果此灯闪烁，则表示汽车处于极限高位高度，不能马上开动汽车。例如，从汽车上取下很重的负载时，汽车可能会急剧升高（极限高位高度）。一旦汽车的高度重新保持平衡，此灯便会停止闪烁，才可以开动汽车。

（8）安全带警报灯

此灯用于监控安全带是否处于锁止状态，以提醒驾驶员、乘客系好安全带。在接通点火开关时，此灯亮起，直到相应的安全带扣紧后才会熄灭。有些车型还会发出警报声。

（9）远光指示灯

此灯用于显示前照灯远光的状态。在前照灯远光打开时，此灯亮起。

（10）驾驶员信息

驾驶员信息显示在仪表板中央的显示屏上。利用驾驶员信息可以迅速了解汽车当前的运行状态。接通点火开关时以及行驶期间，系统检查汽车的某些功能和组件是否正常。如出现功能故障或必须进行保养时，便会发出警报声，同时在显示屏上显示红色或黄色警报指示灯和驾驶指南，红色警报指示灯表示危险，黄色警报指示灯表示警告。

2. 汽车电子仪表的检修

以丰田雷凌轿车为例，汽车电子仪表的检修内容如下。

（1）检查车速表信号

1）将 GTS 连接到 DLC3。

2）将点火开关置于 ON 位置。

3）打开 GTS。

4）进入菜单“车身电气 / 组合仪表 / 主动测试”。

5）根据 GTS 的提示，进行主动测试。若测试结果正常，检查 DTC，使用 GTS 读取数据流（车速）；若测试结果异常，更换仪表板总成。

（2）检查燃油油量表工作状况

1）将 GTS 连接到 DLC3。

2）将点火开关置于 ON 位置。

3）打开 GTS。

4）进入菜单“车身电气 / 组合仪表 / 主动测试”。

5）根据 GTS 的提示，进行主动测试。若测试结果正常，检查 DTC；若测试结果异常，更换仪表板总成。

（3）检查发动机冷却液温度传感器信号

1）如果发动机冷却液温度指示灯不亮，进行主动测试。

①将 GTS 连接到 DLC3。

②将点火开关置于 ON 位置。

③打开 GTS。

④进入菜单“车身电气 / 组合仪表 / 主动测试”。

⑤根据 GTS 的提示，进行主动测试。

2）如果发动机冷却液温度指示灯闪烁或常亮，检查 DTC。

①检查是否输出发动机燃油喷射系统 DTC。

②使用 GTS 读取数据流（发动机冷却液温度）。

课题小结

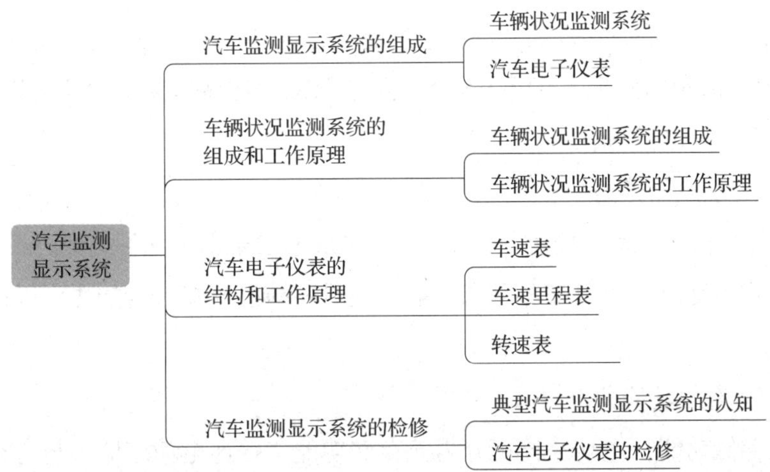

课题2 汽车自动座椅与安全带系统

学习目标

1. 了解汽车电动座椅的分类。
2. 熟悉汽车自动座椅的组成和工作原理。
3. 熟悉汽车安全带系统的组成和工作原理。
4. 掌握汽车自动座椅与安全带系统的使用与检修方法。

一、汽车电动座椅的分类

汽车电动座椅的主要功能是为驾乘人员提供便于操作、舒适安全的驾乘位置。

汽车电动座椅根据不同的分类方式可分为不同的类型。

1. 根据使用电动机的数量分类

根据使用电动机的数量，电动座椅可分为单电动机式、双电动机式、三电动机式和四电动机式等类型。

（1）单电动机式

单电动机式只能对电动座椅的2个方向进行调节，即前后移动调节。

（2）双电动机式

双电动机式可以对电动座椅的4个方向进行调节，即前后移动调节和高低调节。

（3）三电动机式

三电动机式可以对电动座椅的6个方向进行调节，即前后移动调节、前部高低调节和后部高低调节。

（4）四电动机式

四电动机式除了具有三电动机式的调节功能，还可以对靠背的倾斜角度进行调节。

电动座椅使用的电动机最多可达 8 个，除了保证上述调节功能，还可以对头枕高度、座椅长度和扶手位置进行调节。

2. 根据有无加热器分类

根据有无加热器，电动座椅可分为无加热器式和有加热器式两种类型。

有加热器式电动座椅可以在冬季寒冷的时候对座椅的坐垫进行加热，以使驾驶员或乘客乘坐更舒适。

3. 根据有无存储功能分类

根据有无存储功能，电动座椅可分为无存储功能（普通电动座椅）与有存储功能（自动座椅）两种类型。

有存储功能的电动座椅可以存储或恢复驾驶员已经调节好的座椅位置数据。

此外，某些汽车的电动座椅还附加了一些特种功能的装置，如在气垫座椅上使用电动气泵，对各个专用气囊进行充气，起到调节支撑腰椎、侧背、大腿的作用。

二、汽车自动座椅的组成和工作原理

汽车自动座椅是带存储与复位功能的电动座椅，是人体工程与电子技术相结合的产物，能自动适应不同体型的驾乘人员乘坐舒适性的要求。自动座椅不仅能调节座椅的前后位置、高度和靠背倾斜角度等，还能存储若干个座椅位置数据（或信息），只要驾乘人员按下按钮，就能自动调出存储的座椅位置，如果此时是不符合存储数据（或信息）的驾乘人员乘坐，汽车便发出蜂鸣声进行提示。

汽车自动座椅主要由调节开关、电动机、传动装置、位置传感器和电子控制系统等组成，如图 6–2–1 所示。自动座椅的基本组成和驱动方式与普通电动座椅相似，不同之处是增加了一套电子控制系统。

1. 调节开关

调节开关主要用于完成不同的调节功能，包括座椅前后移动调节、座椅前部高度调节、座椅后部高度调节、靠背倾斜角度调节和腰部支撑调节等，如图 6–2–2 所示。当座椅位置调节完成后，按下存储与复位开关，电子控制单元将各位置传感器的信号存储起来，以备恢复座椅位置时使用。当需要恢复座椅位置时，只要按下存储与复位开关，电子控制单元便驱动电动机，将座椅自动调节到存储的位置。自动座椅能存储两到三个座椅位置。

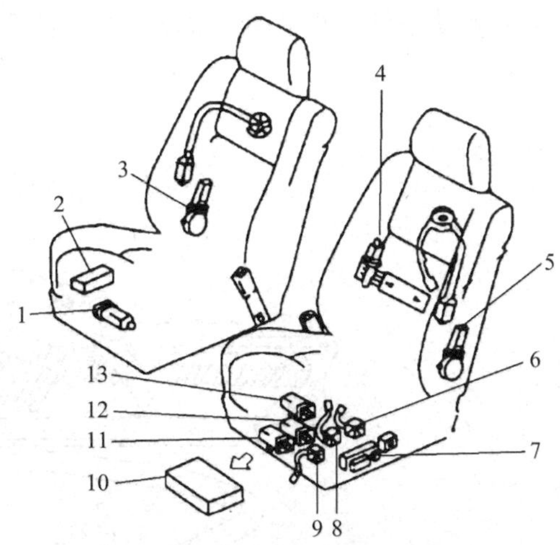

图 6-2-1 汽车自动座椅的组成

1、11—前后移动电动机 2、7—调节开关 3、5—靠背倾斜角度调节电动机 4—腰部支撑调节电动机 6—位置传感器（后部高度） 8—位置传感器（前部高度） 9—位置传感器（前后位置） 10—电子控制单元 12—前部高度调节电动机 13—后部高度调节电动机

图 6-2-2 调节开关

2. 电动机

大多数自动座椅采用永磁式双向电动机，即电枢的旋转方向随电流方向的改变而改变，通过调节开关操纵电动机按不同方向旋转，为自动座椅的调节机构提供动力。为防止电动机过载，电动机内装有热过载保护断路器。

3. 传动装置

电动机的旋转运动通过传动装置实现座椅的空间位置移动。

（1）高度调节传动装置

高度调节传动装置由蜗杆、蜗轮、心轴等组成，如图 6-2-3 所示。调节时，蜗杆在电动机的驱动下，带动蜗轮转动，从而使心轴旋进或旋出，实现座椅的上升或下降。

（2）前后移动调节传动装置

前后移动调节传动装置由蜗杆、蜗轮、齿条、导轨等组成，如图 6-2-4 所示。齿条安装在导轨上，调节时，电动机驱动蜗杆，蜗杆带动蜗轮，蜗轮带动导轨上的齿条实现座椅的前、后移动。

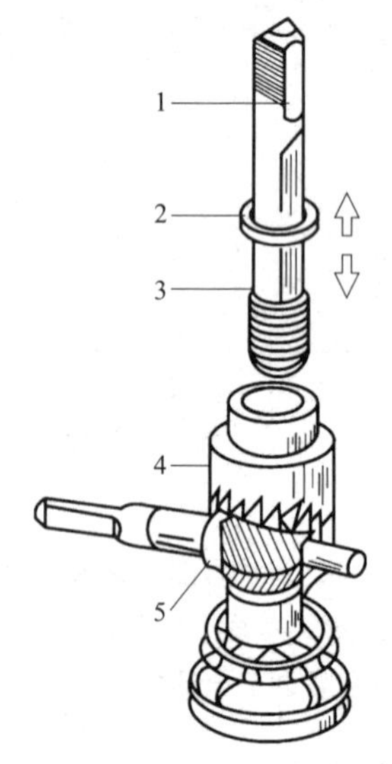

图 6-2-3　高度调节传动装置
1—铣平面　2—垫片　3—心轴
4—蜗轮　5—蜗杆

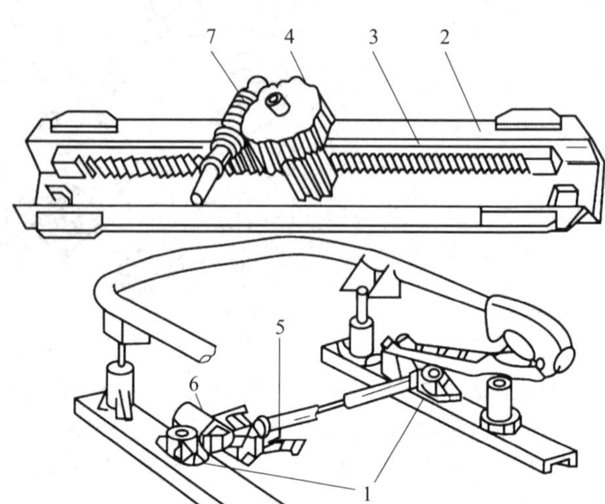

图 6-2-4　前后移动调节传动装置
1—支撑及导向元件　2—导轨　3—齿条　4—蜗轮
5—位置传感器　6—调节电动机　7—蜗杆

4. 位置传感器

自动座椅的位置传感器主要包括滑动电位器式和霍尔式两种类型。

（1）滑动电位器式位置传感器

滑动电位器式位置传感器主要由齿轮、电阻丝和滑块等组成，如图 6-2-5 所示。在电动机驱动座椅的同时，驱动齿轮通过螺杆带动滑块在电阻丝上滑动，从而将座椅位置转变成电压信号发送给电子控制单元。

（2）霍尔式位置传感器

霍尔式位置传感器主要由永久磁铁、霍尔集成电路等组成，如图 6-2-6 所示。永久磁铁安装在由电动机驱动的转轴上，转轴的旋转引起霍尔元件磁通量的变化，使霍尔元件产生霍尔电压，再经霍尔集成电路进行放大和处理，然后将脉冲信号发送给电子控制单元。

5. 电子控制系统

自动座椅的电子控制系统包括两套控制装置。其中一套是手动控制装置，包括调节开关和一组座椅位置调节电动机等，驾乘人员可根据需要，通过相应的调节开关来调节，手动控制装置与普通电动座椅的控制装置完全相同。另一套是自动控制装置，包括位置传感器、存储与复位开关、电子控制单元和一组与手动控制装置共用的座椅位置调节电动机等，自动控制装置可以根据位置传感器的信号将座椅位置存储起来，以备下次恢复座

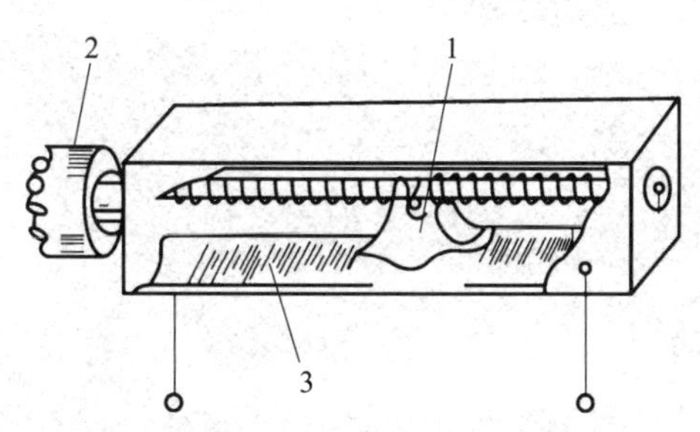

图 6-2-5　滑动电位器式位置传感器
1—滑块　2—齿轮（电动机驱动）　3—电阻丝

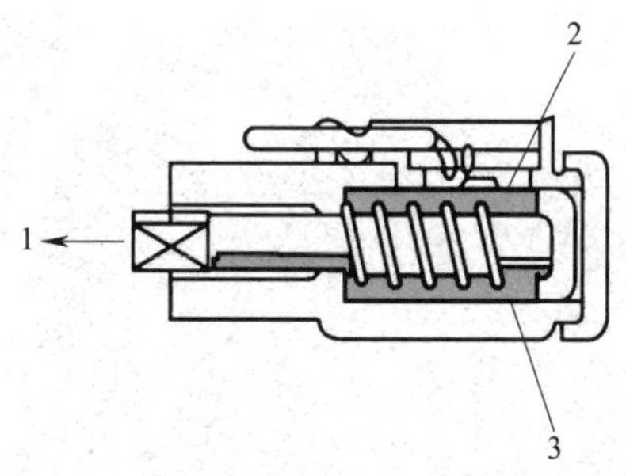

图 6-2-6　霍尔式位置传感器
1—电动机输出轴　2—霍尔集成电路
3—永久磁铁

椅位置时使用。驾驶员可以根据不同需要，通过操纵存储与复位开关选择使用两套控制装置。

三、汽车安全带系统的组成和工作原理

汽车安全带系统（见图 6-2-7）是保护驾乘人员安全的最重要、最有效、最经济、最普及的被动安全装置。当汽车发生碰撞时，安全带系统产生约束力，限制驾乘人员在碰撞惯性下的运动，防止驾乘人员被抛出车外，防止或减轻驾乘人员与车内物体的二次碰撞，从而保护驾乘人员的安全。而安全气囊系统是安全带系统的辅助安全装置。

统计数据表明，仅有 10% 的碰撞事故才会使气囊展开，因此安全气囊系统发挥作用的概率远低于安全带系统。重大道路交通事故造成驾乘人员从车内甩出或车辆严重翻转时，安全气囊系统不起作用，但如果驾乘人员预先系好安全带，就有可能避免重大伤亡的发生。安全带系统在可靠性和普及率方面也远高于安全气囊系统。

1. 安全带系统的组成

安全带系统主要由织带、收紧器、高度调节器、导向板、锁舌与锁扣、限力器等组成。

（1）织带

织带（见图 6-2-8）大多使用合成纤维织成，其作用是将驾乘人员约束在座椅上，以防制动或发生碰撞时驾乘人员在惯性的作用下发生较大的运动，同时在加速度较小的情况下，织带可以以一定的速度伸展或收缩，允许驾乘人员自由活动。

（2）收紧器

织带不使用或正常佩戴时，收紧器（见图 6-2-9）将织带收回。当织带拉出的加速度达到一定值时，收紧器会锁紧织带。

（3）高度调节器

高度调节器（见图 6-2-10）一般安装在座椅的肩部位置，可以调节织带以适应不同身高驾乘人员的需要。

图 6-2-7 汽车安全带系统

图 6-2-8 织带

图 6-2-9 收紧器

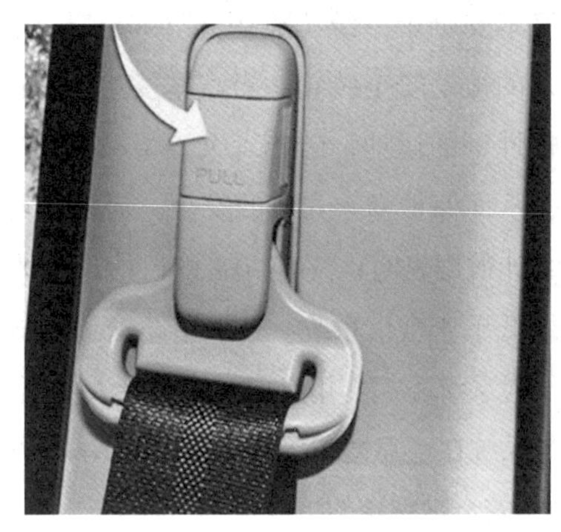

图 6-2-10 高度调节器

（4）导向板

导向板用于控制织带的拉伸方向。

（5）锁舌与锁扣

锁舌与锁扣配合构成织带的系 / 脱连接关系。将锁舌插入或脱开锁扣，即完成织带的佩戴或解脱。

（6）限力器

当汽车发生严重碰撞，收紧器收紧时，若织带施加在驾乘人员身上的约束力达到预定值，限力器起作用，控制施加的约束力。

2. 电子控制收紧器

安全带可以约束驾乘人员，但并不能将驾乘人员完全固定在座椅上，安全带与驾乘人员之间还留有些许间隙。因此，在汽车发生严重碰撞时，虽然系上安全带时所受的冲击会比未系上安全带时小很多，但是驾乘人员仍有可能撞到车内物体而受到伤害。在严重的正面碰撞中，电子控制收紧器立即起作用，通过快速的收紧反应，使安全带在驾乘人员向前移动之前就回缩一定的长度，这样就可以减少驾乘人员的向前移动量，如图 6-2-11 所示。电子控制收紧器包括活塞式和钢珠式等类型。

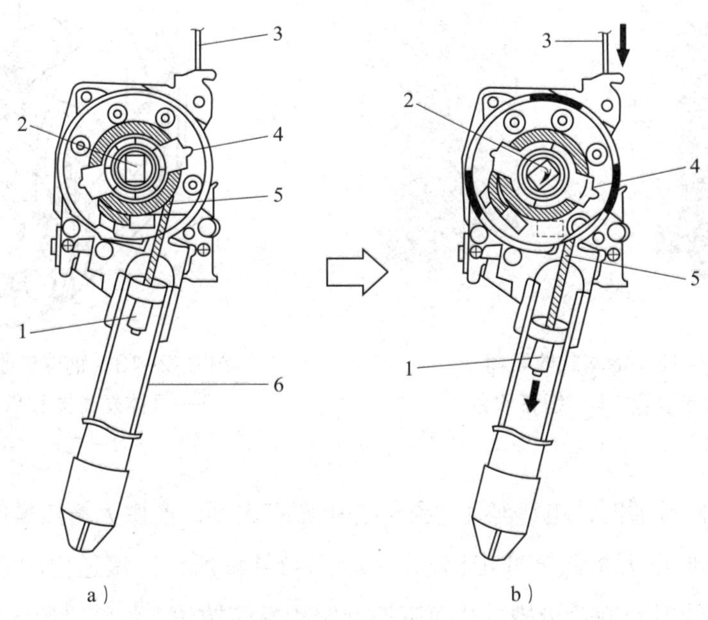

图 6-2-11　电子控制收紧器的作用

a）未动作时　b）已动作后

1—活塞　2—轴　3—织带　4—鼓轮　5—拉索　6—缸筒

（1）活塞式收紧器

活塞式收紧器在普通安全带的基础上加装点火器形成收紧系统，如图 6-2-12 所示。当汽车发生碰撞时，电子控制单元根据碰撞传感器的信号判断汽车碰撞强度。如果需要收紧织带，则向收紧器点火器发出点火指令，使气体发生剂膨胀，推动活塞，使织带迅速收紧，将车内驾乘人员拉向座椅靠背。如果电子控制单元经判断后认为需要启动安全气囊，则同时向安全气囊点火器和收紧器点火器发出点火指令，在气囊完全展开前，收紧器将织带收紧。

（2）钢珠式收紧器

钢珠式收紧器主要由气体发生器、点火器、钢珠、棘轮、卷筒等组成，如图 6-2-13 所示。

钢珠式收紧器气体发生器和点火器的结构原理与安全气囊系统气体发生器和点火器的结构原理基本相同，但体积很小。点火器安放在气体发生器内部，钢珠安放在气体发生器前面的滚道内，棘轮固定在卷筒的一端。

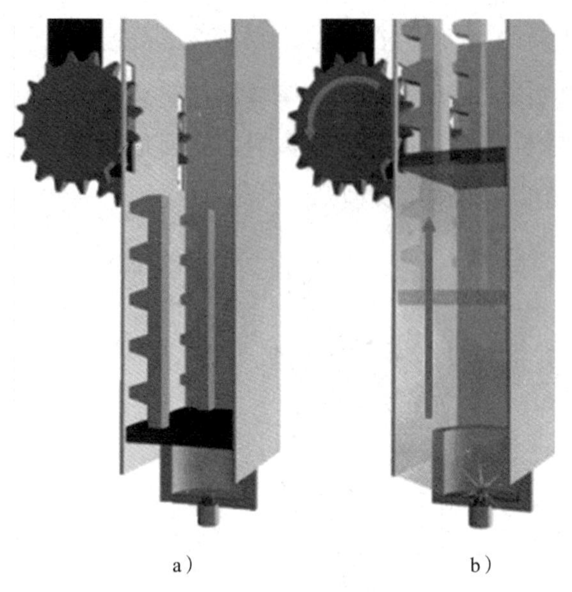

图 6-2-12　活塞式收紧器
a）织带未收紧　b）织带收紧

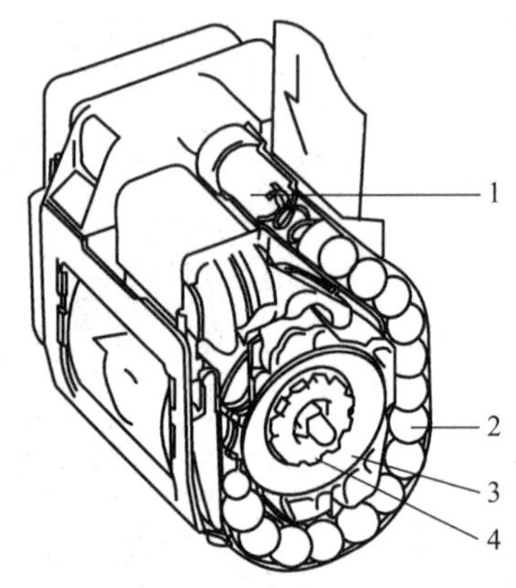

图 6-2-13　钢珠式收紧器的结构组成
1—气体发生器和点火器　2—钢珠
3—卷筒　4—棘轮

当点火器电路接通时，电热丝通电红热并引燃点火剂，产生大量热量使气体发生剂受热分解并迅速释放出大量氮气冲击钢球，如图 6-2-14a 所示。滚道内的钢珠在膨胀气体的推力作用下连续射向棘轮齿槽，从而驱动棘轮和卷筒转动，将织带收紧，如图 6-2-14b 所示。

注意：收紧器只能工作一次；收紧器工作时，可能会发出响声，且会有少量烟雾排出（这些烟雾是无害的）；即使座椅上没有人，收紧器也可能会工作。

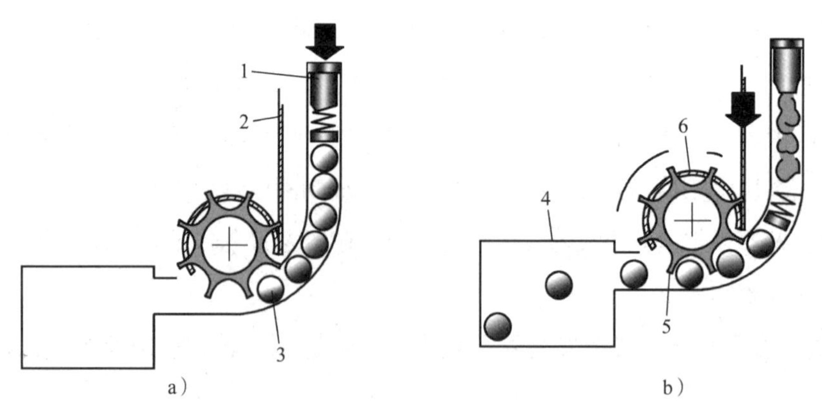

图 6-2-14　钢珠式收紧器的工作过程
a）未动作时　b）已动作后
1—气体发生器和点火器　2—织带　3—钢珠　4—钢珠回收盒　5—棘轮　6—卷筒

四、汽车自动座椅与安全带系统的使用与检修

1. 汽车自动座椅的使用

图 6–2–15 所示为两种汽车自动座椅的开关，可分别存储两个或三个座椅位置，利用存储与复位开关和调节开关进行单键操作，即可调节座椅位置。

在按住存储与复位开关“M”或“SET”键的同时，按下“1”“2”或“3”键，电子控制单元就可以将座椅位置、转向盘位置、安全带位置、外后视镜位置等存储起来。其前提条件是将自动变速器的变速杆置于 P 挡，否则不能接通点火电路。

当接通点火开关，并将自动变速器变速杆置于 P 挡时，只要按下存储与复位开关“1”“2”或“3”键，即可将存储的座椅位置复位。复位顺序：座椅前后移动→靠背倾斜→转向盘前后和上下移动→座椅前部、后部高度调节和安全带定位→座椅头枕位置上下调节。外后视镜的复位动作与上述顺序无关。

a）

b）

图 6–2–15　两种汽车自动座椅的开关

a）能存储两个座椅位置　b）能存储三个座椅位置

当自动变速器变速杆置于 P 挡以外的位置时，上述复位动作被禁止。另外，自动座椅的复位动作在踩下制动踏板的状态下也被禁止，以防止在行驶过程中，因位置发生变化而影响行车安全。

2. 汽车自动座椅的检修

（1）检测断路器

用测试灯检测断路器时，不接通点火开关，测试灯在断路器两端都应点亮。

（2）检测调节开关

从座椅上拆下调节开关，检测调节开关上的电压是否正常，若是，用万用表欧姆挡检测调节开关的通断情况。

（3）检查搭铁线

主要检查变速器、离合器控制电磁阀与车身之间的搭铁是否良好。

（4）检查存储功能

检查存储电位计是否损坏，接触是否良好。

3. 汽车安全带系统的检修

（1）安全带系统检修的注意事项

1）防止尖锐物体损伤织带的任何部分。

2）避免弯曲锁扣的任何部分。

3）锁扣、收紧器损坏时应更换新件，不可分解维修。

4）安全带系统的螺栓应按规定力矩拧紧。

（2）安全带总成的检查

1）检查前排座椅安全带总成（车辆未发生过碰撞）。在前排座椅安全带总成安装在车辆上的情况下对缺陷进行目视检查，检查内容包括：

①前排座椅安全带总成有无划伤。

②前排座椅安全带总成有无细小裂纹。

③前排座椅安全带总成是否明显变色。

如果发现任何缺陷，应更换新的前排座椅安全带总成。

2）检查前排座椅安全带总成（车辆发生过碰撞）。在前排座椅安全带总成从车辆上拆下的情况下对缺陷进行目视检查，检查内容包括：

①前排座椅安全带总成有无划伤。

②前排座椅安全带总成有无细小裂纹。

③前排座椅安全带总成是否明显变色。

④前排座椅安全带总成连接器有无裂纹或其他损伤。

如果发现任何缺陷，应更换新的前排座椅安全带总成。

（3）安全带系统的检查

1）检查织带。应特别注意织带最大应力接触处，这些地方受损会削弱织带，因此织带最大应力接触处有受损迹象时应立即更换，即如果织带被切割或损坏、织带的丝线断裂、织带的边缘有孔眼、织带褪色、织带弯曲成弓形时，应检查和更换织带。

检查时，应注意纠正由于锁舌与锁扣连接不正确造成的织带扭曲；充分地拉长收紧器中的织带，如果织带不能从收紧器中拉出或不能返回到初始位置，检查织带是否沾有异物、织带是否扭曲、高度调节器或收紧器安装是否错位等，并进行清理与纠正；不可对织带进行漂白或染色，应使用淡肥皂水或清水进行清洗。

2）检查锁扣。将锁舌插入锁扣并听到“咔嗒”声后，将织带重新拉回，以检查锁扣锁闭是否正常。如果锁扣不能锁闭，应更换安全带组件。

按下锁扣上的按钮（按下压力约为 100 N），松开织带。如果锁扣外罩断裂、按钮松动或按下按钮所需的压力过高，应更换安全带组件。

3）检查收紧器。拉住织带并急速拉出，收紧器应收紧锁住织带，如果没有锁住，应更换收紧器。

进行制动测试（车速为 10 ~ 15 km/h，快速制动），如果织带未收紧，应更换安全带组件。

4）检查固定支座。安全带系统的固定支座安装在收紧器与车身的连接处。碰撞过程中，固定支座承受高冲击力，因此，应仔细检查固定支座是否有裂纹、变形，检查连接螺栓是否有裂纹、变形、松动，检查固定支座处是否有污物、腐蚀。

如果螺栓有松动，应及时拧紧；如果固定支座出现损伤，应修理完成后，重新连接固定支座。

（4）安全带警报灯的检查

接通点火开关，不系安全带时，安全带警报灯应点亮，蜂鸣器鸣响。如果灯不亮且没有警报声，应检查熔断器是否烧毁或电路是否断开：如果只有警报声但灯不亮，应检查灯是否损坏或烧毁；如果灯点亮但没有警报声，应检查电路中的线束、开关、蜂鸣器是否损坏或松动。

注意：检查安全带系统应采用系统的方法，不要漏掉任何细节。

课题小结

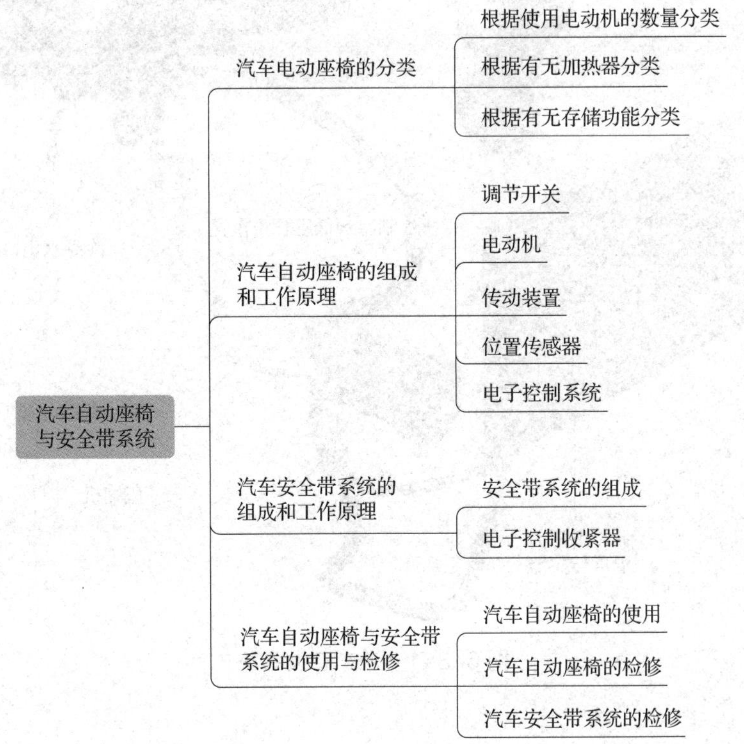

课题❸ 汽车空调系统

学习目标

1. 熟悉汽车空调系统的组成和工作原理。
2. 熟悉汽车空调系统传感器、执行器的结构和原理。
3. 了解汽车自动空调系统的控制过程。
4. 掌握汽车自动空调系统的检修方法。

一、汽车空调系统的组成和工作原理

汽车空调系统（见图 6–3–1）可以对车内温度、湿度、空气质量等进行调节，保证驾乘人员在任何外界气候和条件下都处于舒适的环境之中，并能够防止风窗玻璃上产生雾和霜，以确保驾驶员视线清晰。

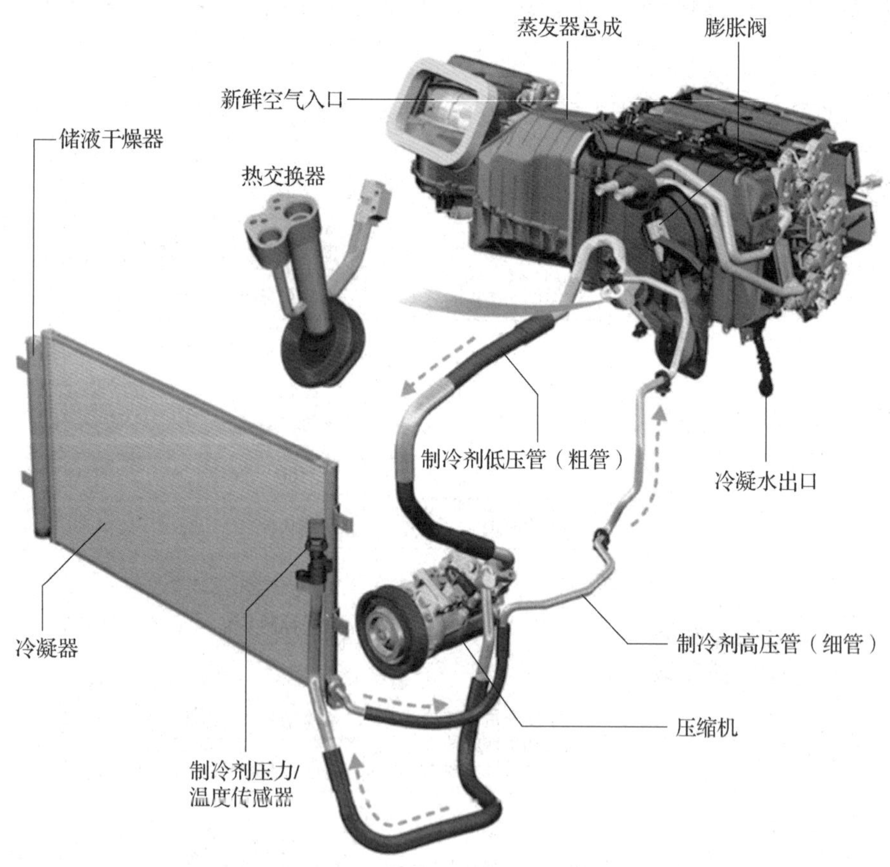

图 6–3–1　汽车空调系统

汽车空调系统可分为普通空调系统和自动空调系统。

自动空调系统又分为半自动空调系统和全自动空调系统。半自动空调系统没有自诊断功能，而全自动空调系统具有自诊断功能。此外，两者所用的执行器形式和传感器数量不同。

1. 汽车空调系统的组成

普通空调系统的组成如图 6–3–2 所示，主要包括通风与空气净化装置、制冷装置和采暖装置三部分。其中，通风与空气净化装置（见图 6–3–3）的功能是换气和过滤，隔离空气的有害物质、异味和尘埃等，制冷装置（见图 6–3–4）的功能是降温，采暖装置（见图 6–3–5）的功能是采暖、除湿。

2. 汽车空调系统的工作原理

普通空调系统的工作原理如图 6–3–6 所示。在鼓风机的作用下，空调系统通过前风窗玻璃下部的外部进气口吸入新鲜空气，或通过驾驶室内的内部进气口吸入内循环空气，空调滤清器对吸入的空气进行过滤。清洁的空气经蒸发器冷却或热交换器加热后，具有一定的温度、湿度和流速，最终通过风管和出风口吹出。

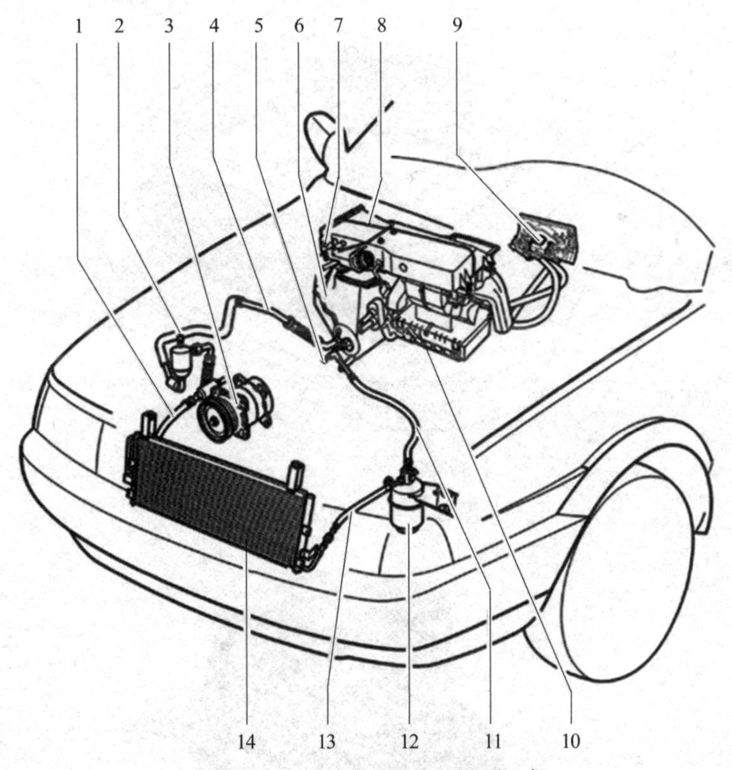

图 6–3–2 普通空调系统的组成

1—D 管（压缩机至冷凝器管路） 2—低压维修接口 3—压缩机 4—S 管（蒸发器至压缩机管路） 5—高压维修接口 6—蒸发器总成 7—温度传感器 8—进风罩 9—空调控制面板 10—新鲜空气风箱 11—L 管（储液干燥器至蒸发器管路） 12—储液干燥器 13—C 管（冷凝器至储液干燥器管路） 14—冷凝器

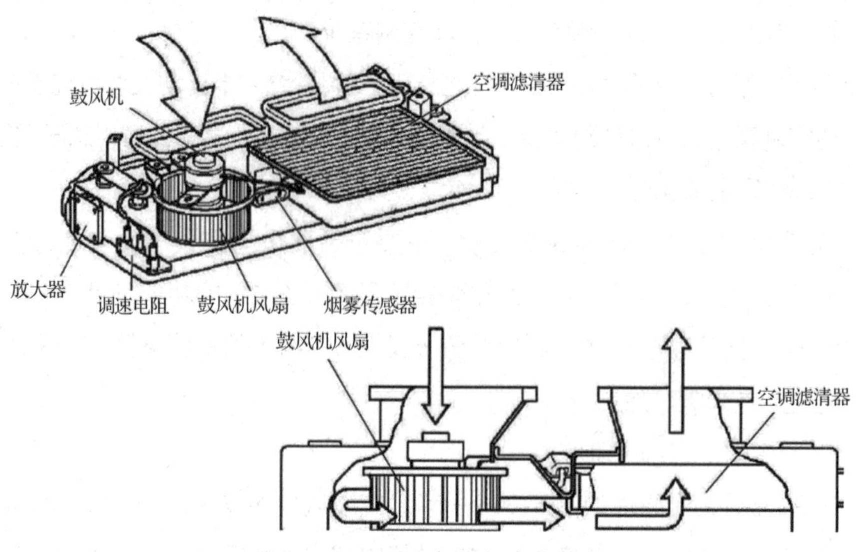

图 6-3-3　通风与空气净化装置

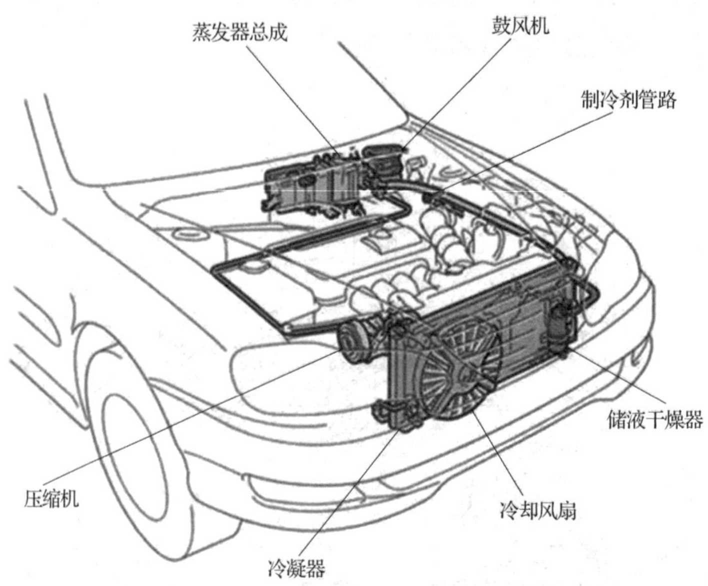

图 6-3-4　制冷装置

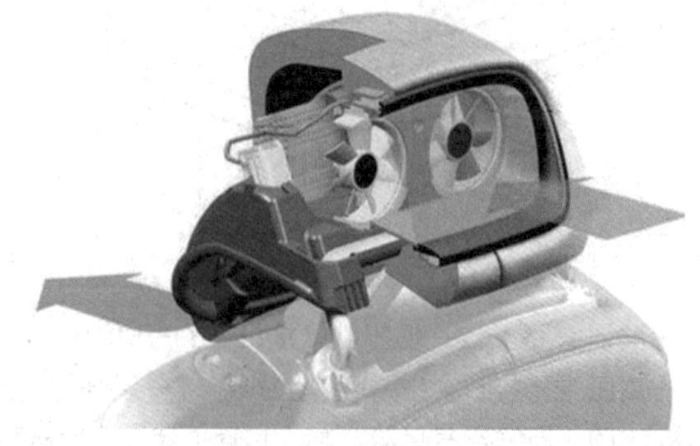

图 6-3-5　采暖装置

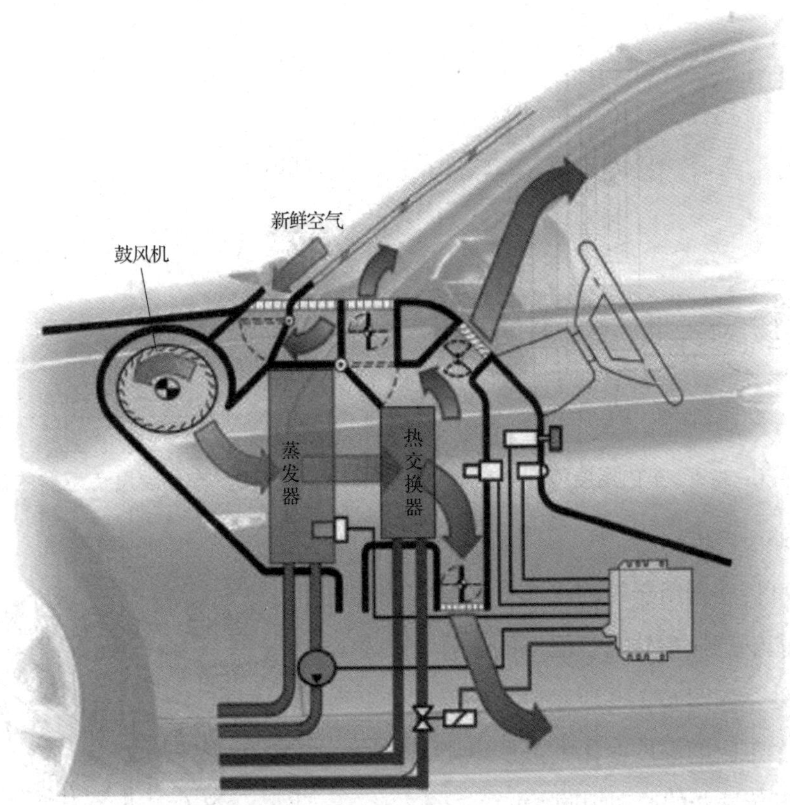

图 6–3–6 普通空调系统的工作原理

3. 汽车自动空调系统的电子控制系统

汽车自动空调系统的电子控制系统主要包括传感器、电子控制单元和执行器。其中，传感器用于温度信息反馈；电子控制单元是电子控制系统的“控制中枢”；执行器包括鼓风机、空气混合风门执行器、压缩机电磁离合器和电磁阀等，用于控制冷暖气组合，开启或关闭正面、侧面和脚部的出风口。从结构组成来看，自动空调系统比普通空调系统复杂得多。

二、汽车自动空调系统传感器、执行器的结构和原理

1. 传感器的结构和原理

（1）车内温度传感器

车内温度传感器是热敏电阻式温度传感器，如图 6–3–7 所示，通常安装在仪表板内。车内温度传感器通过一根抽风管连接到热交换器和蒸发器管内，空气通过抽风管快速流入热交换器管产生很小的真空度，使少量空气流过车内温度传感器和抽风管。有些空调系统中带有一个小电动风扇，吹动空气流过车内温度传感器。

车内温度传感器的电阻随温度的变化而变化，如图 6–3–8 所示。当温度较低时，车内温度传感器具有较大的电阻；温度升高，车内温度传感器的电阻减小。电子控制单元检测传感器两端电压降的变化来获取信号。

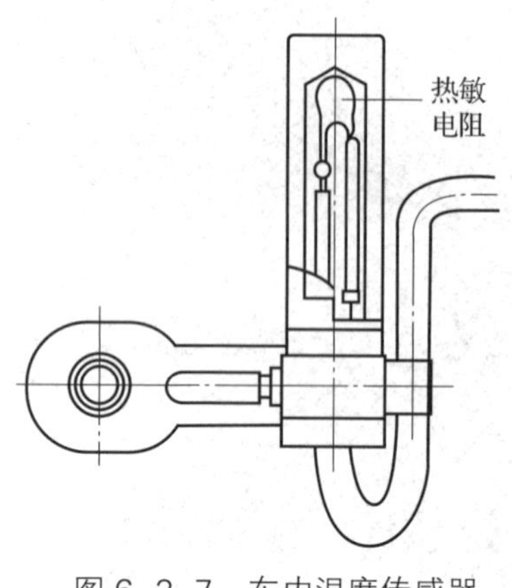

图 6-3-7　车内温度传感器

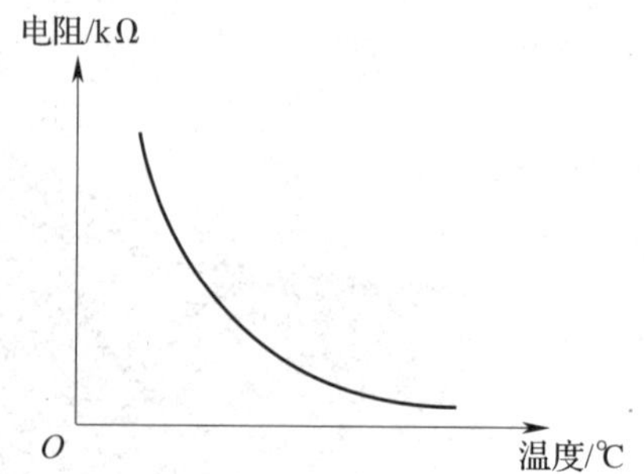

图 6-3-8　车内温度传感器的工作特性

（2）车外温度传感器

车外温度传感器用于检测汽车外部空气的温度，安装在能够感知车外空气温度的位置，如发动机罩锁扣处，如图 6-3-9 所示。车外温度传感器也包含一个电阻随温度变化的热敏电阻，其原理与车内温度传感器的原理相同。

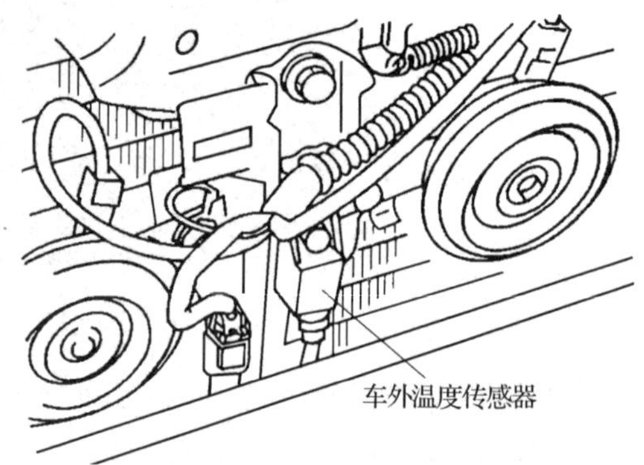

图 6-3-9　车外温度传感器的安装位置

（3）蒸发器温度传感器

蒸发器温度传感器安装在蒸发器的表面（见图 6-3-10），或能够测量从蒸发器出来的空气温度的位置（见图 6-3-11），其原理与车内温度传感器的原理相同。

图 6-3-10　蒸发器温度传感器的安装位置 1

（4）日照强度传感器

日照强度传感器安装在能够感知车内阳光强度的位置，如仪表板顶面或除霜器栅格上，如图 6–3–12 所示。日照强度传感器包含一个光敏二极管，可以检测照在传感器上的太阳光量，并将光信号转换成电流信号发送给电子控制单元。

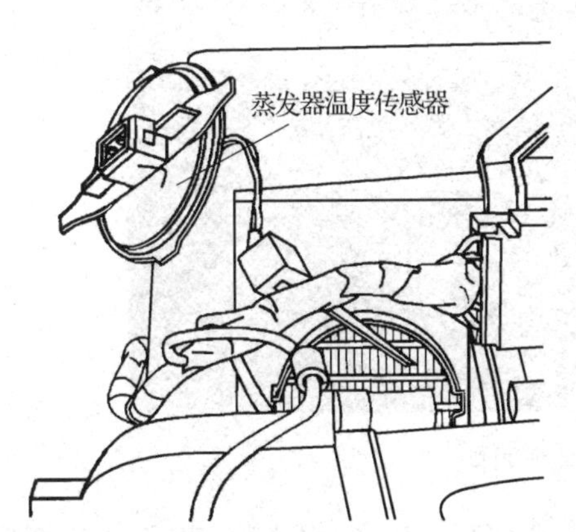

图 6–3–11　蒸发器温度传感器的安装位置 2

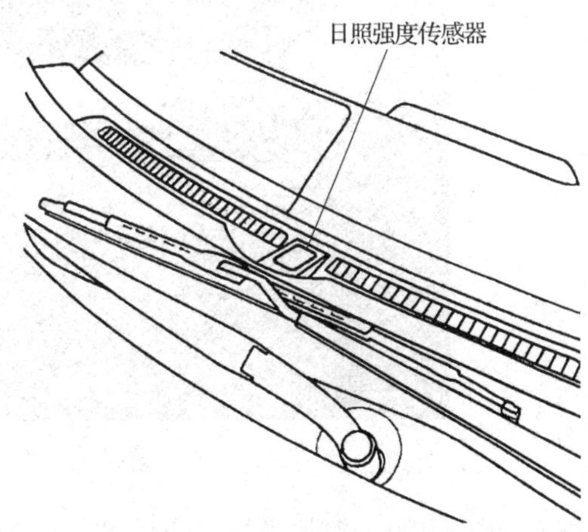

图 6–3–12　日照强度传感器的安装位置

2. 执行器的结构和原理

（1）鼓风机（见图 6–3–13）

电子控制单元根据设定的温度、车外温度、车内温度、日照强度、蒸发器温度和空气混合风门位置来控制鼓风机转速。鼓风机转速也可以通过空调控制面板上的风量调节旋钮进行手动控制，如图 6–3–14 所示。

图 6–3–13　鼓风机

（2）空气混合风门执行器

空气混合风门执行器是一个根据驾驶员设定的温度自动控制空气混合风门位置的电动机，电子控制单元控制空气混合风门电动机工作，电动机使空气混合风门移动到相应位置，以使车内温度达到设定的温度。

（3）模式选择风门执行器

模式选择风门执行器是一个与模式选择风门相连的电动机，如图 6–3–15 所示。电子控制单元操纵模式选择风门可以控制空气从地板风管、空调仪表板风管或除霜风管流出。在双水平模式中，模式选择风门控制空气从地板风管和空调仪表板风管流出。在混合模式中，空气从除霜风管和地板风管流出。电子控制单元使模式选择风门处于由驾驶员选择空气流

图 6-3-14　空调控制面板

向的位置。例如，驾驶员按下空调控制面板上的除霜按钮，电子控制单元操纵模式选择风门执行器使空气从除霜风管流出。

（4）内循环 / 环境空气风门执行器

内循环 / 环境空气风门执行器是一个与内循环风门相连的电动机，如图 6-3-16 所示。电子控制单元操纵内循环 / 环境空气风门执行器，使内循环风门处于车内空气或车外环境空气流入蒸发器或热交换器内的位置。当空调系统处于最大模式时，电子控制单元操纵内循环 / 环境空气风门执行器，使内循环风门处于车内空气流入蒸发器内的位置，这样能使车内温度快速降低；在多数模式下，电子控制单元使内循环风门处于车外环境空气流入蒸发器或热交换器内的位置。当驾驶员按下空调控制面板上的内循环按钮时，空调系统进入手动内循环模式，电子控制单元使内循环风门处于车内空气流入蒸发器内的位置。

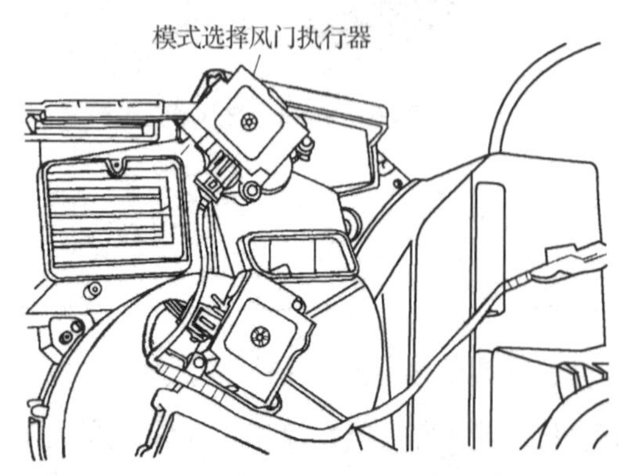

图 6-3-15　模式选择风门执行器

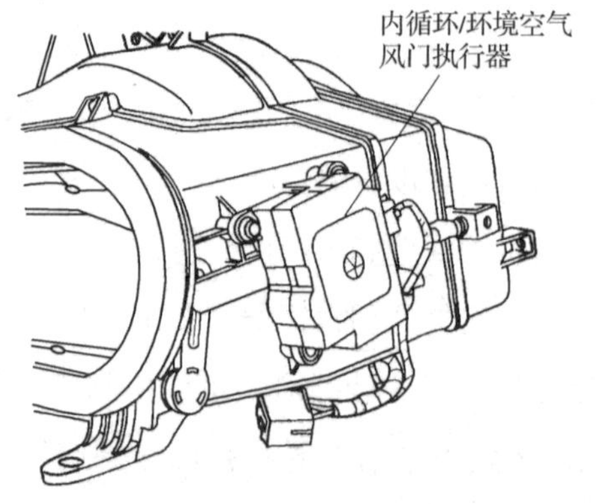

图 6-3-16　内循环 / 环境空气风门执行器

（5）压缩机电磁离合器

当驾驶员选择自动模式时，电子控制单元使压缩机电磁离合器的电磁线圈通电，于是压缩机电磁离合器（见图 6-3-17）接合，压缩机工作。

如果车外温度传感器信号显示的温度低于其设定值，电子控制单元控制压缩机电磁离合器不接合。如果传感器信号显示发动机节气门开度大或发动机处于高速运转状态，电子控制单元也不给压缩机电磁离合器供电。

图 6-3-17　压缩机电磁离合器

三、汽车自动空调系统的控制过程

1. 车内温度控制

接通点火开关，启动空调，使用空调控制面板设定需要的温度。电子控制单元根据设定的温度和车内温度传感器、车外温度传感器、蒸发器温度传感器、日照强度传感器的信号，计算确定空气流量和发送给空气混合风门执行器的控制信号。空气混合风门执行器接收到控制信号后，开启或关闭空气混合风门，从而改变车内温度。当车内温度达到设定温度时，电子控制单元控制空气混合风门执行器停止工作。

2. 鼓风机转速控制

鼓风机工作时，推动空气流过蒸发器或热交换器。为便于散热，鼓风机控制模块安装在风道上。鼓风机转速控制开关自动改变鼓风机转速，发动机冷却液温度控制开关则用于预热控制。鼓风机转速控制包括自动控制、预热控制、时滞气流控制、启动控制和手动控制。

（1）自动控制

当空调处于自动模式时，鼓风机放大器根据车内温度传感器、车外温度传感器和日照强度传感器的信号和设定温度，确定空气流量和发送给鼓风机功率管的控制信号，从而控制鼓风机转速。

（2）预热控制

空调的预热控制功能是利用发动机冷却液温度传感器检测发动机冷却液的温度进行工作的。只有发动机冷却液温度达到设定温度，鼓风机才能启动。

（3）时滞气流控制

如果车辆长时间停放在炎热的阳光下，当空调启动后，往往立即排出热空气。时滞气流控制功能可以防止上述情况发生。

启动空调，选择自动模式，出风模式设置为面部或面部和脚部，时滞气流控制功能控制空调根据蒸发器温度传感器检测到的制冷装置内的温度工作。当制冷装置内的温度不低于 30 ℃时，启动压缩机，不启动鼓风机，并保持约 4 s，使制冷装置内的空气冷却；之后约 5 s，启动鼓风机以低速运转，将制冷装置内已冷却的空气送到车内。

（4）启动控制

启动控制功能用于防止鼓风机功率管被启动电流损坏，即鼓风机启动时，鼓风机驱动信号要在鼓风机开关接通 2 s 后，才传输到鼓风机功率管。在这 2 s 内，鼓风机以低速运转。

（5）手动控制

手动控制功能是指操作手动开关，将鼓风机驱动信号传输到鼓风机功率管。但如果操作高速开关，就启动鼓风机风扇继电器，并使鼓风机以特高速运转。

3. 出风模式控制

启动空调，设定需要的温度，选择出风模式，电子控制单元根据传感器的信号和设定的温度、出风模式，确定空气流量和发送给模式选择风门执行器的控制信号。模式选择风门执行器接收到信号后，开启或关闭相应风门，实现相应的出风模式和气流分配，如图 6–3–18 所示。

图 6–3–18　出风模式控制

4. 压缩机控制

通常只要选择自动模式，空调系统就可以根据车内温度、车外温度、蒸发器温度和设定温度，反复接通和断开压缩机电磁离合器，实现压缩机控制。

四、汽车自动空调系统的检修

1. 典型汽车自动空调系统的认知

以雷克萨斯轿车为例，自动空调系统的组成如图 6–3–19 所示，自动空调系统元件位置如图 6–3–20 所示。

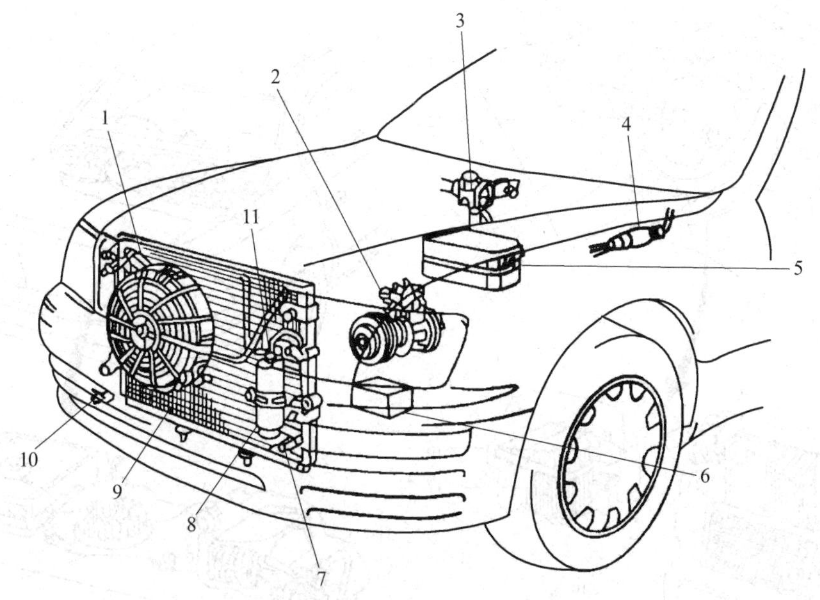

图 6-3-19 自动空调系统的组成

1—冷却风扇 2—压缩机 3—水阀 4—发动机压力调节器

5—发动机室 1 号接线盒（电磁离合器继电器、采暖装置主继电器、发动机主继电器）

6—发动机室 2 号接线盒（冷却风扇 1 号、2 号继电器） 7—发动机冷却液温度开关

8—储液干燥器 9—冷凝器 10—车外温度传感器 11—压力传感器开关

自动空调系统出风口位置如图 6-3-21 所示，各出风模式对应的空气流量和出风口见表 6-3-1。

2. 汽车自动空调系统部分元件的检测

（1）车内温度传感器的检测

车内温度传感器电阻的检测方法：拆下仪表板下盖板，断开车内温度传感器连接器，分别在 25 ℃和 50 ℃时测量车内温度传感器连接器 1 号、2 号端子之间的电阻。

正常值：1.65 ~ 1.75 kΩ（25 ℃），0.55 ~ 0.65 kΩ（50 ℃）。

（2）车外温度传感器的检测

车外温度传感器电阻的检测方法：断开车外温度传感器连接器，分别在 25 ℃和 50 ℃时测量车外温度传感器连接器 1 号、2 号端子之间的电阻。

正常值：1.6 ~ 1.8 kΩ（25 ℃），0.5 ~ 0.7 kΩ（50 ℃）。

（3）蒸发器温度传感器的检测

蒸发器温度传感器电阻的检测方法：拆下蒸发器温度传感器，分别在 0 ℃和 15 ℃时测量蒸发器温度传感器连接器 1 号、2 号端子之间的电阻。

正常值：4.5 ~ 5.2 kΩ（0 ℃），2.0 ~ 2.7 kΩ（15 ℃）。

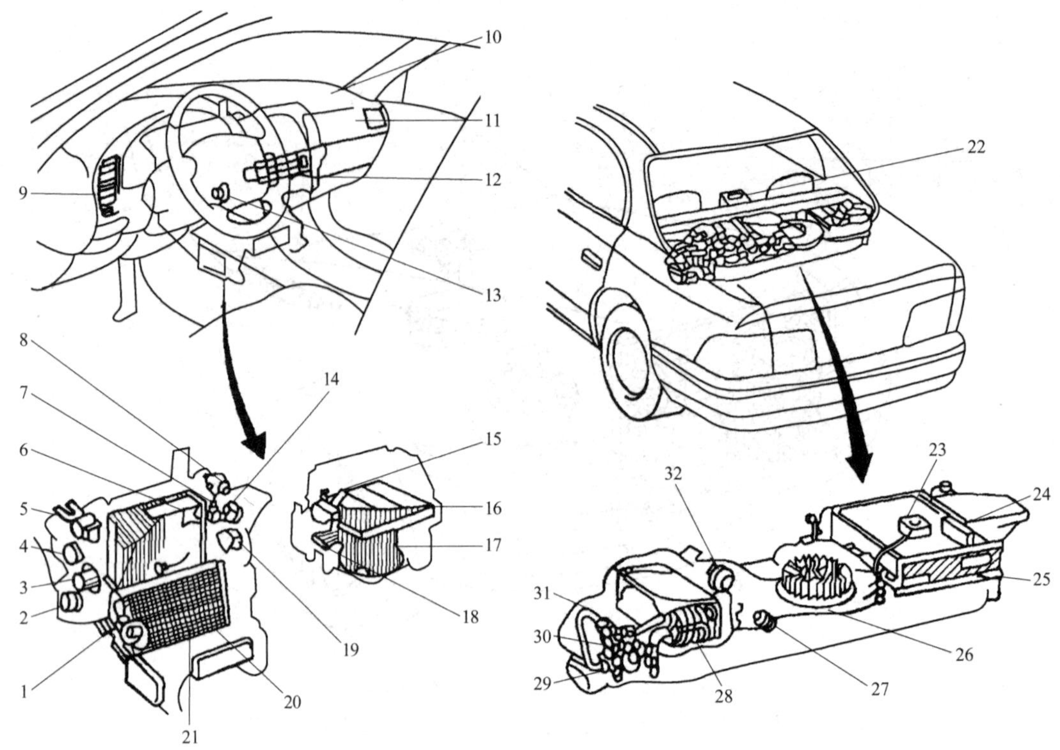

图 6-3-20　自动空调系统元件位置

1—抽风机　2—水阀控制伺服电动机　3、19—空气混合伺服电动机　4—内循环 / 环境空气风门伺服电动机　5、8—出风模式选择伺服电动机　6、31—膨胀阀　7—压力调节阀　9、11—空气管道传感器　10—日照强度传感器　12—空调控制总成（空调控制面板、空调放大器）　13—车内温度传感器　14—冷空气旁通风窗控制伺服电动机　15—进气伺服电动机　16—空调滤清器　17—鼓风机　18—鼓风机控制继电器　20、30—热敏电阻　21—采暖装置散热器　22—后空调控制总成　23—温度传感器　24—后空调放大器　25—空调滤清器　26—后鼓风机　27—后鼓风机电阻　28—后蒸发器　29—磁性阀　32—排气风窗控制伺服电动机

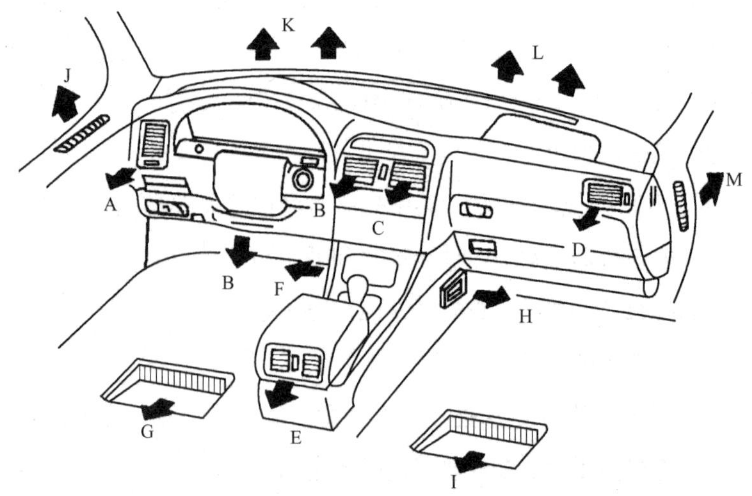

图 6-3-21　自动空调系统出风口位置

表 6-3-1 各出风模式对应的空气流量和出风口

出风模式		模式选择开关		脸部					脚部				除霜			
		自动	手动	驾驶员侧		乘客侧		后部	驾驶员侧		乘客侧		驾驶员侧		乘客侧	
				侧面	中间	中间	侧面	中间	前部	后部	前部	后部	侧面	正面	正面	侧面
脸部		●	●	○	○	○	○	○								
双层 1		●	—	○	○	○	○	○	○	○	○	○				
双层 2		●	●	○	○	○	○	○	○	○	○	○				
双层 3		●	—	○	○	○	○	○	○	○	○	○				
脚部		●	●	○			○		○	○	○	○	○	○	○	○
脚部 / 除霜		—	●	○			○		○	○	○	○	○	○	○	○
除霜		—	●	○			○						○	○	○	○
出风口位置				A	B	C	D	E	F	G	H	I	J	K	L	M

注：圆圈“○”的大小表示空气流量的大小。

（4）日照强度传感器的检测

日照强度传感器电阻的检测方法：断开日照强度传感器连接器，用布遮住传感器，测量日照强度传感器连接器 1 号、2 号端子之间的电阻（万用表的红表笔接 1 号端子，黑表笔接 2 号端子），正常情况下电阻应为∞，即不导通；然后去除遮布，用灯光照射传感器，再次测量连接器 1 号、2 号端子之间的电阻，正常应为 4 kΩ。

（5）压缩机和压缩机锁止传感器的检测

1）压缩机的检查方法：检查压缩机传动带张力，起动发动机，启动空调，检查压缩机在运转过程中是否锁止。

2）压缩机锁止传感器电阻的检测方法：用举升机举起车辆，断开压缩机锁止传感器连接器，分别在 20 ℃和 100 ℃时测量压缩机锁止传感器连接器 1 号、2 号端子之间的电阻。

正常值：0.57 ~ 1.05 kΩ（20 ℃），0.72 ~ 1.44 kΩ（100 ℃）。

课题小结

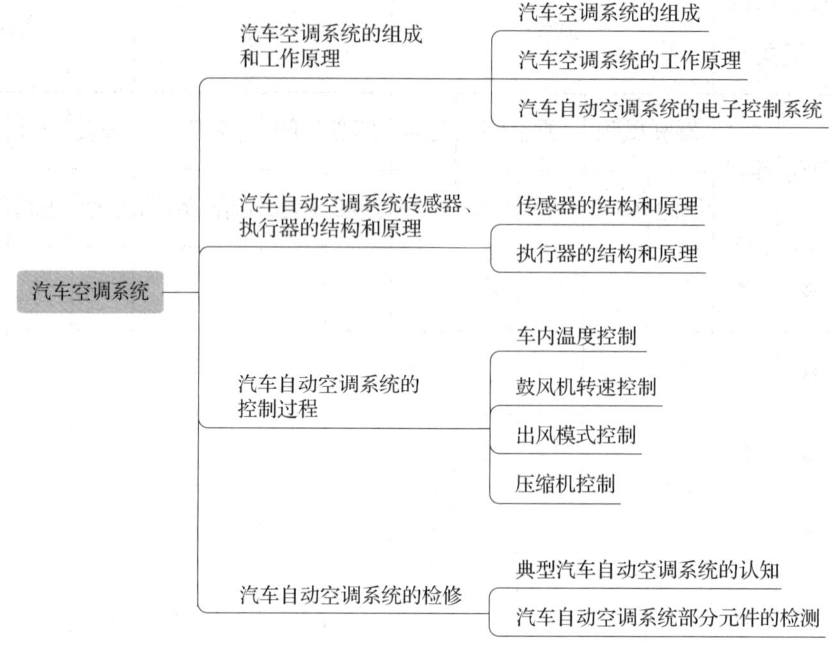

课题4　汽车照明与信号系统

学习目标

1. 了解各种汽车照明与信号系统辅助装置的功能。
2. 掌握汽车照明与信号系统的检修方法。

汽车照明与信号系统常用的灯具包括照明灯具、信号灯具等。除了常用的灯具，不同的汽车还安装了一些照明与信号系统辅助装置。

一、各种汽车照明与信号系统辅助装置的功能

1. 灯光自动控制系统（昏暗自动变光系统）

对于普通汽车，当光线变暗时，驾驶员需要手动操作灯光开关使前照灯点亮，达到照明的目的。

而对于安装灯光自动控制系统的汽车，当灯光开关（见图 6-4-1）置于 AUTO 位置（无 AUTO 位置的车型则为 OFF 位置）时，灯光自动控制系统的传感器自动检测环境的光照强度并将信号发送给主车身 ECU，主车身 ECU 根据此信号控制前照灯近光和尾灯等。当光线变暗时，自动开启前照灯和尾灯，如图 6-4-2 所示。

此外，当环境光线忽明忽暗，如在桥下行驶或者沿林荫道行驶时，系统将自动开启尾灯，但不会使前照灯忽亮忽灭；如果一段时间后，若环境光照强度仍低于规定值，系统将自动开启前照灯。

图 6-4-1 灯光开关

2. 前照灯光束控制系统

前照灯应保证汽车前方具有明亮、均匀的照明，使驾驶员能看清汽车前方 100 m 内路面上的物体（随着汽车行驶速度的不断提高，对前照灯的要求也越来越高，现代高速汽车前照灯的照明距离应达到 200 ~ 250 m）；前照灯还应具备防眩目功能，以避免夜间两车相会时，对方驾驶员眩目而造成交通事故。

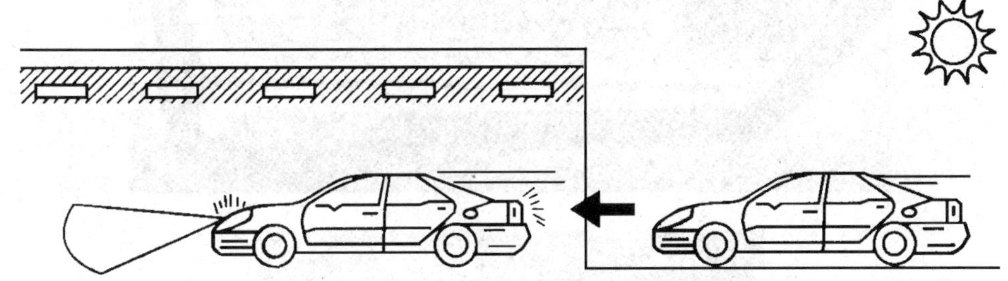
图 6-4-2 灯光自动控制系统

对于普通汽车，由于载荷的改变（如乘员和行李数量的改变），车身会出现倾斜（高度发生改变），前照灯光束也随之发生变化，偏离原来的位置。而安装前照灯光束控制系统的汽车，能将前照灯调节到最佳照射角度。

调节方式分为手动和自动两种类型。

手动调节方式由前照灯光束高度调节开关（见图 6-4-3）控制，驾驶员通过上、下拨动调节开关上的滚轮即可调节前照灯光束高度。

自动调节方式由前照灯光束高度调节电子控制单元控制，电子控制单元通过传感器检测车辆姿态和车速信号，并根据这些信号控制前照灯光束高度调节电动机，改变前照灯反射镜角度，以调节前照灯光束高度。

3. 昼间行驶灯系统

安装并使用昼间行驶灯，能有效增加车辆昼间行驶时的显著性，较早地引起其他道路使用者的注意和避让，减少交通事故的概率。因此，很多国家已开始强制或推荐车辆使用昼间行驶灯（见图 6-4-4）。

图 6-4-3　前照灯光束高度调节开关

图 6-4-4　昼间行驶灯

昼间行驶灯系统用于在昼间行驶时自动点亮昼间行驶灯，以便其他车辆或行人更容易看到本车。

安装昼间行驶灯系统的汽车，在发动机工作期间，前照灯将一直点亮。如果前照灯在昼间仍以夜间亮度连续点亮，灯泡寿命将大大缩短。为此，昼间行驶灯系统还具有昼间自动降低灯光亮度的功能。

当同时满足下列所有条件时，昼间行驶灯系统启动：

（1）点火开关置于 ON 位置。

（2）发动机运转。

（3）灯光开关置于 AUTO 位置（且未通过灯光自动控制系统开启前照灯近光）。

（4）驻车制动开关关闭。

4. 灯光提示蜂鸣器系统 / 灯光自动关闭系统

灯光提示蜂鸣器系统 / 灯光自动关闭系统能避免忘记关闭前照灯和尾灯的情况。用蜂鸣器通知驾驶员的系统称为灯光提示蜂鸣器系统，自动关闭外部灯光的系统称为灯光自动关闭系统，如图 6-4-5 所示。

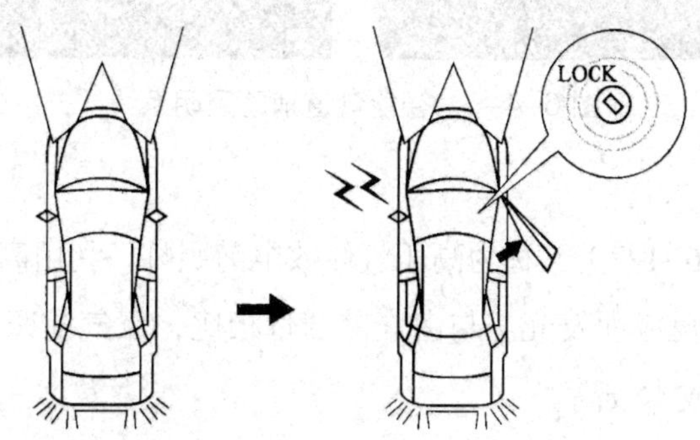

图 6-4-5 灯光提示蜂鸣器系统 / 灯光自动关闭系统

（1）灯光提示蜂鸣器系统

在安装钥匙提示系统的汽车上，由于系统功能的优先权，当驾驶员车门打开，而钥匙仍在锁孔中时，钥匙提示蜂鸣器发出声音。

（2）灯光自动关闭系统

当同时满足下列所有条件时，灯光自动关闭系统启动，关闭车外灯光（前照灯、尾灯等）：

1）点火开关置于 OFF 位置。

2）前照灯、尾灯等点亮。

3）驾驶员车门打开。

5. 车后灯警告系统

汽车行驶过程中，当尾灯或制动灯不亮时，驾驶员无法及时发现，对汽车安全行驶非常不利。安装车后灯警告系统的汽车可以通过仪表板中的警报指示灯提示驾驶员。如果尾灯和制动灯出现故障，应及时采取措施以避免发生危险。

6. 智能弯道辅助照明系统

智能弯道辅助照明系统可以解决汽车夜间转向时，灯光对弯道内侧照明不足的问题。

该系统通过传感器监控车辆的横向加速度或转向盘转角，根据需要开启辅助照明灯光或者调整前照灯光束的方向来增强弯道内侧的照明，如图 6–4–6 所示。

图 6–4–6　智能弯道辅助照明系统

7. 氙气前照灯

氙气前照灯（见图 6–4–7）又称为高压气体放电前照灯，利用高电压产生电弧，刺激氙气与稀有金属发生化学反应而发光。与卤素前照灯相比，氙气前照灯亮度更高，节能效果更好，寿命更长，但是成本较高。

图 6–4–7　氙气前照灯

8. 前照灯自动清洗系统

前照灯自动清洗系统是配合氙气前照灯而出现的一项配置。汽车在雨雪天气行驶时，前照灯很容易被前车溅起的泥水弄脏。而氙气前照灯由于光源性质与卤素前照灯不同，特别容易受到配光镜表面灰尘和泥水的影响而使光源发生散射和削弱的情况，不仅不能保证车辆自身的照明需要，还会对其他车辆产生刺眼的散射光。前照灯自动清洗系统（见

图 6-4-8）能在雨刮开启时，每隔一段时间使用高压水流对前照灯配光镜表面进行清洗，从而保证良好的照明效果。

9. 前照灯延时关闭系统

前照灯延时关闭系统的作用是在汽车停驶后，继续提供一段时间的照明，以便于驾驶员离开车辆。

10. 进车照明系统

夜间进入车内时，由于光线很暗，难以看清点火开关的位置和脚部区域，给驾驶员带来诸多不便。进车照明系统可以在驾驶员夜间刚进入车内时，将点火开关照明灯和车内照明灯点亮一段时间，使驾驶员能看清点火开关和脚部区域。点亮时长随车型的不同而不同，如丰田汽车为 15 s。

图 6-4-8　前照灯自动清洗系统

11. 车内灯关闭系统

一般情况下，离开车辆后未关闭车内灯光，可能会使蓄电池电量耗尽。车内灯关闭系统可以在点火开关处于 OFF 位置或钥匙从锁孔中拔出一段时间后自动关闭车内灯光。

提示：并非所有车辆均安装了上述各种照明与信号系统辅助装置。

二、汽车照明与信号系统的检修

1. 利用电路图诊断电气系统故障的流程

当电气系统出现故障时，可以根据故障现象和发生故障的条件大致确定故障范围。检修时，应先对电源、故障系统的供电情况和故障元件本身进行检查，如果还不能确定故障原因，就需要借助电路图进行故障诊断。电路图可以提供电气设备的基本电路、电器元件的安装位置、线束和连接器的基本情况。

使用电路图进行电气系统故障诊断的流程如下：

（1）在电路图中找出故障系统的相关电路，并仔细阅读。

（2）通过阅读电路图，找出故障系统电路包含的电器元件、线束和连接器等。

（3）通过电路图找出上述电器元件、线束和连接器在汽车上的安装位置，明确电器元件、连接器上各端子的作用或编码。

（4）对可能的故障元件进行检测。

（5）根据电路图检查线束的短路和断路情况，直至查找出故障部位。

2. 汽车照明系统常见故障的检修方法

汽车照明系统的常见故障包括灯光亮度低、灯泡频繁烧坏等。

（1）灯光亮度低

故障原因：蓄电池电量不足，发电机或电压调节器故障，线束接头松动或接触不良，线束过细或搭铁不良，灯具配光镜损坏、反射镜有尘垢、灯泡玻璃表面发黑、功率过低、灯丝没有位于反射镜焦点等。

检修方法：先检查蓄电池和发电机的工作状态，若不正常，应恢复电源系统的正常工作电压；在电源正常的状态下，再检查线路的连接情况和灯具。

（2）灯泡频繁烧坏

故障原因：电压调节器不当或失调，使发电机输出电压过高；灯具接触不良。

检修方法：先检查发电机输出电压，若不正常，应重新将工作电压调整到正常范围；再检查灯具线路的连接情况。

（3）前照灯一侧正常，另一侧发暗

故障原因（以右侧正常为例）：左前照灯搭铁不良，左前照灯反射镜上有灰尘，左前照灯灯泡玻璃表面发黑，线束接头松动或锈蚀导致线路电阻增大。

检修方法：首先，检查左前照灯搭铁部位；若搭铁部位正常，拆开左前照灯进行清洁，否则更换同一型号的灯泡；最后，检查线路，拧紧线束接头，清除锈蚀。

（4）前照灯远、近光不全

前照灯远、近光不全是指灯光开关在前照灯位置时，只有远光亮而近光不亮，或只有近光亮而远光不亮。

故障原因：变光开关损坏，远、近光线路中的其中一条断路，双丝灯泡中的某一灯丝烧断。

检修方法：检查变光开关，如损坏应进行更换；检查前照灯线路，必要时修复或更换；更换同一型号的灯泡。

3. 汽车信号系统常见故障的检修方法

汽车信号系统的常见故障包括信号灯不亮和信号灯不能正常工作等。

（1）转向信号灯都不亮

故障原因：熔断器烧坏，闪光器失灵或损坏，转向信号灯开关损坏，线路断路或接触不良。

检修方法：按照电源→熔断器→闪光器→转向信号灯开关→转向指示灯和转向信号灯的顺序，逐段检查线路，直至查出故障部位。

（2）左（右）转向时，转向信号灯闪烁正常，而右（左）转向时闪烁频率变快

故障原因：右（左）转向信号灯的灯泡功率小，右（左）转向灯的其中一只灯泡烧毁，

线路接触不良。

检修方法：检查转向信号灯开关、闪光器等接线是否松动，必要时紧固；检查转向信号灯灯泡功率是否与规定相符，左、右侧灯泡是否一致、是否损坏。

（3）接通转向信号灯开关时，闪光器立即烧坏

故障原因：转向信号灯线路出现短路、搭铁故障。

检修方法：找出短路、搭铁处，予以修复。

（4）制动灯不亮

故障原因：灯泡烧坏，线路断路，制动灯开关失灵或损坏，制动灯搭铁不良。

检修方法：检查灯泡是否完好，如烧坏应进行更换；检查搭铁是否良好，必要时重新搭铁；检查线路中有无断路，必要时更换断线；检查制动灯开关是否完好，如损坏应更换。

（5）危险警告信号灯不工作

故障原因：熔断器烧坏，闪光器故障，危险警告信号灯开关故障，线路或接地故障。

检修方法：更换熔断器，检修闪光器，检查危险警告信号灯开关，必要时进行更换。

4. 汽车照明与信号系统的故障分析

汽车照明与信号系统故障现象表见表 6–4–1。

表 6–4–1 汽车照明与信号系统故障现象表

故障系统	故障现象	可能的故障部位
上车照明系统	只有车内照明灯不亮	灯泡、车内照明灯总成、线束或连接器
	只有点火开关照明灯不亮	点火开关照明灯及其电路、线束或连接器、主车身 ECU（仪表板接线盒）
	上车照明系统工作不正常	熔丝、门控开关电路、门锁位置开关电路、点火开关信号电路、车内照明灯电路、点火开关照明灯电路、主车身 ECU
仪表板照明灯	打开尾灯时，仪表板照明灯不亮	熔丝、线束或连接器
行李舱灯	行李舱灯不亮	灯泡、行李舱灯总成、行李舱盖锁总成、线束或连接器
门控灯	门控灯不亮	灯泡、门控灯总成、前门门控灯开关、线束或连接器
灯光自动控制系统	灯光自动控制系统工作不正常	检查 DTC、灯光开关电路、点火开关信号电路、主车身 ECU

续表

故障系统	故障现象	可能的故障部位
灯光自动关闭系统	灯光自动关闭系统工作不正常	灯光开关电路、门控灯开关电路（驾驶员侧）、点火开关信号电路、主车身 ECU
前照灯光束控制系统	前照灯光束控制系统警报灯点亮	检查 DTC、警报灯电路、前照灯光束高度调节 ECU
	前照灯光束控制系统不工作（警报灯熄灭）	检查失效保护功能、前照灯光束高度调节执行器电路、前照灯电路、前照灯光束高度调节 ECU 及电源电路、仪表板总成
	将点火开关置于 ON 位置时，前照灯光束控制系统警报灯不亮	警报灯电路、前照灯光束高度调节 ECU 及电源电路、仪表板总成
	不能检测到 DTC 信息	故障自诊断电路、前照灯光束高度调节 ECU
	不能执行初始化	检查 DTC、前照灯光束高度调节 ECU

课题小结

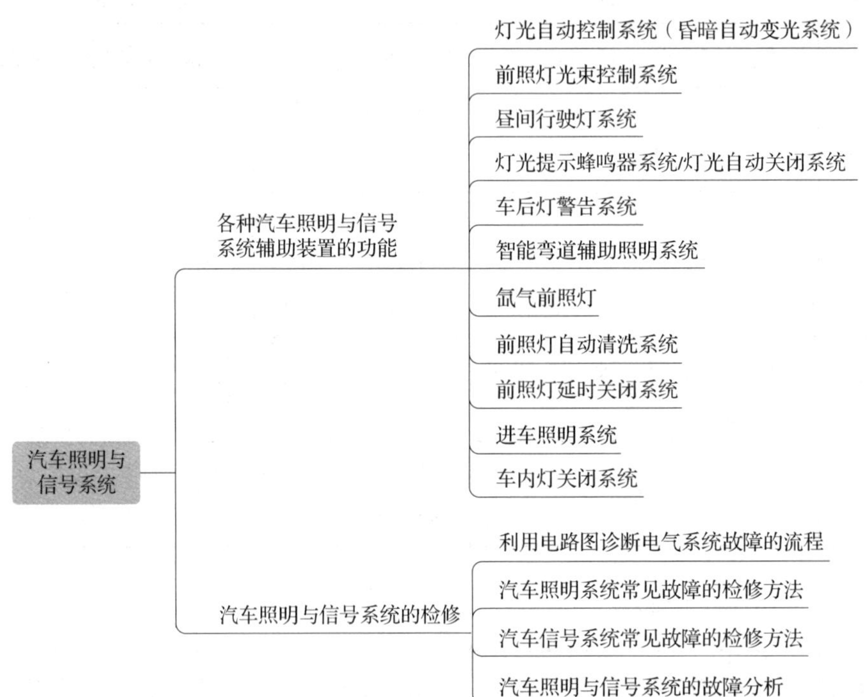

课题❺ 汽车车载网络系统

学习目标

1. 了解车载网络系统的基础知识。
2. 了解车载网络系统的数据传输介质。
3. 熟悉 CAN 总线系统的组成和工作原理。
4. 了解 MOST 总线系统的特点和组成。
5. 掌握车载网络系统的检修方法。

随着越来越多的电子控制系统应用在汽车上，车载电子设备间的数据通信变得越来越重要。常规线路已不能满足车载电子设备间数据通信的要求，车载网络系统（见图 6–5–1）的应用可以解决这一技术难题。

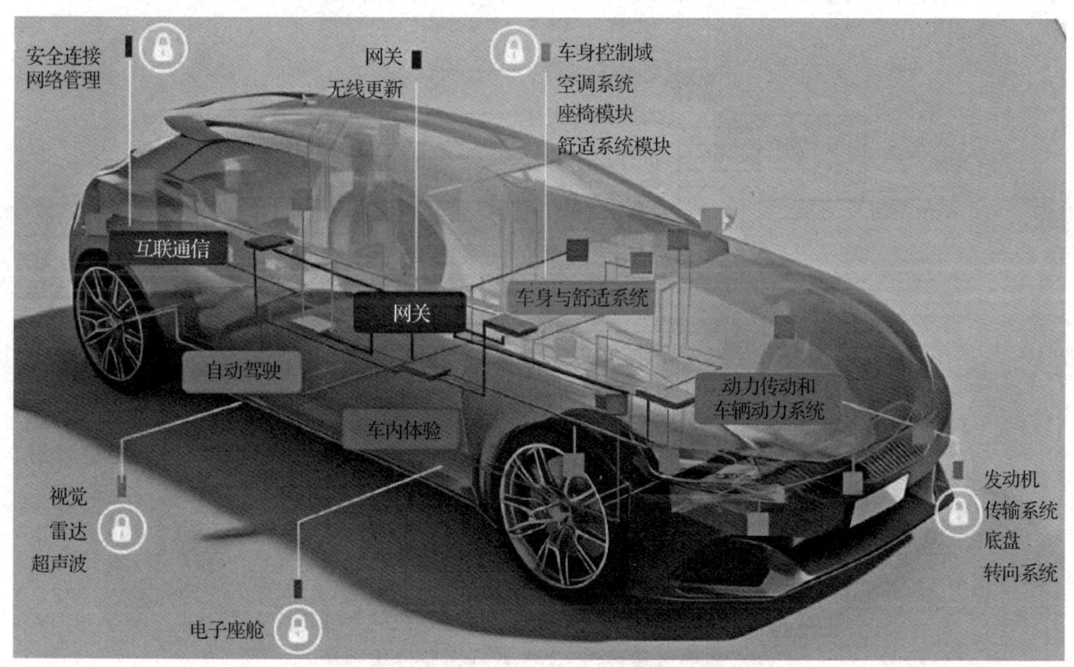

图 6–5–1 车载网络系统

一、车载网络系统的基础知识

1. 多路传输

车载网络系统可以实现多路传输。多路传输是指在同一条通道或线路上同时传输多个数据信息（信号）。实际上，数据信息是依次传输的，但速度非常快，每个时间段以毫秒计，因此几乎是同时传输的。每个时间段由一个信号占用，利用每个信号之间的时间差，就可以在同一条物理通信线路上传输多个信号，即多个信号分时使用同一物理传输介质，称为分时多路传输（见图 6–5–2）。

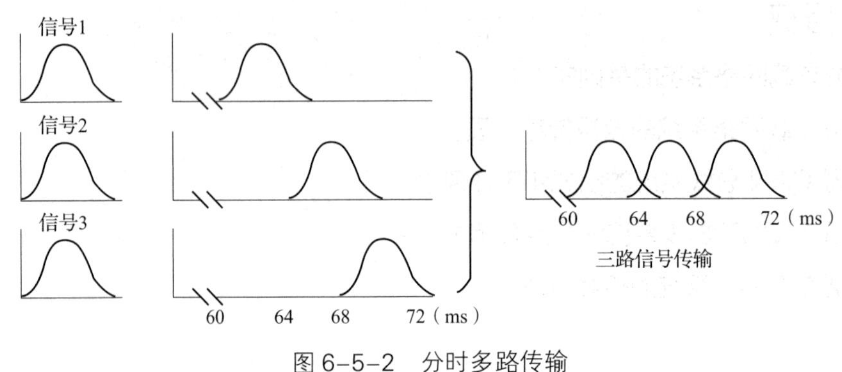

图 6–5–2　分时多路传输

常规线路系统控制单元或传感器之间是通过独立的数据线进行信息传输的，而多路传输系统控制单元之间是通过两根数据线进行信息传输的，因此多路传输系统比常规线路系统所用的导线要少得多。多线和双线多路传输系统的示意图如图 6–5–3 所示。

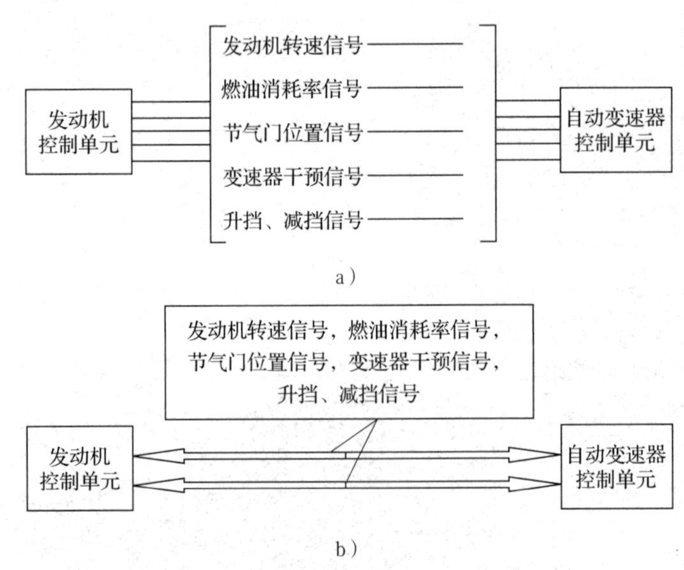

图 6–5–3　多线和双线多路传输系统的示意图

a）多线传输系统　b）双线多路传输系统

2. 数据总线

数据总线是模块间传输数据信息的通道，即所谓的信息高速公路，如图 6–5–4 所示。数据总线可以实现在一条数据线上传递的信息被多个系统（控制单元）共享，从而最大限度地提高系统整体效率，充分利用有限的资源。如果一个模块既可以通过数据总线发送数据，又可以从数据总线接收数据，那么这样的数据总线称为双线制数据总线。

3. 模块 / 节点

模块是一种电子装置，简单的如温度传感器、压力传感器等，复杂的如计算机、微处理器、控制单元等。多路传输系统中的控制单元模块被称为节点。

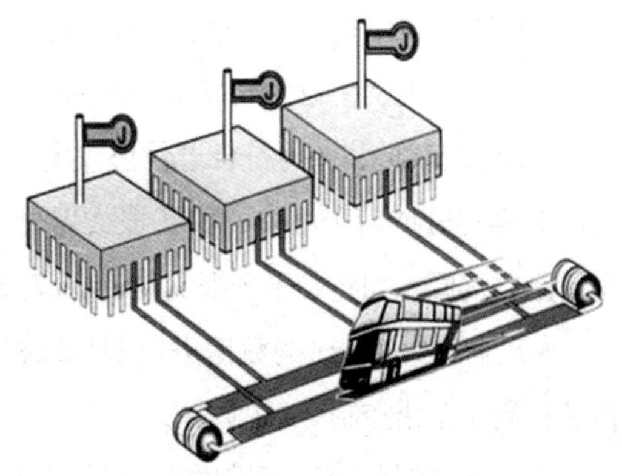

图 6–5–4 数据总线

4. 网络

网络是为了实现信息共享而把多条数据总线连在一起，或者把数据总线和模块组成一个系统，如图 6–5–5 所示。

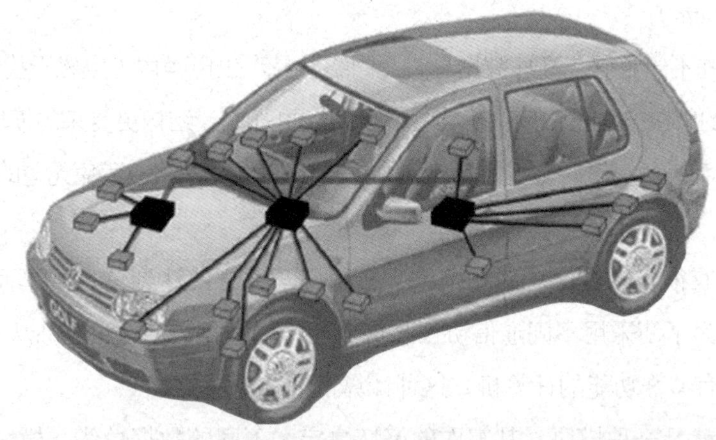

图 6–5–5 网络

从物理意义上讲，汽车上许多模块和数据总线距离很近，因此被称为区域网（LAN）。

5. 数据帧

为了可靠地传输数据，通常将原始数据分割成具有一定长度的数据单元，这种数据单元称为数据帧。

6. 通信协议

通信协议又称为传输协议，是控制网络各节点有效完成信息交换的一组约定和规则。也就是说，要想“交流”成功，通信双方必须“说同样的语言”（如相同的语法规则和语速等）。

（1）通信协议的三要素

1）语法。确定通信双方之间“如何讲”，即通信信息帧的格式。

2）语义。确定通信双方之间“讲什么”，即通信信息帧的数据和控制信息。

3）定时规则。确定不同数据传输的优先级、顺序和传输速率。

（2）通信协议的功能

1）差错监测和纠正。通信协议常使用“应答－重发”和通信校验进行差错监测和纠正工作。一般来说，协议中对异常情况的处理说明占很大的比重。

2）分块和重装。为符合通信协议的格式要求，需要对数据进行加工处理。分块操作将大的数据划分成若干小块，如将报文划分成若干子报文组；重装操作则将划分的小块数据重新组合复原，如将若干子报文组还原成报文。

3）排序。对发送的数据进行编号以标识它们的顺序，通过排序，可以达到按序传递、信流控制和差错控制等目的。

4）流量控制。通过限制发送的数据量或传输速率来防止在信道中出现堵塞现象。

7. 比特率

通常用比特率表示数据总线的数据传输速率。比特率是每秒传输的二进制的位数，其单位为位每秒（bit/s）。

传输速率高并不一定好，高速数据总线及网络容易产生电噪声（电磁干扰），会导致数据传输出错。通常的解决方法是：使用价格更高、功能更强大、结构更复杂的模块，使用带屏蔽的双绞线，但这将使价格升高。为了使价格适中，数据总线及网络应避免无谓的高速和复杂。

8. 网关

汽车上安装有很多的数据总线和网络，必须用一种方法达到信息共享而且不产生通信协议间的冲突。为了使采用不同通信协议和传输速率的数据总线之间实现无差错数据传输，必须使用一种具有特殊功能的计算机，这种计算机就称为网关。

网关实际上就是一种模块，其工作的好坏决定了不同的数据总线、模块和网络之间通信质量的好坏。网关的作用如下：

（1）可以将车载网络系统的数据转变为可以识别的OBD II 诊断数据语言，方便诊断。

（2）实现低速车载网络系统和高速车载网络系统的信息共享。

（3）接收和发送信息。

（4）激活和监控车载网络系统网络工作状态。

（5）实现车辆数据的同步。

二、车载网络系统的数据传输介质

1. 双绞线

双绞线是由两根各自封装在塑料绝缘层内的铜线绞合而成的。绞合的目的是降低两根铜线之间的干扰。相互绞合的一对双绞线可作为一条通信线路。多对双绞线之外再加上一层护套就构成了双绞线电缆。

双绞线电缆分为非屏蔽型（UTP）和屏蔽型（STP）两种类型，如图 6-5-6 所示。屏蔽型是在非屏蔽型外部加上一层由金属丝织成的屏蔽层构成的，以提高抗电磁干扰能力。因此，屏蔽型的抗干扰性能优于非屏蔽型，价格也比非屏蔽型高。在车载网络系统中，许多汽车制造厂商都使用专用双绞线。

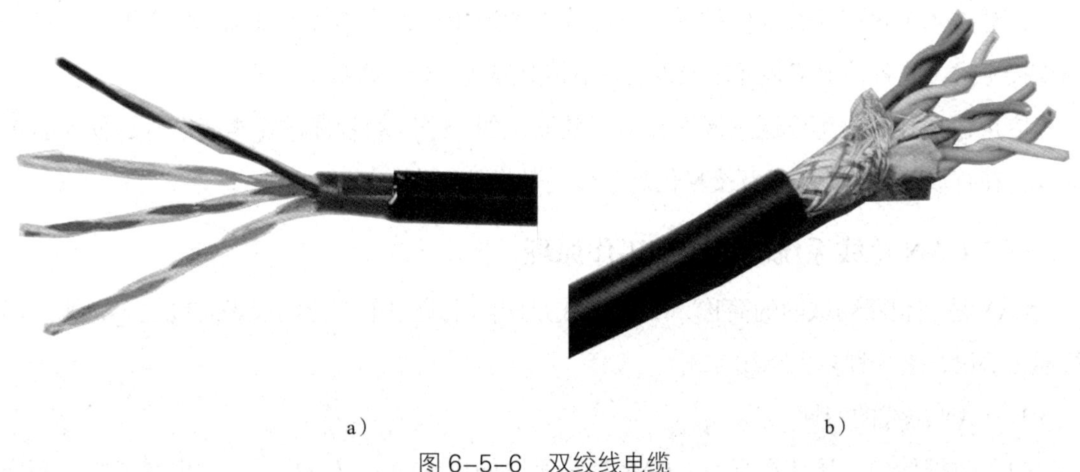

图 6–5–6 双绞线电缆

a）非屏蔽型 b）屏蔽型

2. 同轴电缆

如图 6–5–7 所示，同轴电缆的中央是一根铜导线，铜导线外面包围着一层绝缘材料，绝缘材料外面是网状金属屏蔽层，最外面是塑料护套。网状金属屏蔽层既可以屏蔽噪声，又可以作为信号的地线。

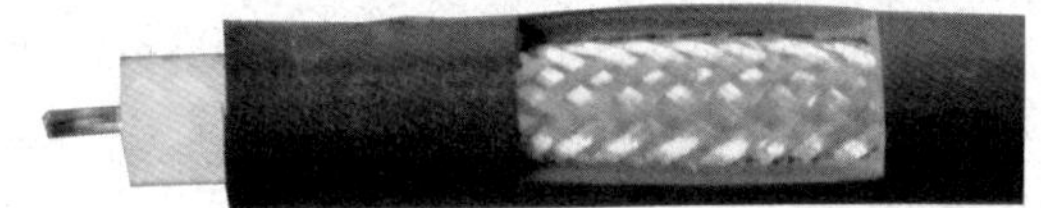

图 6–5–7 同轴电缆

3. 光纤

光纤是有线传输介质中性能最好的一类。如图 6–5–8 所示，光纤是一种直径为 50～100 μm 的传导光波的柔软介质，一般由玻璃纤维和塑料构成，在折射率较高的纤芯外部，包围着折射率较低的玻璃包层，构成一条光波通道，在玻璃包层之外再加上一层护套，就构成了一根单芯光缆。

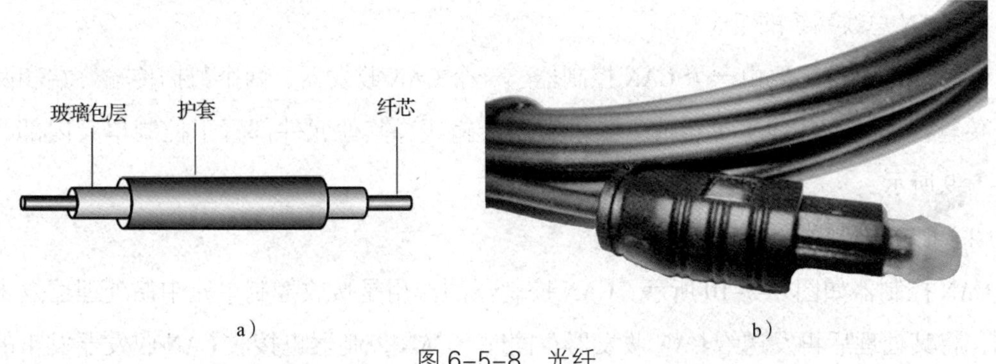

图 6–5–8 光纤

a）单芯光缆结构示意图 b）光纤实物

光纤具有抗电磁干扰能力强、传输速率高和音频响应好等优点，将逐渐取代同轴电缆和双绞线。

4. 无线电

蓝牙技术（短程无线通信技术）以低成本的近距离无线连接为基础，可以取代多种电缆连接方式，使各种电子装置在无线状态下相互连接、传递数据。

应用蓝牙技术，可以通过嵌入在电子装置上的一个写有程序的微电子芯片，使所有相关设备在有效范围内完成相互交换信息、传递数据的工作。

三、CAN 总线系统的组成和工作原理

CAN 是控制器局域网的简称，CAN 总线是国际上应用最广泛的现场总线之一，采用串行通信协议，是一种多主总线。

1. CAN 总线的特性

（1）数据传输介质选择灵活。CAN 总线可以使用普通的双绞线、同轴电缆或光纤等作为数据传输介质。

（2）数据传输速率较高。CAN 总线支持高达 1 Mbit/s 的数据传输速率。

（3）数据传输距离长，可达 10 km。

（4）总线利用率高。

（5）多主方式工作。每个节点不分主次，都可作为主节点，向其他节点发出信息。

（6）错误处理和检测机制可靠性高。

（7）发送的信息遭到破坏后，具有自动重发功能。

（8）节点错误严重时具有自动退出总线的功能。

（9）将传感器信号线减至最少，让更多的传感器信号进行高速数据传输。

（10）CAN 总线符合国际标准，适用于在一辆汽车上不同生产厂家的电子控制单元之间进行数据传输。

2. CAN 总线系统的组成

CAN 总线系统主要由一个 CAN 控制器、一个 CAN 收发器、两个数据传输终端和两条数据传输线（CAN 总线）等组成。除了数据传输线，其他元件都置于控制单元内部，如图 6–5–9 所示。

（1）CAN 控制器

CAN 控制器如图 6–5–10 所示。CAN 控制器的作用是接收控制单元中微处理器发来的数据，将其处理后再发送给 CAN 收发器；同时，CAN 控制器也接收 CAN 收发器发来的数据，将其处理后再发送给控制单元中的微处理器。

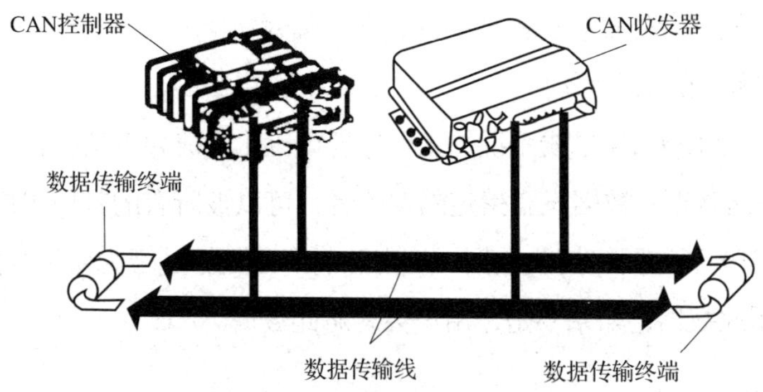

图 6-5-9 CAN 总线系统的组成

（2）CAN 收发器

CAN 收发器是发送器和接收器的组合，如图 6-5-11 所示。CAN 收发器将 CAN 控制器发来的数据转化为电信号并通过数据传输线发送出去。同时，收发器也接收数据传输线传来的数据，并将其发送给 CAN 控制器。

图 6-5-10 CAN 控制器

图 6-5-11 CAN 收发器

（3）数据传输终端

数据传输终端实际上是一个电阻器，其作用是防止数据在传输终了被反射回来，产生反射波而破坏数据。

（4）数据传输线

数据传输线是用来传输数据的双向数据线，分别称为 CAN 高位数据线和 CAN 低位数据线。

为了防止外界电磁波的干扰和向外辐射，CAN 总线通常采用将两条线缠绕在一起的形式，如图 6-5-12 所示，两条线上的电位总是相反的，如果一条线上的电压是 5 V，另一条线上的电压就是 0 V，始终保持电压之和为常数。通过这种方法，CAN 总线可以免受外

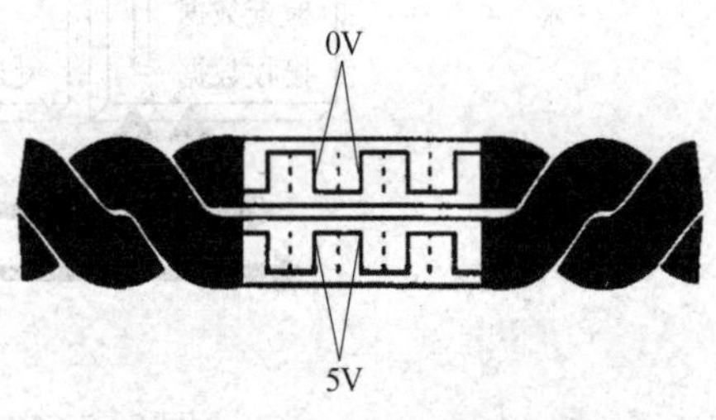

图 6-5-12 CAN 总线形式

界电磁波的干扰，同时向外辐射也保持中性，即无辐射。

3. CAN 总线系统的工作原理

如图 6-5-13 所示，CAN 总线系统的工作原理可以比喻成如下情景：一个用户（如控制单元 2）向网络发送数据，数据没有指定的接收者，可以被所有的其他用户接收；其他用户（控制单元 1、3、4）通过网络接收数据，检查、判断此数据是否为所需要的数据，如果是，用户会认可并使用此数据，如果不是，用户会忽略此数据。

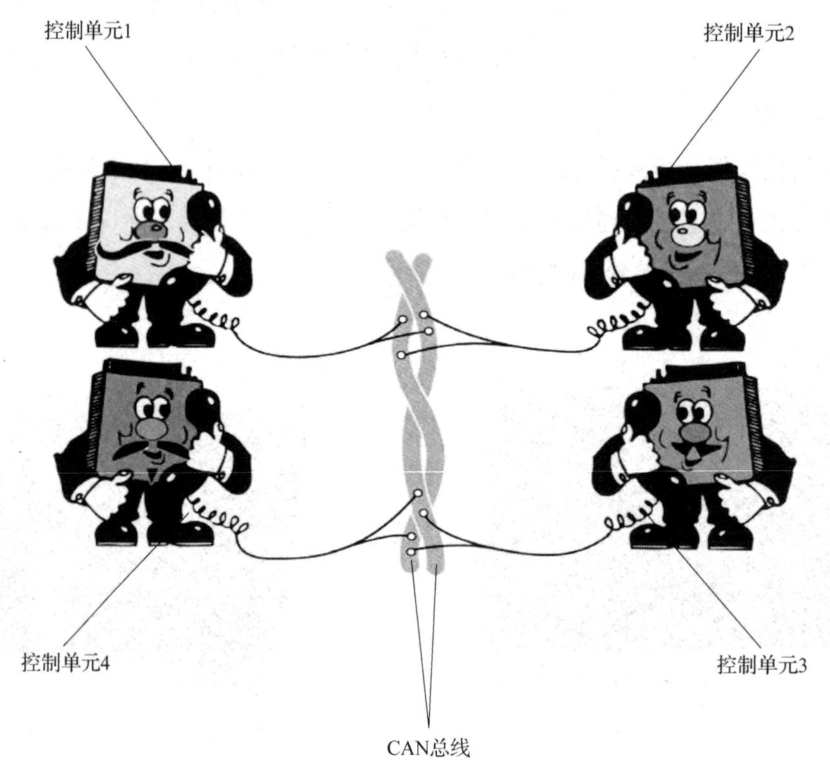

图 6-5-13　CAN 总线系统的工作原理示意图

4. CAN 总线系统的数据传输过程

CAN 总线系统的数据传输过程如图 6-5-14 所示。

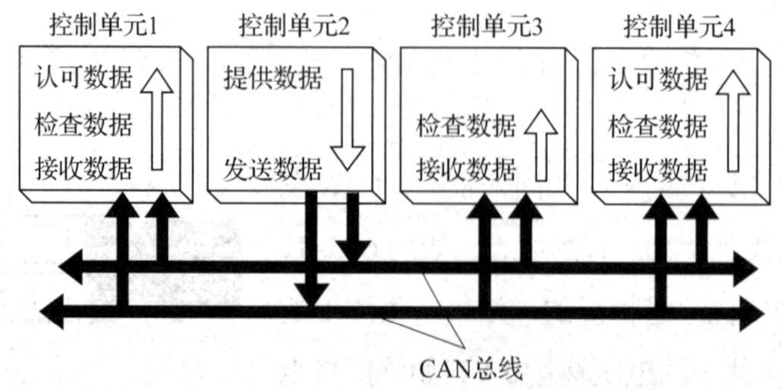

图 6-5-14　CAN 总线系统的数据传输过程

（1）提供数据

控制单元向 CAN 控制器提供需要传输的数据。

（2）发送数据

CAN 收发器接收来自 CAN 控制器的数据，将其转化为电信号发送给 CAN 总线。

数据以数据帧的形式在 CAN 总线上进行传输，其格式如图 6-5-15 所示。

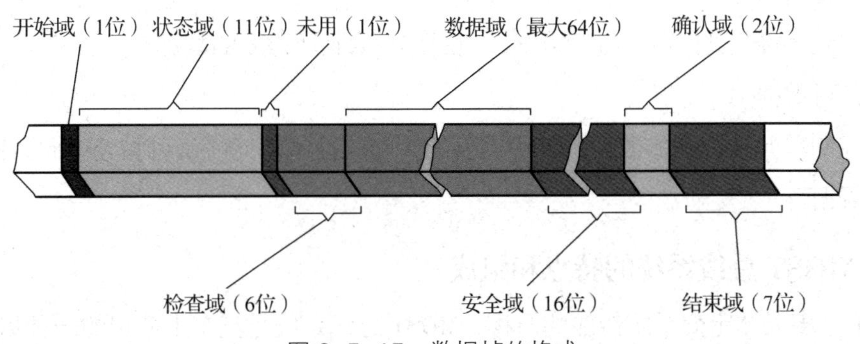

图 6-5-15 数据帧的格式

数据帧由开始域、状态域、检查域、数据域、安全域、确认域和结束域七个部分组成，各个部分的作用如下：

1）开始域。标志数据帧的开始。

2）状态域。判定数据帧的优先权。如果多个控制单元同时要发送各自的数据帧，则具有较高优先权的控制单元优先发送。例如，动力 CAN 总线系统传输数据的优先权依次为制动控制单元、发动机控制单元、自动变速器控制单元，如图 6-5-16 所示。

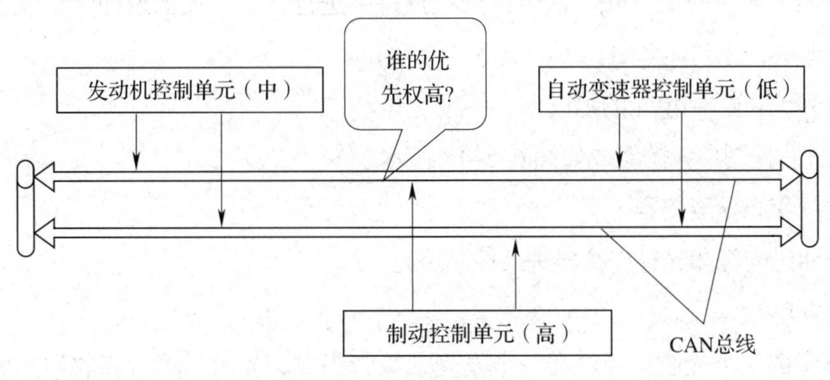

图 6-5-16 数据传输优先权

3）检查域。显示数据域中包含的数据数目，可以让接收器检查是否已经接收到传输的所有信息。

4）数据域。传输给其他控制单元的所有信息。

5）安全域。检测传输数据中的错误。

6）确认域。发送器发出信号通知接收器，告知已经正确发送。若检测到错误，则接收器立即通知发送器，发送器将再次发送该数据帧。

7）结束域。标志数据帧的结束，也是检测错误和重新发送的最后一次机会。

（3）接收数据

所有其他的控制单元均可作为接收器，从 CAN 总线上接收到数据。

（4）检查数据

控制单元对接收到的数据进行检查，判断是否为其所需要的数据。

（5）认可数据

如果控制单元接收到的数据是其所需要的，则该控制单元将认可和处理此数据；反之，将忽略此数据。

四、MOST 总线系统的特点和组成

MOST 是多媒体定向系统传输的简称，MOST 总线系统是汽车上使用的一种用于多媒体数据传输的网络系统，这种系统能提供多种信息和娱乐多媒体服务。

1. MOST 总线系统的特点

MOST 总线系统的数据传输速率可达 12～400 Mbit/s，可满足音频信号和视频信号的数据传输要求。而 CAN 总线系统的数据传输速率仅为 1 Mbit/s，只能用来传递控制信号。

MOST 总线系统使用光纤作为数据传输介质，通过光波进行数据传输，使用的数据线少且质量轻，不会产生电磁干扰，同时对电磁干扰也不敏感。

MOST 总线系统采用环型结构，如图 6-5-17 所示。控制单元通过一根光纤沿环路方向将数据发送给下一个控制单元。这个过程一直持续进行，直至数据返回到最先发出数据的控制单元，形成一个封闭环路。

2. MOST 总线控制单元的组成

MOST 总线控制单元的组成如图 6-5-18 所示。

（1）光纤和光导连接器

光信号通过光纤和光导连接器进入控制单元。

（2）收发单元

收发单元由一个光敏二极管和一个发光二极管组成。光敏二极管将收到的光信号转换成电压信号并发送给 MOST 收发机，发光二极管将 MOST 收发机发来的电压信号转换成光信号，产生的光波波长为 650 nm，为可见红光，数据经光波调制后再由光纤发送给下一个控制单元。

（3）MOST 收发机

MOST 收发机由接收机和发射机组成。接收机接收来自收发单元的电压信号，并将所需

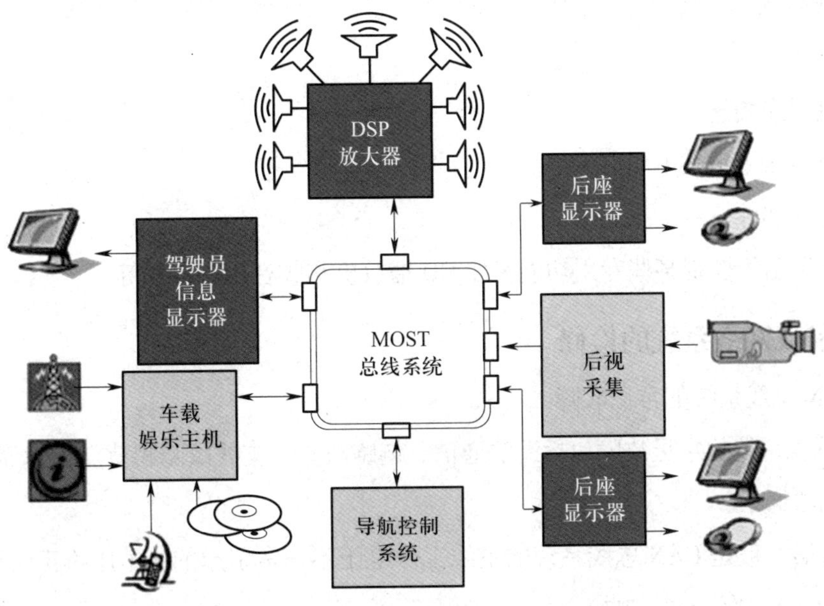

图 6-5-17　MOST 总线系统的环型结构

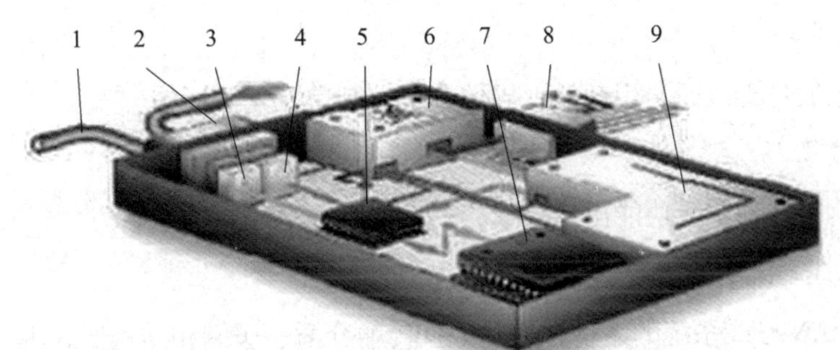

图 6-5-18　MOST 总线控制单元的组成

1—光纤　2—光导连接器　3—发光二极管　4—光敏二极管　5—MOST 收发机
6—内部供电装置　7—标准微控制器　8—电气连接器　9—专用部件

要的数据发送给标准微控制器。发射机将要发送的数据以电压信号的形式发送给收发单元。控制单元不需要的其他数据也由 MOST 收发机来传输，但不会发送给标准微控制器，这些数据原封不动地发送给下一个控制单元。

（4）内部供电装置

由电气连接器输入的电通过内部供电装置分送到各个部件，这样就可以单独关闭控制单元内的某个部件，以降低静态电流。

（5）标准微控制器

标准微控制器是控制单元的核心部件，内部有一个微处理器，用于操纵控制单元的所有基本功能。

（6）电气连接器

电气连接器用于供电和自诊断。

（7）专用部件

专用部件用于控制某些专用功能，如 CD 播放机和收音机调谐器等。

五、车载网络系统的检修

1. CAN 总线系统的常见故障

CAN 总线系统的常见故障包括无法通信、链路故障、支线故障和节点故障等。

（1）无法通信

无法通信一般是 CAN 总线系统的主线工作电压不正常引起的，电压不正常通常是主线断路或短路、支线短路造成的。

（2）链路故障

链路故障一般是主线断路引起的，导致一个或多个控制单元无法通信。

（3）支线故障

支线故障一般是支线断路引起的，导致单个控制单元无法通信。

（4）节点故障

节点故障就是控制单元功能出现故障。

2. CAN 总线系统的检修方法

（1）了解 CAN 总线系统的结构，包括数据传输介质、子网和结构形式等。

（2）了解 CAN 总线系统的功能，包括有无唤醒功能和休眠功能等。

（3）检查 CAN 总线系统是否出现无法通信故障，如果是，可以检测汽车电源系统如交流发电机的输出电压是否正常（若不正常将造成信号干扰等故障）等。

（4）检查 CAN 总线系统是否出现链路或支路故障，如果是，可以采用替换法或跨接法进行检测。

（5）检查 CAN 总线系统是否出现节点故障，如果是，可以采用替换法进行检测。

课题小结

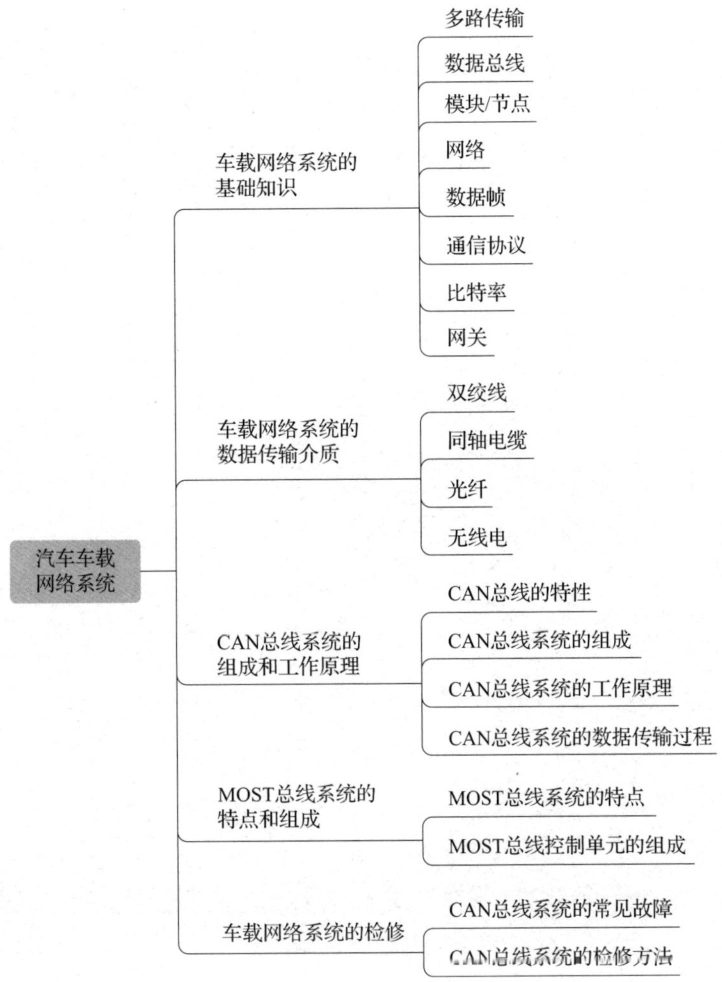
汽车车载网络系统
车载网络系统的基础知识
多路传输
数据总线
模块/节点
网络
数据帧
通信协议
比特率
网关
车载网络系统的数据传输介质
双绞线
同轴电缆
光纤
无线电
CAN总线系统的组成和工作原理
CAN总线的特性
CAN总线系统的组成
CAN总线系统的工作原理
CAN总线系统的数据传输过程
MOST总线系统的特点和组成
MOST总线系统的特点
MOST总线控制单元的组成
车载网络系统的检修
CAN总线系统的常见故障
CAN总线系统的检修方法